불안들

On Anxiety

불안들

1판 1쇄. 2015년 5월 18일
1판 3쇄. 2021년 6월 1일
지은이. 레나타 살레츨
옮긴이. 박광호

펴낸이. 정민용
편집장. 안중철
책임편집. 이진실
편집. 윤상훈, 최미정, 강소영

펴낸 곳. 후마니타스(주)
등록. 2002년 2월 19일 제2002-000481호
주소. 서울 마포구 신촌로14안길 17, 2층(04057)

편집. 02-739-9929, 9930
제작·영업. 02-722-9960
팩스. 0505-333-9960
블로그. blog.naver.com/humabook
페이스북·인스타그램/Humanitasbook

인쇄. 천일인쇄 031-955-8083
제본. 일진제책 031-908-1407

값 16,000원

ISBN 978-89-6437-227-2 03300

이 도서의 국립중앙도서관 출판시도서목록(CIP)은 e-CIP 홈페이지(http://www.nl.go.kr/ecip)에서 이용하실 수 있습니다(CIP제어번호: CIP2015012621).

n Anxiety

불안들

레나타 살레츨 지음
박광호 옮김

마니타스

팀에게

차례

일러두기

1. 한글 전용을 원칙으로 했다. 고유명사의 우리말 표기는 국립국어원의 외래어 표기법을 따랐다. 그러나 관행적으로 굳어진 표기는 그대로 사용했으며, 필요한 경우 한자나 원어를 병기했다.

2. 본문의 대괄호는 옮긴이의 첨언이며, 각주 가운데 옮긴이의 첨언에는 [옮긴이] 표기를 했다.

3. 지은이가 인용한 문헌들 가운데 국역본이 존재하는 경우 원문과 대조해 번역했으며, 일부는 해당 번역본의 서지 사항을 미주나 본문의 대괄호 안에 병기했다. 인용된 도서의 제목 표기는 가급적 국역본의 제목을 따랐으나 필요에 따라 원제에 충실한 제목을 사용한 경우도 있다.

4. 정신분석과 관련된 용어는 딜런 에반스의 『라깡 정신분석 사전』(김종주 옮김, 인간사랑, 2004)을 비롯한 관련 서적들을 참조해 옮겼고, 되도록 최근에 일반적으로 통용되는 용어를 선택했다.

5. 본문에 삽입된 도판은 원문에는 없는 것으로 레나타 살레츨의 허락하에 추가되었다.

6. 단행본, 전집, 정기간행물에는 겹낫쇠(『 』)를, 논문은 큰 따옴표(" ")를, 시, 영화, 연극, TV 프로그램 등에는 홑꺾쇠(〈 〉)를 사용했다.

한국어판 서문

실존적 불안들

오늘날 민주국가들이 이용하는 두려움은 어떤 것인가?

최근 수십 년을 두고 흔히들 새로운 불안의 시대라고 이야기한다. 우리는 테러 공격, 신종 바이러스, 파국적 생태계, 불확실한 경제 등의 문제들과 씨름해 왔다. 국제정치는 특히 테러 위험에 집중해 왔고, 그 결과 우리는 그 어느 때보다도 보안 조치가 많은 사회를 살아가고 있다. 그런데 사람들은 정치에서 떠들어 대는 이런 위험들을 정말로 두려워하고 있을까? 미국 방송 라이프타임 TV에서 실시된 토론을 보면, 사람들은 주류 언론에서 이야기하는 것과는 판이한 이유들로 불안해하는 듯하다. 자신의 삶을 방해하는 다섯 가지 불안 요인을 꼽으라고 할 경우 보통의 예상대로라면, 테러, 바이러스, 파국적 환경문제,

정치 폭동 등을 꼽아야 했다. 그러나 사람들은 다음과 같은 것들에 매우 불안을 느끼고 있었다.

① (돈, 사랑 등이) 충분하지 않다.
② 사람들이 더는 나를 좋아하지 않을 것이다(즉 거부에 대한 두려움).
③ 좋은 것은 금방 사라질 것 같다.
④ 사람들이 나의 실체를 알아챌 것 같다(즉 내가 그저 허세를 부리고 있음을 알아챌 것이다).
⑤ 내 삶이 덧없다(즉 나는 세상에 무엇을 남길 것인가).

이런 불안들을 잠재우고자 사람들은 보통 각종 자기계발 구루들에게 조언을 구한다. 대중매체는 다음과 같이 하면 자신의 안녕에 대한 불안들이 진정된다고 말한다. 좀 더 여유를 가지고 자신의 현재 경제적 상황에 대한 관심을 줄여라. 진정한 자아, 심지어는 결점까지도 드러내라. 사려 깊게 처신하는 법을 배우라. "나는 행복을 누릴 자격이 있다"라는 글귀를 책이나 거울에 붙여 둬라. 긍정하기 폴더를 만들어 지금까지 받은 모든 칭찬을 적어 놔라.

불안 목록과 그것을 극복하는 방법에 대한 조언들을 보면 주체가 주로 걱정하는 것은 자신이 세상에서 차지하는 위치 및 자신과 타인 사이의 관계에 있음을 알 수 있다. 후기 산업자본주의 시대의 이데올로기는 한편으로 리스크 감수 행위를 끊임없이 조장하면서 자기 안녕에 대해 스스로 전적으로 책임져야 하고, 다른 한편으로는 자기 주변 사회에 영향을 미치는 데는 더욱더 무력한 주체를 만들고 있다. 사람들이 본질적으로 자기 안녕은 걱정하면서 새로운 테러 위험은 별로 걱정하지 않는다면, 정치 담론이 만들어 낸 불안 이데올로기는 그저 후기 자본주의가 스스로 만들어 낸 불안정을 가리는 연막이 아닐까?

오늘날 자본주의 이데올로기는 삶의 모든 게 선택의 문제이고, 주체의 욕망에 따라 무엇이든 될 수 있으며, 삶에서 향락을 추구하는 데는 제한이 없다고 끊임없이 사람들을 부추긴다. 그러나 개인이 어떤 삶이든 선택할 수 있다는 생각은 새로운 유형의 불안, 죄책감, 부족감을 낳았다. 정신분석가들은 개인이 삶을 완벽히 관리할 수 있다는 생각과 더불어 출현한 새로운 유형의 증상들을 목격해 왔다. 이런 증상들 가운데 어떤 것들을 보면, 주체가 선택 이데올로기에 심각하게 동일시되어 있을 경우 자유로운 개인은 흔히 자기 파괴의 길에 이르게 된다는 것을 알 수 있다. 모든 게 가능해 보이는 시대에 우리는 부인denial에 대한 강력한 경향과 미래에 대한 새로운 판단도 목격하고 있다.

불안과 두려움은 미래에 대한 우리의 사고와 밀접한 관련을 맺고 있다. 기후변화를 예로 들어보자. 기후변화에 대한 부인의 주요 동인은 두려움이다. 역설적이게도, 선진국 사람들이 기후변화에 대해 불안을 느끼는 이유는 그것이 자신들의 환경에 어떤 위험을 미칠까 그리고 미래 세대에 어떤 영향을 미칠까 하는 걱정 때문이 아니다. 그보다 그들은 국가가 기후변화를 심각하게 받아들일 경우 자신들이 어떤 변화를 감수하게 될지에 대해 두려움을 느낀다. 선진국 사람들은 현대자본주의의 기저를 이루는 발전이란 관념이 사실 영원히 지속될 수 없음을 인정하고 싶지 않아 한다. 또한 기후변화에 대해 어떤 진지한 조치를 취할 경우 경제성장이 쇠퇴하지는 않을지, 또 정부가 이산화탄소 배출을 통제하고 기업에 벌금을 부과하는 등 각종 방법으로 시장에 개입하면 자유라는 관념을 잃어버리게 되지는 않을까 두려워한다. 왜냐하면 많은 사람들에게 이는 자유시장이라는 관념과 연관되어 있는 것이기 때문이다.

기후변화와 관련한 과학자들의 경고를 잘 알고 있는 사람들조차 이런 경고 내용이 실제로 자신에게 영향을 미치지 않는다고 믿기 위한 각종 전략들을 갖고 있다. 흔히 사람들은 기후변화와 관련해 자신들이 무언가를 해야 한다는 사실을 단순히 부인해 버린다. 이런 부인은 많은 사람들이 일반적으로 변화를 싫어 한다는 사실과 관련되어 있다.

현대사회의 문제는 미래에 대해 생각하는 것, 예컨대 20년, 50년, 혹은 1백 년 후에 무슨 일이 일어날지 상상하는 것이 극히 어렵다는 것이다. 우리가 미래를 두려워할 때, 그 두려움은 더 이상 미래에 진보라는 것이 없는 것은 아닐까에 대한 두려움이기도 하다. 클라이브 해밀턴Clive Hamilton은 『누가 지구를 죽였는가』*Requiem for the Species*(부제는 '왜 우리는 기후변화에 관한 진실에 저항하는가')에서 기후변화로 인한 청구서는 다음 세대가 받게 될 것이라고 경고한다. 하지만 그것은 주로 화석 에너지에 기반을 두고 우리가 누리고 있는 믿기 힘들 정도로 빠른 성장에 대한 청구서이다. 번영은 선진국의 현 세대들에게 가장 중요한 것, 많은 사람들에게 장수와 건강한 삶을 보장해 준 무엇이었다. 우리 세대의 문제는 이 진보에 대해 제값을 치르지 않았다는 것이다. 남은 부분은 다음 세대들에게 청구될 것이다.

또한 오늘날 문명의 문제는 급속한 발전의 산물인 각종 불만malaise[불안, 병증]들을 좀처럼 보지 못한다는 것이다. 지그문트 프로이트는 흔히 문명의 불만과 개인의 불만이 밀접한 관련이 있다는 것, 즉 사회 변화가 개인의 고통에 영향을 미치고, 사람들이 호소하는 새로운 증상들도 사회가 기능하는 방식에 영향을 미친다는 것을 이미 이야기했다. 후기 산업 자본주의의 이데올로기는 끝없는 진보라는 관념에 크게 기대 왔다. 그런데 이 이데올로기의 이면에는 불안, 부족감, 그리고 특히 오늘날 세계에서 성공하지 못했다는 죄책감이 존재한다.

오늘날 시대의 역설은 우리가 새로운 유형의 불안과 끊임없이 싸우면서도 동시에 더욱더 불안을 느끼고 있다는 것이다. 불안을 예방한다고 하는 기법들조차 흔히 그만큼 부작용이 있다. 사람들이 불안을 느끼는 방식은 늘 대단히 개인적이지만 불안에 시달리는 인구를 만들어 내는 열정은 슬프게도 보편적이다.

• 3장의 일부 아이디어는 *Parallax*, Vol. 9(April-June 2002, No. 2)에 처음 실렸다. 4장은 Todd McGowan, Sheila Kunke(eds.), *Lacan and Contemporary Film*(New York: The Other Press, 2004)[『라캉과 영화 이론』(김상호 옮김, 인간사랑, 2008)]에 실린 글을 발전시킨 것이다. 5장은 *Cardozo Law Review*, Vol. 24(August 2003, No. 6)에 게재된 바 있다.

1
서론

우리는 불안의 시대를 살아가고 있다는 말을 곧잘 듣는다. 새천년의 도래와 더불어 과학, 경제 발전, 군사 개입, 그리고 새로운 미디어의 권력은 점점 더 대중의 통제에서 벗어나고 있으며, 사람들은 온갖 종류의 파국을 상상할 수 있게 된 것 같다.[1]

---

1 9·11 이후 뉴스 매체들은 사람들이 불확실한 상황들에 어떻게 대처하고 있는지 묘사하는 데 날마다 불안이란 용어를 사용하고 있다. 한 전형적인 기사는 이렇게 시작한다. "사스SARS, 이라크전 — 게다가 준準군사 지역이자 질병관리센터로 변해 버린 공항 — 에 대해 여행자들이 느끼는 불안은 항공 산업의 종말을 예고한다. [질병·전쟁·기근·죽음을 상징하는 요한계시록의] 네 기사가 하나씩 찾아들고 있다. 9월 11일에 제일 먼저 죽음이 찾아왔고 현재는 전쟁과 질병이다. 다음은 과연 무엇이 될 것인가?"(『뉴욕타임스』 2003/04/06)

20세기를 몇 달 남겨 놓고, 밀레니엄 버그의 위험을 알리는 이야기들이 쏟아져 나오면서 사람들은 이미 이런 불안을 경험했다. 컴퓨터 시스템이 다운될지 모르니 스스로 대비하라는 충고를 하며 정치인들이 법석을 떠는 동안, 오늘날의 사회에서는 더 이상 그 누구에게도 책임을 물을 수 없는 것처럼 보였다. 그러나 파국에 대한 두려움은 이내 그런 음모를 꾸민 자들을 색출하는 일로 바뀌었다. 밀레니엄 버그라는 건 없었음이 밝혀지자 이 공연한 소동이 죄다 컴퓨터 회사들이 최신 사양 컴퓨터를 더 팔아먹으려고 꾸며낸 것이라는 이야기들이 흘러나왔다.

새로운 불안의 시대에 관해 이야기할 때 잊지 말아야 할 것은 지난 세기 몇 가지 중대한 사회 위기들이 나타난 후에 불안의 시대가 찾아왔다는 사실이다. 특히 양차 세계대전 이후에 그랬다. 제1차 세계대전 이후 첫 번째 불안의 시대가 왔다. 2차 산업혁명과 더불어 새로운 살상 무기들이 사용됨에 따라 현대 문명의 가치를 근본적으로 회의하게 된 것이다. 폴 발레리는 "정신의 위기"[2]에서 당대를, 판이한 관념들이 아무렇지 않게

---

2 Paul Valéry, "The Crisis of the Mind", London, *The Athenaeum*(1919/04/11, 1919/05/02).

공존하고 인생과 학문의 확고한 준거가 송두리째 사라진 시대로 묘사했다. 즉, 전쟁 위기가 끝났음에도 경제 위기, 그리고 무엇보다 "정신의 위기"가 여전했고, 이 모든 것들이 불안을 조장하고 있었다. 유럽인들은 특히 실존에 번민했는데, 어떤 이들은 의미를 상실한 시대에 접어들었다고 생각했고, 또 어떤 이들은 현대 모든 우상들의 죽음이 압도적인 불안감의 주원인이라고 보았다. 인간은 신에 대한 믿음을 상실해서 무척이나 고독해 보였다. 하지만 과학, 진보, 이성에 대한 믿음의 상실도 똑같이 중요했다. 이는 유럽의 죽음으로도 보였다. 불안의 시대는 새로운 독재자들이 활동할 공간을 마련해 주었다. 이탈리아의 파시즘과 독일의 히틀러 집권은 불안의 시대에 대한 해결책을 찾으려는 시도였다. 그러나 그들의 정치는 두 번째 불안의 시대가 출현하는 큰 원인이 되었다. 제2차 세계대전 후 불안의 시대가 다시 찾아왔고, 특히 홀로코스트와 히로시마의 경험은 불안의 시대를 재촉했다. 또다시 대량 살상 무기가 극도로 잔혹한 폭력을 낳았고 이로 인해 전후의 불안감은 더욱 고조됐다. 또한 경제 위기는 미래상을 찾으려 애쓰는 인간의 위기와 결부되었다. 하지만 이런 불안에 대한 이야기는 "풍요의 시대"를 연 1960년대와 더불어 잦아들었다.

최근에 나타난 불안의 시대는, 1990년대 우리가 가장 잔혹한 형태의 폭력을 목격했고 지난 몇 년 동안에는 새로운 전쟁들과 21세기의 악들 — 테러 공격과 치명적인 바이러스 사용 위협 — 을 상대해 오고 있다는 사실과 관련한다. 이런 위험들이 특히 공포스러운 것은 그것을 완전히 사라지게 할 수 없을 것처럼 보이기 때문이다 — 계속 증식할 수 있음에도 불구하고 눈에 보이지 않는 그것들을 즉각 근절해 버릴 수 있는 의학적 또는 군사적 해결책은 존재하지 않는다. 미국인들이 빈 라덴을 최고의 악인으로 생각하고 있던 당시 뉴욕 거리의 한 중국인 노점상은 빈 라덴의 기이한 특성을 잘 포착해 티셔츠를 팔고 있었다. 옛날 서부영화에 나오는 현상 수배 포스터를 모방해 "빈 라덴: 죽은 혹은 살아 있는"dead or alive[3] 로고를 박은 티셔츠들 한가운데 "빈 라덴: 죽었으면서도 살아 있는"dead and alive이라고 적은 티셔츠를 진열해 둔 것이다.

비록 새로운 불안의 시대가 주로 테러 공격과 새로운 질병의 위험과 연관된 것으로 보이더라도 불안은 사회에서 차지하는 주체 자신의 위치가 달라지거나 자기 인식이 달라질 때 생긴

3 [옮긴이] 본디 현상 수배 포스터에서 이는 "사살하든 생포하든 상관없다"는 의미인데 여기서는 다음 문구("죽었으면서도 살아 있는")와 대비해 이렇게 번역했다.

다는 것을 잊어서는 안 된다. 최근 몇 년간 미디어에는 새로운 심리 장애들에 대한 보도가 계속 등장하고 있다. 이 새로운 증후군들 가운데 일부는 꽤나 기이하다. 예컨대 1990년대에 미국의 신흥 부자들은 '부자병'[어플루엔자]affluenza[4]으로도 불리는 소위 '졸부 증후군'을 겪었다고 한다. 부모의 과잉보호 속에서 자란 어린애의 경우 '모험심 결핍 장애'가 생길 위험이 있다고 말한다. 또 여성지들은 자기 외모에 지나치게 신경 쓰는 '신체 이형 장애'[5]에 대한 기사를 내보냈다. 더욱이 이런 장애 목록은 빠르게 증가하는 듯하다. 오늘날 주체는 스스로를 완벽히 통제해야 하고 늘 생산적이어야 하며, 사회에 해를 끼쳐서는 안 되기 때문에 이런 주체에게 방해가 되는 것은 어떤 것이라도 장애로

---

4 [옮긴이] '부유한'이라는 뜻의 affluent와 '유행성 독감'을 의미하는 influenza의 합성어로 풍요로워질수록 더 많은 것을 추구하는 현대인의 소비 심리 또는 소비 지상주의로 인해 나타나는 갖가지 증상(과중한 업무와 빚, 근심 걱정과 낭비 풍조 등)을 일컫는 용어. 1997년 미국 PBS TV의 다큐멘터리 제목으로 처음 사용되었으며, 이를 바탕으로 미국의 환경과학자 데이비드 완David Wann과 듀크대학교 명예교수 토머스 네일러Thomas N. Naylor 등이 2001년 같은 제목의 저서를 펴냈다.

5 [옮긴이] 정상적인 용모를 가졌음에도 불구하고 자신의 외모에 결손이나 변형(이형)이 있다고 상상하면서 지나치게 집착하는 증상. 추모 공포증이라고도 불리는데, 이런 상상으로 인해 우울증이나 불면증, 불안감에 시달리게 되고, 사회생활이나 대인관계에도 어려움을 겪는 경우가 많다.

분류된다. 동시에 주체가 사회적 기대와 관련해 겪는 내면의 동요와 딜레마는 신속히 불안으로 명명된다. 심지어 9·11 이전에도 불안이라는 단어는 매우 광범위하게 사용되었다. 예컨대 『뉴욕타임스』는 뉴욕 패션 위크에서 패션 잡지 편집자들이 "구두 불안"shoe anxiety을 느꼈다고 보도했다(『뉴욕타임스』 2000/09/26). 기사에는 편집자들이 느낀 불안이 패션쇼 무대에서 본 구두 때문인지, 아니면 자신이 형편없는 구두를 신어서인지, 아니면 자기 집 신발장의 방대한 구두 컬렉션에서 도무지 어떤 걸 골라야 할지 몰라서였는지 분명히 드러나지 않는다.

롤로 메이Rollo May는 20세기의 불안을 연구한 책에서 1945년 전에는 불안이 "은밀한" 형태로 존재했으나 이후에는 "공공연하게" 드러난다고 지적한다.[6] 그러나 불안에 대한 대중의 두 가지 태도는 유사한 방향을 가리켰다. 즉, 두 태도 모두에서 핵심은 주체의 고독, 사랑하거나 사랑받지 못하는 무능력, [집단이 기대하는 생각이나 행동에 대한] 동조conformity의 압력, 그리고 개인이 저마다 느끼는 "고향에 대한 상실"감이었다. 메이는 "은밀한 불안"의 징후는 토머스 울프의 소설 『그대 다시는 고향에 못

6 Rollo May, *The Meaning of Anxiety*(New York: Roland Press, 1950).

가리』*You Can't Go Home Again*[7]에서 상징적으로 표현된 주제와 깊은 관련이 있다고 지적한다. 고향에 가지 못한다는 것은 주체가 심리적 자율성을 받아들이기 어려운 상황과 관련된다. 일터에서나 여가 시간에나 모두 과하게 일하고 활동함으로써 주의를 딴 데로 돌리려는 주체의 필사적인 시도들도 이런 맥락에 있는 것이다. 1920년대 말에 출현한 불안은 물론 경제 불황[대공황]과 연관되어 있었다. 하지만 경제적 불안정은 사람들이 사생활에서 갖게 된 불안정과 밀접한 관련이 있었고, 그 속에서 사람들은 자신이 담당해야 하는 역할에 대해 혼란을 느끼고 있는 것처럼 보였다. 미국의 사회학자 린드 부부Lynds는 소위 미들타운Middletown 생활에 관한 유명한 연구에서[8] 1920년대 말에는 사

---

7 Thomas Wolfe, *You Can't Go Home Again*(New York: Harper and Brothers, 1940)[『그대 다시는 고향에 못 가리』, 김준호 옮김, 청목사, 1995. 1928~29년의 미국의 대공황기 직전을 배경으로 한 소설로, 도시화·산업화로 인해 파괴되어 가는 고향과 인간성 상실을 다루고 있다. 주인공 조지는 십여 년 만에 고향을 찾지만, 그곳은 이미 꿈에 그리던 안식처가 아니라 돈과 욕망에 눈이 먼 인간들이 날뛰는 아수라장이다. 조지는 환멸과 비애에 젖어 진정으로 우리의 마음이 돌아갈 고향은 이제 그 어디에도 없음을 절감한다. 작가는 20세기 초반의 미국 사회를 진단하면서, 뿌리 뽑힌 자의 고독과 산업화에 따르는 비정한 악마적 광기를 통렬하게 고발하고 있다].

8 [옮긴이] 린드 부부는 도시 사회의 변천 과정을 연구하기 위해 인디애나 주의 소도시 먼시Muncie를 사례연구의 대상으로 삼았다. 이 연구에서 린드 부부는 1929

람들이 느끼는 소외감이 특히 심각했다고 지적했다. 한편으로는 [경제 공황 이후] 일에 대한 강박적 욕구가 있었고, 집단의 다른 구성원들과 비슷하게 생각하고 비슷하게 살아야 한다는 동조에 대한 압력이 만연해 있었으며, 끊임없이 뭔가를 해서 자신들의 여가 시간조차 쉬지 않고 다양한 활동으로 채워 나가려는 광적인 열기가 존재했는데, 다른 한편으로는 [사람들에게 요구되는] 문화적 규범조차 상충하는 혼돈스러운 상황에 처해 있었기 때문이다. 린드 부부에 따르면 삶의 전 영역에서 발생한 변화와 불확실성이 견딜 수 없는 정도가 되어 감에 따라 사람들은 엄격하고 보수적인 경제 및 사회 이데올로기들을 받아들이기 시작했다.

제2차 세계대전 후에는 불안이 공공연하게 드러나게 되었는데, 이는 사람들이 온갖 새로운(예컨대 핵전쟁과 관련한) 파국들에 대한 두려움을 숨김없이 드러내게 되었을 뿐만 아니라 자신들의 사회적 역할도 훨씬 더 불안정해졌기 때문이다. 로버트 제

년 공황을 전후로 재벌이 지방 소도시를 지배해 가면서 지역사회가 변화하는 과정을 밝히고, 변모하는 생활양식을 통해 그때까지 주민들의 가치를 지탱하던 종교 윤리에 뿌리박은 근대 자본주의 정신(근면, 노력, 업적, 성공 등)이 환상에 불과하다는 것을 드러냈다.

이 리프턴Robert Jay Lifton은 당시 주체에게 일어난 바로 그 무수하고 다양한 변화 가능성에서 한 가지 문제를 포착해 냈다. 주체가 또다시 전쟁이 일어날지 모른다는 것에 공포를 느끼고, 정체성을 끊임없이 바꿔야 하는 압력까지 받게 되면서 이 시대 특유의 불안감이 생겨났다는 것이다. 그런데 이 정체성의 혼란과 관련한 불안은 오히려 확실성을 추구하게 만들었고, 이는 "근본주의 교파들과 각종 전체주의적 영성 운동들"로 표출된다.[9]

오늘날 새로운 시대의 불안은 앞서 언급한 두 시대의 불안과 흡사해 보일 수 있다. 오늘날의 문화에서도 경제적 불확실성은 불안의 주원인은 아닌 것으로 보인다. 주원인은 사회적 역할, 정체성을 바꾸려는 끊임없는 욕망, 그리고 행동의 지침이 되는 본보기의 부재와 관련해 사람들이 겪는 문제와 더 연관되어 있다. 오늘날 이런 불확실성은 또한 사람들이 근본주의적 종교에 의지하고 사회적 제약들을 받아들이는 원인이 되며 이로 인해 새로운 유형의 전체주의가 발생하게 된다.

9·11 전에 서구인들은 모든 게 변화에 민감하고 삶이 컴퓨

---

9 Robert Jay Lifton, *The Life of the Self: Towards a New Psychology*(New York: Simon and Schuster, 1976), p. 141.

터게임과도 같은 시뮬라크라simulacra[10]의 세계에 살고 있다는 인식을 기꺼이 받아들였다. 사람들은 유전암호의 완전한 해독과 신약 개발을 통해 생사의 문제를 예측하고 통제할 수 있으리라는 희망을 품었다. 하지만 9·11 이후 이런 낙관주의는 바뀌었다. 돌연 인간의 몸도 사회 자체도 예전처럼 아주 취약해 보이게 된 것이다. 압도적인 불안의 주요 원인은 사람들의 세계 인식을 구성하는 것으로 보이는 환상 구조의 붕괴와 기이한 두 가지 동인 — 테러와 바이러스 — 의 출현이었다.

제2차 세계대전의 여파 속에서 위험에 대한 우리의 태도도 비슷했다. 미국과 공산권 국가들 사이에 엄청난 긴장이 흐르던 시대에 양 진영은 불안을 외부에서 오는 위험과 관련지었고 이에 대한 반응 가운데 하나로 각종 음모론이 나타났다.[11] 1950년대 미국에서는 공산주의의 음모에 대한 두려움이 엄청났고, 이는 당시 공포 영화에 특별한 방식으로 반영되었다. 공산주의

---

10 [옮긴이] 가상, 가짜 그림 등의 뜻을 지닌 라틴어 시뮬라크룸simulacrum에서 유래한 말로, 장 보드리야르는 이 가상이 그 자체로 현실을 대체하고, 현실보다 더 현실적인 것이 된다고 지적한다.

11 음모론에 관한 종합적인 연구는 다음을 보라. Peter Knight, *Conspiracy Culture: From Kennedy to the X Files*(London: Routledge, 2001).

는 사회체social body에 침입할 수 있는 기생충이나 사회의 모든 구멍에 들어올 수 있는 치명적인 세균으로 인식되었다. 공포 영화는 위험을 외부에서 사회로 침입해 오는 것으로 그렸다. 외계인의 형태든 아니면 영화 〈신체 강탈자들의 침입〉*Invasion of the Body Snatchers*(돈 시겔Don Siegel 감독의 1956년작)에서처럼 인간을 포획해 외계인의 복제물로 바꿔 버리는 기이한 외적 현상이든 간에 말이다. 당시 사회의 편집증은 각종 심리 통제 방식을 통해 공산주의 이데올로기를 주입당해 세뇌될지도 모른다는 불안과도 밀접한 관련이 있었다. 같은 시기에 공산주의 동구권 국가들은 외국 스파이의 잠입과 부르주아적 소비주의와 오락물의 형태로 서구에서 유입되는 이데올로기적 지배를 두려워했다.

1970년대 말과 1980년 초 사이, 불안에 관한 인식은 근본적으로 변화했다. 공포의 대상이 점점 더 사회 내부, 그리고 특히 인체 안에 있게 된 것이다. 공산주의자들은 반체제 인사와 청년운동 같은 내부의 적을 두려워하기 시작했다. 서구에서는 HIV 바이러스의 출현으로 위험에 대한 인식이 근본적으로 변화했고, 인체는 적이 공격할 수 있는 궁극의 장소가 되었다. 그리하여 지난 10년 동안은 바이러스가 인간에게 궁극의 위험물이었던 폭탄의 자리를 대신하게 되고 인체는 잠재적 희생자인

영화 〈신체 강탈자들의 침입〉 중에서 외계에서 날아온 꽃씨에 의해 복제 중인 인간의 모습. 1940년대 말과 1950년대 초에 걸쳐 미국 사회를 지배했던 매카시즘과도 관련되어 있던 이 영화가 공포의 소재로 삼는 것은 익숙하고 친근한 모습을 하고 있는 내부의 사람들이다.

동시에 이 내부의 위험과 싸우는 위대한 전사로 인식되었다. 이때 면역학은 거대한 권력을 얻었고, 인체를 위협하는 세균 및 바이러스 연구에서는 "내부의 전쟁"이라는 군사 용어가 빈번히 사용되었다. 마찬가지로 할리우드 공포 영화에서도 변화가 목격되는데, 이를테면 〈그것은 외계에서 왔다〉*It Came From*

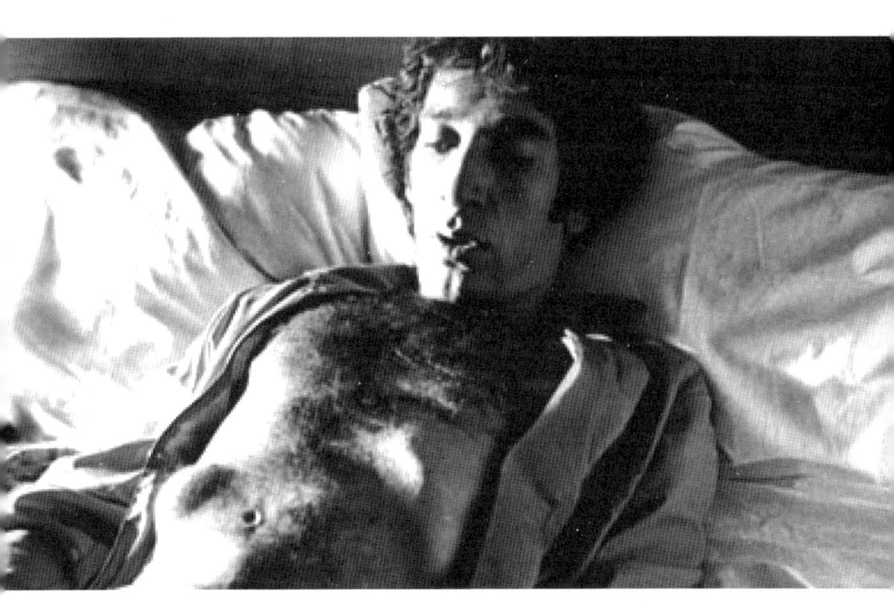

영화 〈그것들은 내부에서 왔다〉 중에서 알 수 없는 기생충이 뱃속에서 꿈틀대면서 공포에 빠진 니콜라스. 슬금슬금 인간의 내부로 침입해 들어와 사람들을 기괴한 섹스광으로 만드는 기생충에 관한 이 영화에서 성병 또는 비정상적인 성적 욕망으로 비유되는 기생충은 남근을 닮았다. 영화는 기생충에 호화 빌딩의 전 거주자가 감염되는 과정을 담고 있는데, 이것이 외부로도 퍼져 나갈 것임을 암시하면서 끝이 난다.

Outer Space(잭 아널드Jack Arnold 감독의 1953년작)는 〈그것들은 내부에서 왔다〉 *They Came From Within*(데이비드 크로넨버그David Cronenberg 감독의 1975년작)로 바뀌었다.

그러나 9·11 이후에는 마치 바이러스와 폭탄이 연합작전을 벌이며 흡사한 패턴을 따르기 시작한 것처럼 보인다. 테러리스트들은 처음에는 보이지 않다가 별안간 여기저기서 터져 나온다는 점에서 바이러스나 세균과 흡사하다. 이후 그들은 다시 숨어 버리고, 사람들은 그들이 어떻게 증식했는지, 그리고 공격을 받은 후에는 어떤 변이를 일으켰는지 결코 알지 못한다. 세균이 항생제를 견디게 되었듯이 테러리스트들도 자신들을 몰살하려는 전쟁에서 저항력이 생긴 듯했다.[12]

9·11 이후 미국 정부는 숨어 있는 테러리스트로 말미암아 예측 불가능한 위험이 발생할 수 있음을 대중에게 끊임없이 상기시킴으로써 새로운 공격에 대한 두려움을 잊지 않도록 만들고 있다. 어떤 이들은 정부가 장차 발생할 수 있는 새로운 공격과 관련해 암시를 사용하는 방식에서 일정한 패턴을 발견하기

12 외부와 내부에서 동시에 오는 위험은 지난 10년간 구舊 유고슬라비아를 산산이 부수어 버린 분쟁에 특정한 방식으로 반영되어 있다. 알바니아계 분리주의자로 지목된 이들(밀로셰비치 정권에서는 테러리스트로 불렸다)에 관한 첫 번째 편집증은 알바니아인들이 군대의 음식에 독을 넣으려 했다는 이야기가 중심이었다. 이후 밀로셰비치가 거둔 엄청난 이데올로기적 승리는, 끊임없이 새로운 적들을 만들어 자신의 민족주의적 정치에 대한 거대한 지지를 이끌어 냈고 또 세르비아인들에게 궁극의 위협이 존재한다는 두려움을 유지시켰다. 폭력은 불시에 지역사회를 공격하는 바이러스와 비슷하다는 인식은 알바니아인과 마케도니아인의 민족주의적 긴장과 갈등을 그린 영화 〈비포 더 레인〉*Before the Rain*(밀코 만체프스키Milcho Manchevski 감독의 1994년작)의 주제이기도 했다. 여기서 바이러스와 같은 폭력이라는 관념은 갈등의 정치적 차원을 궁극적으로 은폐해 버린다.

도 했다. 9·11 이후 몇 달 동안, 3주마다 주말 직전에 새로운 경고들이 나온 것이다. 어떤 심리학자가 정부에다가 대외 정책에 대한 대중적 지지를 원한다면 대중이 안심하지 못하게 해야 한다고 조언한 게 아닐까 하는 추측이 들 정도다. 또한 언론이 새로운 공격 대상을 추측한 방식에서도 특정한 패턴을 발견할 수 있다. 언론은 또 다른 공격 장소는 어디가 될지 누가 먼저 알아내나 경쟁을 벌이는 듯했다. 처음에는 디즈니랜드가 그런 상징적 표적일지 모른다는 추측이 제기되었다. 디즈니랜드는 미국의 궁극적 환상이기에 이를 공격해 미국의 자아상에 상징적 상처를 입힐 것이라는 미국인들의 상상은 어찌 보면 당연한 것이다. 또 어떤 이들은 공격 장소가 신체일 것이라고 상상했는데, 오염된 물, 환기구, 식중독 등을 통해 신체가 표적이 된다는 것이었다.

가능한 위험의 근원에 대한 이 같은 추측 속에서, 우리는 내부의 것과 외부의 것 사이의 흥미로운 연관을 다시 한 번 발견할 수 있다. 탄저병 공격은 점점 더 내부 적의 소행으로 보인다. 여기에 새로운 외부 위험들과 더불어 발생할 수 있는 내부의 또 다른 위험 지점들이 존재하는데, 이를테면 의료나 기타 산업 장비에서 사용되고 남은 방사능 물질로 만들 수 있는 소위 '더티 밤'dirty bomb들이 그런 것이다. 9·11 이후 과학자들은 대중에게 (그리고 테러리스트가 될 수도 있는 사람들에게도) 그 폭탄의 제조법을 알려 주었고 동시에 대중의 두려움을 잠재우고자, 그런 폭탄 제조 작업은 제조자에게도 치명적일 수 있어 어느 누구도 만들려 하지 않을 거라고 주장했다(여기서 그들은 9·11에서 자기희생이 중요한 역할을 했음을 잊고 있는 듯하다). 그런데 과학자들이 그런 폭탄으로 어떤 피해가 발생할지 예상하면서 비교 대상으로 삼은 것은 소련이었다. "켈리 박사는 식품 방사능 처리에 사용되는 코발트 막대cobalt food irradiation bar로 만든 더티 밤 하나가 동북쪽으로 미풍이 부는 날 맨해튼 남쪽 끝에서 터진다면 어떤 일이 발생할지에 관한 사례연구를 제시했다. 그의 계산에 따르면 센트럴 파크가 있는 맨해튼 북쪽 끝 지역이 체르노빌 원전 주위의 영구 폐쇄 지역만큼이나 오염되고 맨해튼은 수십 년간 유기해야 한다"(『뉴욕타임스』 2002 /03/07). 다음 파국을 예측하는 데만 혈안이 된 과학이 대체 우리에게 무슨 위안이 되겠는가? 마치 켈리 박사는 〈인디펜던스데이〉나 〈아마겟돈〉 같은 블록버스터의 시나리오를 새로 쓰고 있는 것 같다. 그리고 미국에서 발생할 수 있는 파국이 구소련에서 발생한 파국과 비슷할지도 모른다는 사실은 지난 정치적 분열에 관한 심란한 기억들을 상기시킨다.

테러리스트가 개별 세포 조직의 일원, 즉 일부 연락책만 알고 조직 전체와 실제 우두머리는 알지 못하는 조직원으로 인식되는 방식은 첩보 기관의 논리와 흡사하다. 구소련의 스파이들은 그런 세포 조직을 통해 활동하면서 조직의 대의에 헌신하고 지휘관들에 절대 복종하는 것으로 여겨졌다. 하지만 소련 스파이들을 회유해 서구 정권들을 위해 일하게 하는 건 점차 어렵지 않은 일이 되었는데, 이는 공산주의 정권에 대한 불만이나 순전한 물질적 탐욕 때문이었다. 반면 현재 테러리스트는 그렇지 않다. 서구인들에게 그들은 훨씬 더 공포스러운 존재다. 돈으로 '매수'되지도 않고 전향하라는 회유에도 넘어가지 않기 때문이다. 거대 이데올로기에 대한 불신에 기반한 사회에 테러리스트는 여전히 대의를 믿고 그래서 목숨도 기꺼이 바칠 수 있는 공포스러운 인간이 실재함을 보여 준다. 게다가 이 더 높은 대의는 물질적 만족의 추구와는 전혀 관련이 없기에 테러리스트는 — 공산당 스파이와는 달리 — 구식의 유혹에 쉽게 굴복해 쉬이 전향할 리도 없다.

과거에는 스파이가 적대 세력의 중대한 정보를 캐고자 이식된 사람이었다면, 이전의 정치적 대립이 종식된 오늘날에는 그 이식의 형태가 다르다. 유명한 TV 시리즈 〈X파일〉이 좋은 예다. 드라마에서 처음에 외부에서 부과된 이식물은 내부에서 위험한 돌연변이 과정을 거치면서 궁극의 위험이 된다. 그중 한

〈X파일〉 6시즌 에피소드 1 중에서 타인의 마음을 읽는 능력으로 인해 고초를 겪는 소년 깁슨. 스컬리는 멀더에게 깁슨의 DNA를 분석해 보니 멀더가 외계인의 것이라고 생각하는 바이러스에서 나온 DNA와 깁슨 프레이즈의 유전자가 일치하는 결과가 나왔다고 말한다. 이에 대해 스컬리는 사실 우리 유전자도 마찬가지라고 지적하면서 우리 모두 부분적으로는 외계인일지 모른다고 해석한다.

편에서 스컬리 요원은 자신의 머리에 이식된 칩이 있음을 깨닫는데, 이는 틀림없이 외계인의 소행으로 보인다. 그런데 칩을 제거하자 바이러스성 암이 미친 듯이 전이되고, 칩을 제자리에 돌려놓아야만 전이가 멈출 수 있는 상황이 전개된다. 스컬리가 외계인으로 추정되는 한 소년 사체의 신체 조직을 조사하면서 상황은 훨씬 더 복잡해진다. 스컬리는 소년의 신체 조직이 DNA를 근본적으로 변형시키는 바이러스에 오염되었음을 밝혀내지만 자신의 DNA도 변형되었음을 깨닫는다. 스컬리가 이를 멀더에게 설명하자 그는 소년이 외계인인 게 틀림없다고 말한다. 하지만 스컬리는 우리 자신이 이미 외계인이라는 — 적은 분명 내부에 있다는 — 결론을 내린다. 그런데 외부가 아닌 내부의 적을 다룰 때는 늘 문제가 훨씬 복잡하다. 오클라호마 폭탄 테러 이후 미국인들은 미국 청년이 이 범죄를 저질렀다는 것을 납득하기 힘들었고 그래서 어떤 외부의 적이 티모시 맥베이 Timothy McVeigh의 엉덩이에 칩을 넣어 행동을 조종했다는 음모론들이 제기되었다.[13]

---

13 [옮긴이] 1995년 4월 19일, 티모시 맥베이가 테리 니콜스와 함께 오클라호마시 알프레드 머레이 연방청사에서 폭탄을 터뜨려 168명의 사망자와 5백여 명의 부상자를 낸 테러 사건. 걸프전에서 은성무공훈장을 받았던 맥베이는 그린베레 지원에서 탈락하고, 제대 후 생업이었던 무기 거래 단속에 원한을 품었다고 검찰은 밝혔다. 그러나 맥베이는 재판에서 1993년 극우 보수파 종교 집단 다윗파를 연방 정부가 무력 진압하는 과정에서 신도 86명이 집단 자살한 데 대한 보복으로 테러를 저질렀다고 주장했다. 흔히 테러 사건이라면 아랍계나 아프리카계 범인을 떠올렸던 당시, 백인인 그가 범인이었다는 사실은 미국 주류 사회에 커다란 파

자본주의와 공산주의로 양분된 시대에는 적이 외부에서 오는 누군가로 인식되었다면 지구화된 자본주의의 시대에는 종잡을 수 없는 테러리스트의 형태를 띠고(이 이미지는 파악하기가 어렵다는 측면에서, 유대인은 위험하고 종잡을 수 없다는 반유대주의의 이미지와 이상하게도 닮았다), 서구 자본주의사회의 특징인 내부의 적대들은 바이러스성 위험으로 인식된다.[14]

테러리즘과 관련된 '새로운 불안의 시대' 이야기는 역설적으로 선진국과 후진국 사이의 분할과 관련한 새로운 두려움들을 조장해 왔고 그래서 일부 국가들에게 가장 큰 두려움은 그

문을 일으켰다. 맥베이는 2001년 6월, 사형당했다.

14 밀로셰비치는 헤이그 국제사법재판소에서 반미 영웅의 역할을 맡기 시작했고, 동시에 NATO가 제3세계에서 군사행동을 벌인다고 규탄하며 스스로 오랫동안 테러리즘과 싸워 오고 있는 정치인 행세를 하고 있다[그는 전범으로 재판을 받던 2006년, 감옥에서 사망했다]. 밀로셰비치의 '성공' 요인은 위장 행각, 즉 끊임없이 잠재적 적들을 만들어 내 불안을 조장함으로써 국민 대다수의 주위를 딴 데로 돌리면서 사회의 정치·경제 영역을 근본적으로 변화시켜 버릴 수 있었다는 데 있다. (이 변화들과 관련해 참 아이러니한 점은 밀로셰비치의 실각 후 세르비아 정치인들은 그에게 전쟁 범죄가 아닌 재무 관련 조작에 대한 책임만을 묻길 원했다는 것이다.) 마찬가지로 부시 행정부도 테러와 세균과의 전쟁을 위장함으로써 대중의 눈을 피해 정치·경제 영역을 근본적으로 변화시키고 있다. 사람들은 확신이 없고 두려움을 느낄 때 적의 분명한 이미지들을 찾아내려 애쓰며, 또한 그런 적을 제거해 불안이 완화되길 희망한다.

배제된 영역으로 굴러 떨어질지도 모른다는 것이었다. 미국에서 탄저병 공황이 터진 후 중유럽의 소국 슬로베니아에서는 느닷없이 가짜 탄저병 사건들이 보도되었다. 며칠 동안 언론은 국민에게 백색 가루가 들어간 낯선 편지들이 공공 기관들로 전달되고 있으니 주의하라고 경고했다. 그러나 그 드라마는 누군가 장난으로 가짜 탄저병 가루를 보냈다는 사실이 밝혀지면서 금방 끝이 났다. 하지만 슬로베니아 언론이 탄저병 소동을 보도한 방식을 살펴보면 그 염려에는 일종의 나르시시스적 환희가 결합되어 있음을 간파할 수 있다. 이 탄저병 사건이 각종 뉴스의 일면을 장식하던 그날, 이 작은 나라는 두려움이란 측면에서는 강대국 미국과 비등해지고 있는 것처럼 보였다. 슬로베니아는 유고슬라비아에서 분리 독립 후 최근에 전쟁을 겪은 탓에 세계무역센터의 희생자들과 자신들을 상당히 동일시하는 측면도 있었다. 슬로베니아인들은 (그리고 보스니아인들은 훨씬 더) 세계관 전체가 붕괴하고 안전한 삶이 파괴됐을 때 자신들이 겪었던 고통을 잊지 않고 있었던 것이다.

테러 공격의 위협이 별로 예상되지 않는 지역에서도 9·11 희생자들에 대한 상징적 동일시가 목격된다. 이는 서구 세계에 속하려는 욕망으로도 이해할 수 있다. 이 욕망은 일부 폴란드인들이 상당수의 동포들이 세계무역센터에서 죽었다는 기사에 반응한 방식에서 분명히 드러났다. 처음에는 수십 명의 폴란드인들이 죽었다고 보도되었는데 나중에 그 수가 훨씬 더 적다는 사실이 밝혀지자 일부 폴란드인들은 거의 실망에 가까운 반응을 보였다. 그렇다고 그들이 내심 폴란드인 사망자가 더 많기를 바랐던 건 아니다. 그들은 그저 중요한 유럽 국가들에 '소속'되어 그 일원으로 여겨지길 몹시 갈망했던 것이다. 일부 폴란드인들은 세계무역센터 희생자 가운데 자국인이 많으면, 마찬가지로 많은 시민을 잃은 서구 국가들과 동일하다는 상징적 인식을 얻게 되리라고 생각했다. 탈사회주의 국가들에게는 선진국에 들어가려는 필사적인 욕망이 있었고, 그래서 9·11이 발생했을 때 서둘러 미국을 도와야 한다고 생각했다. 미국의 입장에서는 그 국가들의 직접적인 도움이 불필요했더라도 말이다. 하지만 동시에 탈사회주의 국가의 대중은 전쟁에 대한 미국의 강박과 끊임없이 새로운 적을 찾아내려는 욕구, 그리고 제3세계의 관심사에 대한 미국의 무시에 불편한 감정을 느끼고 있다. 선진국에 소속되고 싶어 하는 탈사회주의 국가들의 욕망은 애처로울 정도이지만, 선진국들은 이를 완전히 무시하는 태도를 보이고 있는 것이다.

서구와 제3세계 사이의 이 유혹의 게임은 예술계에서 극명하게 드러난다. 서구 예술계로부터 인정받고 싶어 하는 제3세계 예술가들은 흔히 그 시도에서부터 실패한다. [러시아 출신 설치미술가] 일리 카바코프Ily Kabakov는 서구 문화권과 비서구 문화권 사이의 긴장을 정확히 묘사한다. 그의 지적에 따르면 서구 예술계는 다른 국가들을 통과하는 급행열차와 비슷하다. 이 외딴 곳의 사람들은 플랫폼에 서서 기차를 잡아탈 수 있기를 희망한다. 그러나 기차는 좀처럼 서지 않고 설사 선다 하더라도 자리가 없다. 그럼에도 어떤 이들은 기차에 올라타고 필사적으로 빈자리를 찾는다. 그러다 우연히 자리가 나서 앉게 되면 동승객들은 새로 탑승한 이를 업신여기는 낯빛으로 이렇게 지적한다. "왜 좀 더 일찍 와서 자리를 잡지 않았죠? 왜 그렇게 필사적인 얼굴을 하고 있었나요? — 웃고 있었어야죠! — 우리는 새로운 승객이라면 늘 환영입니다." 이는 바로 지구적 자본이 오늘날의 탈사회주의 세계에서 하고 있는 게임이고, 9·11 공격과 관련해 많은 탈사회주의 국가들은 자신들이 제대로 기차를 잡아탔음을 간절히 확인하고 싶어 했다. 그러나 서구 국가와 같은 기차에 올라탄다는 것은 단지 9·11 테러의 희생자들에 대한 연민의 표현일 뿐만 아니라 기관사 — 지구적 자본 — 에게 우호적인 대우를 받으려는 욕망의 표현이기도 하다.

오늘날 대량 살상 무기들은 여태껏 보지 못했던 온갖 파국이 발생할지 모른다는 두려움을 더욱 조장하고, 미디어는 대량의 독극물 공격, 전염병, 더티 밤, 그 밖의 핵 위험 같은 새로운 공포 대상들에 대한 경고를 끊임없이 내보내고 있다. 이로 인해 불안은 증가하고 있고, 따라서 불안의 해결책에 대한 요구도 증가하고 있다. 『뉴욕타임스』는 [사스에 대한 미국인들의 공포와 관련된 기사에서] 미국에서 "두려움이 사스보다 빠르게 퍼지고 있고" 그 결과 많은 사람들이 중화요리 식당을 피하고 있다고 보도하면서 이렇게 결론지었다. "'가장 큰 문제는 아직까지 알려진 바가 없다는 거예요. 아직까지 치료약이 없어요.' …… 의사들은 이렇게 말한다. '현재는 사람들에게 올바른 정보를 전달하려고 노력 중입니다. 하지만 걱정이 많다고 해서 말을 잘 듣는 건 아닙니다. 그런 생각들이 더 퍼지기 전에 불안을 없애야 합니다'"(『뉴욕타임스』 2003/04/17). 정부는 공기 중으로 독이 살포될 수 있으니 접착테이프를 구매해 문틈에 붙이라고 권하고 있고, 사람들이 바이러스에 대비해 마스크를 착용하는 동안 제약 산업은 온갖 항불안제를 팔며 번창하고 있으며, 기업들은 소위 '쇼핑 치료'retail therapy로 두려움을 가라앉히라고 말한다.

이 책은 사람들에게 불안을 유발하는 것을 미디어가 어떻게 재현하는지 살펴봄으로써 불안이 오늘날의 사회에서 작동하는 방식을 분석할 것이다. 먼저 불안과 두려움의 차이를 검토해 볼 텐데, 여기서는 불안에 관한 프로이트와 라캉의 견해가 가장 중요하다. 새천년 초에 새로운 전쟁 위험이 불안의 가장 큰 원인이 되었기에 2장에서는 전쟁 불안과 전후에 나타난 외상들을 살펴본다.

오늘날 자본주의는 미디어에서 이야기하는 불안을 점점 더 자신에게 이롭게 바꾸고 있고 일터에서도 늘 새로운 불안정을 만들어 내고 있다. 3장에서는 소위 하이퍼-자본주의hyper-capitalism 시대에 사람들의 변화된 자기 인식과 하이퍼-자본주의가 의존하는 불안을 검토한다.

일뿐만 아니라 사랑도 불안감을 많이 야기한다. 따라서 4장에서는 친밀한 관계에서는 무엇이 외상적인지, 그리고 남녀는 사생활에서 불안을 어떻게 다르게 보는지 살펴본다.

양육은 특히 불안을 일으키는 것처럼 보인다. 흔히 부모들은 자식 농사에 실패했다고 느낀다. 5장에서는 자신으로부터 아이들을 구하기 위해 아이들을 죽이기로 마음먹은, 정신병을 가진 어머니 사례를 통해 그런 불안을 살펴본다.

지난 10년간 증언은 외상을 치료하고 불안을 완화하는 방법으로 보였다. 6장에서는 증언 산업의 출현이, 오늘날 사회에서 권위의 종말과 관련해 우리가 느끼는 일반적인 불안, 그리고 우리의 고통을 들어 줄 이가 더는 없다는 '두려움'과 관련되어 있음을 보여 줄 것이다.

이 책의 핵심은 불안이 주체가 자신의 분열(즉 비일관성)을 다루는 방식, 그리고 사회를 특징짓는 적대와 어떻게 연관되는지 살펴보는 데 있다. 오늘날 우리 사회에는 불안을 유발할 수 있는 심란한 대상들을 끊임없이 노출함으로써 불안을 치유하려는 시도가 존재한다(예컨대 현대미술에서조차 시체들을 노출함으로써 죽음과 관련된 불안 요인을 알아내려는 시도가 존재한다). 또한 불안이 끊임없이 확산되면서, 불안 없는 사회로 데려다 줄 빠른 해결책(예컨대 약)을 욕망하기 시작했다.

오늘날 불안은 통제할 수 있어야 하는 것, 바라건대 장기적으로는 없애야 할 것 — 요컨대 주체의 행복을 가로막는 궁극의 장애물 — 으로 인식된다. 반면 철학과 정신분석에서는 불안을 인간의 본질적 조건으로 논의했다는 것을 사람들은 거의 잊고 있다. 즉, 불안은 사람들을 마비시킬 수 있는 것이기도 하지만 사람들이 세계와 관계를 맺는 데 매개가 되는 바로 그 조건이기도 하다.

2

전쟁 속의 불안

펜웨이 캠프Fenway Camp 경계선 길은 어느 곳으로도 연결되어 있지 않다. 그 길은 어디로 이어지는지 알 수 없고 어디서 시작되었는지도 알 수 없어 보인다. 이 길을 따라, 캠프에서 멀리 떨어진 곳에서 두 이방인이 무無 앞에 있다. 경계 근무를 서는 이 해병대원들은 추운 밤 참호 안에 앉아 무를 응시하고, 무의 광경, 소리, 질감, 냄새, 맛을 관찰하고 살펴보고 받아들인다. 제24 해병원정부대 소속, 중서부 출신의 두 남자에게 사막은 푸른빛 공백일 뿐이다. …… 참호에는 또 다른 사람, 보이지 않는 사람, 즉 적이 있다. 적이 불러일으키는 것은 두려움이 아니라 불안이다. 어디 있는 거야? 얼굴을 드러내. 나와서 덤벼 봐. 그가 나타나지 않을수록 해병대원들은 그에 관해 더 생각하게 된다. 경계 근무의 목적은 캠프를 보호하는 것이다. 그렇기에 공격을 바라는 것은 거의 도착이다. 그럼에도 그런 바람이 있다. 해병 대원은 제 밥값을 하고 싶다. 상대가 없기에 그는 어느 곳으로도 연결되어 있지 않은 길의 한 구덩이에서 앉아 있을 뿐이다(『뉴욕타임스』 2003/04/12).

미군 병사가 이라크 전선에서 직면한 불안에 대한 이 묘사는 우리가 위험 상황에 직면했을 때 느끼는 불안이 어떤 모습인지를 완벽히 보여 준다. 우리를 불안하게 하는 것은 바로 그 공백void, 무無인 것으로 보인다. 그리고 이 공백을 다루기 위해 병사는 두려워할 수 있는 대상, 즉 분명한 적을 실제로 발견하기를 희망하고 있다. 비록 그런 불안이 전쟁에 내재된 폭력으로 설명될 수 있긴 하지만 전쟁이 끝나고 위험이 줄어든 후에도 병사들이 계속해서, 심지어는 점점 더 크게 불안감을 느끼는 경우는 빈번하다.[1]

여러 전쟁에 나갔던 많은 참전 군인들은 위와 유사한 곤경

---

1 이라크 전쟁이 시작될 무렵 미국 언론은 또한 아이들이 압도적인 불안을 느끼고 있고 그 부모들은 아이들을 어떻게 달래야 하는지 곤란해 하고 있다고 보도했다. 한 어머니는 이렇게 말했다. "9·11이 일어났을 때보다 요즘이 더 두려워요." 그녀의 어린 딸은 집에 폭탄이 떨어지면 모두 침대 밑에 숨어야 하는지 걱정하고 있었다(『뉴욕타임스』 2003/04/13).

들을 해결해야 했다. 어떤 사례에서는 주체가 전쟁에서 특정한 사건을 겪고 나서 신경쇠약에 걸린 경우가 있는가 하면, 딱히 무엇이 주체의 외상(심지어 자살 직전까지 몰고 갈 수도 있었던)을 촉발했는지 꼬집어 말할 수 없는 경우도 있다.

사람들이 어떤 폭력적인 상황에 연루된 후 겪는 외상적 경험은 불안에 대한 정신분석 연구에서 매우 중요한 주제였다. 더욱이 불안의 시대의 출현은 사회가 극단적 형태의 폭력에 직면한 후 사람들이 겪는 외상과도 연관된다. 서론에서 지적했듯이 지난 세기에는 사람들이 오랜 전쟁을 겪은 이후에는 사회가 불안의 시대에 들어선다고 생각했다. 오늘날에는, 한편으로 새로운 전쟁이 출현함에 따라 또다시 불안이 증가할 것처럼 보이지만, 다른 한편으로 미래의 전쟁은 원거리에서 수행될 것이기 때문에 그런 전쟁에 참전하는 군인들에게 불안은 큰 문제가 되지 않을 것이라 생각하기도 한다.

불안의 논리를 이해하려면 프로이트의 선구적 연구로 돌아가는 것이 중요한데, 라캉은 언어와 문화가 어떻게 우리의 불안감을 형성하는지 살펴봄으로써 프로이트의 연구에 중대한 통찰을 덧붙였다. 이 책은 오늘날 불안이 어떻게 변화해 왔는지 설명하기 위해 프로이트와 라캉의 통찰을 이용할 것이다. 대중매체는 불안을 이야기할 때 흔히 그것을 가라앉히려면 약이나 새로운 이완 기법이 필요하다고 말한다. 그러나 정신분석에서 불안은 주체의 무의식과 훨씬 더 연관되어 있고, 그래서 단순한 행동 변화로 해결될 수 없다고 지적한다. 이 장에서는 전쟁 사례를 통해 불안에 관한 프로이트주의와 라캉주의 해석의 요점을 밝히고, 불안에 관한 오늘날의 인식과 과거의 인식이 어떻게 다른지 따져 볼 것이다. 여기서는 오늘날 무력 분쟁에서 대량 살상 무기가 사용됨에 따라 이와 동시에 출현한 불안 없는 미래 사회에 대한 전망을 검토하는 것이 특히 중요하다.

불안과 두려움

보통의 인식에 따르면 우리는 보거나 듣는 무엇, 즉 분간할 수 있는 대상 혹은 상황을 두려워한다. 따라서 두려움은 분명히 표현할 수 있는 것과 관련되어 있으며, 그래서 우리는 이렇게 말할 수 있다. "나는 어둠이 두려워요." "짖어 대는 개가 무서워요." 그에 반해 불안은 대상이 없는 두려운 상태, 즉 무엇이 우리를 불안하게 하는지 쉽게 말할 수 없음을 의미한다. 그리하여 불안은 불편한 정서라 할 수 있고, 무엇이 불안을 유발하는지 불분명하다는 바로 그 이유에서 두려움보다 공포스럽다. 불안과 두려움의 차이에 대한 이런 정의는 우리가 일상에서 경험하는 것과 잘 부합하는 것 같다. 그러나 정신분석이 그 차이에 관해 제시하는 견해들은 더 복잡하다.

프로이트의 첫 번째 이론에 따르면 불안은 억압된 리비도와 관련되어 있다.[2] 그는 특히 성교 중단에 초점을 맞추었고, 성적 에너지의 배출을 거듭 막으면 불안 신경증으로 이어진다고 주장했다. 예컨대 성에 눈을 뜬 여성이 갑자기 성행위를 중단하면 성적 흥분이 배출되지 않아 불안이 생길 수 있다는 것이다. 마찬가지로 남성이 오르가슴에 도달하지 못한 채로 성행위를 중단해야 한다면 불안 신경증이 생기기 쉽고, 특히 일정 기간 반복된다면 발병 가능성은 더 높다. 이 초기 이론에서 프로이트는 생물학에 중심을 둔 것처럼 보인다. 그러나 여기서 이미 그는 외적 문제에 대한 불안 반응이 주체가 경험하는 내적 불안과 어떻게 관련되어 있는가의 문제와 씨름하고 있다. 프로이

2 다음을 보라. Sigmund Freud, "On the grounds for detaching a particular syndrome from neurasthenia under the description 'anxiety neurosis'", *The Standard Edition of the Complete Psychological Works of Sigmund Freud* (henceforth *SE*), vol. 3(London: The Hogarth Press, 1962).

트는 이 난제에 대한 대답으로, 불안 정서와 불안 신경증을 구별한다.

> **외부에서 다가오는** 일(위험)에 적절히 반응해 처리할 수 없다고 느낄 때 불안 **정서**가 생긴다. **내부에서** 발생하는 (성적) 흥분을 가라앉힐 수 없다고 의식할 때 — 다시 말해 마치 그 흥분을 밖으로 투사하는 듯 반응할 때 — 불안 **신경증**이 생긴다.[3]

프로이트는 또한 정서는 외부 자극에 대한 빠른 반응이고 신경증은 내부 자극에 대한 장기적인 반응의 결과이긴 하지만 그 둘이 강하게 연결되어 있다고 지적한다.

30년 후 프로이트는 유명한 연구 『억제, 증상, 불안』*Inhibition, Symptoms and Anxiety*에서 불안에 관한 자신의 이론을 근본적으로 바꾸기로 결정했다. 프로이트는 처음에는 불안이 현실의 위험을 나타내는 신호라고 추측했지만 이내 불안은 주로 위험의 예기와 관련되어 있다고 지적했다. 이런 맥락에서 불안은 확실히 대상 없이 존재하는 것으로 보이며 따라서 두려움과는 다르다.

---

3 Ibid., p. 59

프로이트는 예기 불안anxiety expectations은 삶의 특정 시기마다 상이하다는 것도 깨달았다. 유아기의 불안은 자기 몸 내외부에서 오는 모든 자극을 처리할 수 없는 주체의 무능과 연관된다. 아동기에 주체는 자신이 의존하는 사람들이 더는 사랑과 돌봄을 주지 않을지도 모른다는 것에 불안해한다. 소년기의 아들은 경쟁자 — 아버지 — 를 두려워하는데, 어머니에게 성적으로 끌리는 성향이 있기 때문이다.[4] 하지만 성인 주체는 주로 초자아 — 벌을 주는 내면의 목소리 — 앞에서 불안해하는 것처럼 보인다. 프로이트는 신경증자들은 계속해서 마치 과거의 위험 상황이 여전히 존재하는 것처럼 행동한다는 것도 알아차렸다. 하지만 "아동기의 신경증 징후들이 모든 성인 신경증자에게도 나

---

4 공포증은 이런 불안을 억누르는 특정한 방식이다. 흔히 주체가 공포증을 형성하는 이유는 공포의 대상을 피하려고 애씀으로써 불안감에서 벗어날 수도 있기 때문이다. 가장 좋은 예는 꼬마 한스다. 이 어린 소년에게는 말馬 공포증이 있었는데, 그것은 불안을 억누르려는 시도였다. 그런데 프로이트에게는 실로 어떤 위험이 소년에게 불안을 야기하는지 알아내는 것이 중요했다. 왜냐하면 공포증의 대상을 통해 막으려는 것이 바로 이 위험이기 때문이다. 프로이트는 소년이 아버지와 맺고 있는 양가적 관계에서 답을 찾는다. 꼬마 한스에게 진짜 위험은 아버지에게서 오는 거세의 위협이다. 꼬마 한스는 이 위협과 관련해 불안을 느낀다. 그는 이 불안을 유발하는 위협을 현실에서는 이겨 낼 수 없어서 상상계에서 이겨 내려 한다. 그리고 불안을 유발하는 것은 무엇이든 억누르고 공포증을 만들어 낸다.

타난다"[5] 해서 이 징후들을 보이는 모든 아이들이 나중에 필연적으로 신경증자가 되는 것은 아니다.

불안에 관한 프로이트의 두 번째 이론에서 핵심은 불안이 더는 억압의 결과가 아니라 원인이라는 것이다. 불안은 주체가 다루는 데 애를 먹는 정서, 신체적 흥분 상태로 간주된다. 흔히 이 불안감에 대한 방어 작용으로 주체에게는 다양한 억제나 증상들이 생긴다. 예컨대 억제는 자신이 불안 상황에 있다는 것을 주체가 느끼지 못하도록 하고, 증상은 불안 정서를 대신하려 한다. 그러나 일부 신경증 사례에서는 증상이 새로운 불안들을 일으키기도 한다.

프로이트가 불안을 연구하면서 부딪친 난제도 이러했다. 불안에 대한 반응이 모두 신경증적인 것만은 아닌 이유는 무엇인가? 왜 위험에 대한 일부 반응은 정상적이고 일부 반응은 신경증적인가? 더 정확히 말해 현실적 불안과 신경증적 불안의 차이는 무엇인가? 프로이트의 답은 현실적 불안은 알고 있는 위험에 관한 것이고 신경증적 불안은 알지 못하는 위험에 관한

5 Freud, "Inhibitions, symptoms and anxiety", in *The Penguin Freud Library* (London: Penguin Books, 1993), p. 306.

것이라는 것이다. 그런데 알지 못하는 위험을 이해하는 데에서 우리는 불안은 단순히 대상 없는 두려움이 아니라 대상 상실의 위험에 대한 특정한 반응이라는 단서를 얻는다. 따라서 처음에는 마치 불안이 대상의 결여로 보인다 하더라도(곧 우리는 우리가 무엇을 두려워하는지 모른다), 프로이트에 따르면 주체에게 문제는 사실 대상의 결여가 아니라 대상의 상실이다. 여기서 프로이트는 불안은 늘 거세 위협과 관련되고, 최종 심급에서 인간은 죽음에 대한 두려움을 거세에 대한 두려움과 유사한 것으로 볼 것이라고 결론지었다.

거세는 이미 위협으로서 유효하다는 것(곧 주체에게 거세는 거세당할지도 모른다는 예기이다), 그리고 주체가 대상 상실의 가능성에 대해 느끼는 위험이, 대상 — 리비도를 충족시키는 대상이란 의미에서 — 은 늘 이미 상실되었다는 사실을 은폐한다는 것을 고려하면 불안에 관한 전반적인 문제는 훨씬 더 복잡해진다. 프로이트는 이 복잡한 문제와 씨름하면서 이렇게 자문한다. 대상과 분리된 주체는, 불안과는 대조를 이루는, 고통을 느끼고 있다고 우리는 언제 말할 수 있을까? 만약 고통이 대상 상실에 대한 실제 반응으로 보인다면, 불안은 그 상실이 수반하는 위험에 대한 반응이 된다. 따라서 불안을 가능한[장차 있을 수 있는] 위험에 대한 어떤 예기라고 말할 때, 우리는 [불안에 대한 기존 이론을] 또 한 번 뒤집어 불안 상태에서 주체는 대상의 상실이 그 또는 그녀에게 가져오는 바로 그 위험에 공포를 느낀다고 결론지을 수 있다.

주체가 가장 두려워하는 것은 거세라는 프로이트의 이론은 제자들 사이에 폭넓은 논쟁을 불러일으켰다. 쟁점은, 주체가 과연 어떤 종류의 상실에 가장 불안해하는가 라는 것이었다. 멜라니 클라인Melanie Klein은 프로이트의 해석에 반대했고 주체에게 불안을 일으키는 가장 강력한 근원은 삶 자체에 대한 두려움이라고 주장했다.[6] 조앤 리비에르Joan Riviere 또한 모든 주체

---

6 멜라니 클라인에게 불안의 첫째 원인은 죽음 본능이 [주체의] 내면에서 작동하는 데 있다. 클라인은 근원적 불안[일차 불안]primary anxiety을 소멸에 대한 두려움과 관련짓는다. 생명 본능과 죽음 본능 사이의 투쟁은 태어나면서부터 이미 시작된다. 후에 아이는 파괴적 충동들을 유방에 투사한다. 그런데 아이는 유방을 좋은 유방과 나쁜 유방으로 나눈다. 나쁜 유방은 주체를 집어삼킬 정도로 파괴적이어서 주체가 공포를 느끼는 대상이 되고, 동시에 좋은 유방은 초기의 초자아로 내면화된다. 아이는 소멸을 두려워하게 되는데, "욕구를 좌절시키는 (나쁜) 외부의 유방은 투사에 의해서 죽음 본능이 외부로 나타난 것이 되기" 때문이다. "나쁜 유방은 내사, 곧 내적 투사를 통해서 근원적인 내적 위험 상황을 강화한다. 이로 인해 자아는 내적 위험들을 (주로 죽음 본능의 활동) 외부 세계로 보내려는(투사하는) 충동이 커진다. 그 결과 내부에서 작용하는 죽음 본능과 외부로 보내진 죽음 본능 사이에서 끊임없이 동요가 있게 된다"(Melanie Klein, "The Theory of Anxiety and Guilt", in *Writings of Melanie Klein 1946-1963*). 클라인에게 중대한 또 하나는 내적 위험 상황의 외재화는 자아가 불안을 방어하는 한 방법이 된다는 것이다.

의 공포는 일종의 상실에 대한 두려움이고 주체는 어떤 상실이 총체적 상실을 의미하는 것을 두려워한다고 결론지었다.[7] 그에 반해 어니스트 존스Ernest Jones는 불안이 '아파나시스'aphanasis — 인생에서 쾌락, 특히 성적 쾌락을 경험하는 능력의 상실 — 에 대한 두려움에 뿌리내리고 있다고 보았다.[8]

라캉은 불안에 관한 프로이트의 이론에 관여하면서 중대한 견해들을 추가로 제시했다. 라캉에게는 자신이 '대타자'big Other라고 부른 것, 곧 주체가 태어나는 사회적·상징적 관계망과 주체의 관계가 아주 중요하다. 이 대타자는 사회를 조직화하는 제도와 의례들뿐만 아니라 주체를 말하는 존재로 특징짓는 바로 그 언어와도 관련한다. 라캉은 주체가 대타자와 관련해 특

---

7 Joan Riviere, "The unconscious phantasy of an inner world reflected in examples from Literature", in Melanie Klein, Paula Heineman and R. E. Money-Kyrle(eds), *New Directions in Psycho-Analysis: The Signification of Infant Conflict in the Patterns of Adult Behaviour*(London: Tavistock, 1955).

8 어니스트 존스는 우리가 죽음을 가장 두려워한다는 견해에 반대하면서, 우리는 상상할 수 없는 것은 두려워할 수 없다는 프로이트의 견해를 언급했다. 우리는 무無만큼이나 부정적인 것에 대해서는 [그것이 존재한다고] 긍정하는 생각을 가질 수 없기에 최종 심급에서 우리는 죽음 자체가 아닌 죽어 가는 경험만을 두려워할 수 있다. 다음을 보라. Ernest Jones, *Essays in Applied Psycho-Analysis*, vol. 1(London: Hogarth Press, 1951).

정한 불안을 갖고 있다고 지적한다. 그러나 주체가 대타자와 관련해 일종의 거세 불안을 갖고 있다는 것, 즉 주체가 대타자를 자신에게서 소중한 무언가를 가져가는 누군가로 여긴다는 것은 아니다. 라캉의 지적에 따르면 신경증자는 특히 거세하는 대타자를 피하지 않는다. 외려 자신의 거세를 대타자에게 결여되어 있는 것으로 만들려 하지 않는다. 무슨 의미인가? 정신분석에서 주체는 말하는 존재가 됨으로써 상징적 거세를 당한다고 주장할 때 이는 반드시 이렇게 이해해야 한다. 곧 주체는 그 자체가 비어 있어서 — 혼자서는 아무것도 아니다 — 주체의 모든 권력은 주체가 일시적으로 떠맡는 상징적 휘장徽章에서 나온다는 사실이다. 예컨대 경찰은 아무것도 아닌 존재, 지루하고 보잘것없는 사람일지라도 제복을 입고 나면 권력이 있는 자가 된다. 따라서 주체는 거세되었고, 즉 혼자서는 무력하고, 오직 상징적 질서에서 특정한 자리를 차지함으로써만 일시적으로 어떤 권력이나 지위를 얻는다.

주체는 또한 대타자가 비일관적이라는 사실, 곧 대타자는 분열되었고 비전체적이라는 사실, 그러니까 예를 들어 대타자의 욕망이 무엇이라고 말할 수 없다는 것에, 또 대타자의 욕망에 비추어 자신의 모습이 어떤지를 말할 수 없다는 것에 늘 곤혹스러워 한다. 대타자에게 의미를 보장해 줄 수 있는(그리고 예컨대 대타자의 욕망에 관한 질문에 답해 줄 수 있는) 유일한 것은 기표이다. 그런 기표는 결여되어 있기에 그 빈자리에서 주체의 거세 기호가 생긴다. 그래서 대타자의 결여에 대해 주체는 자신의 결여로 답할 수 있을 뿐이다. 그리고 주체는 대타자의 결여뿐만 아니라 자신의 결여를 다루면서 불안과 마주친다. 그러나 주체에게 불안의 근원은 결여가 아니라 오히려 결여의 부재, 즉 결여라고 하는 곳에 어떤 대상이 존재한다는 사실이다.

불안과 환상

신경증자들이 불안을 다루는 방식 가운데 하나는 환상을 만들어 내는 것이다. 환상은 주체가 자신에게 일관성을 제공해 주는 시나리오, 이야기를 만들어 결여를 덮는 방법이다. 그런데 환상은 주체가 불안이 나타나지 — 곧 결여의 자리에서 공포의 대상이 나타나지 — 못하도록 하는 데 일조하기도 한다.

욤 킴푸르Yom Kippur 전쟁[9]과 레바논 전쟁[10]에 참전했던 이스라엘 병사 아미의 사례를 통해 이 점을 살펴보자. 어린 시절 열렬한 영화광이었던 아미는 욤 킴푸르 전쟁에 참전했을 때 마치 전쟁 영화에서 병사 역할을 하고 있다는 느낌이 들었다. 이 환상은 전쟁 내내 그를 지탱해 주었다.

> 마음속으로 이렇게 이야기했어요. 그리 끔찍하진 않아. 전쟁 영화 같은 거야. 저들은 배우고 난 그저 병사야. 중요한 배역도 아니야. 그러니까 당연히 전쟁 영화에 나오는 무기가 다 있는 거야. 온갖 헬리콥터, 온갖 탱크도 있고 총도 쏘는 거지. …… [하지만] 기본적으로 제가 거기에 존재하지 않는 것처럼 느껴졌어요. 그러니까 저는 그저 영화 촬영을 끝내고 집에 가면 되는 거였죠.[11]

이후 레바논 전쟁에도 참전한 아미는 [이번에는] 예쁜 마을, 산, 여성 등을 구경하면서 마치 관광을 나온 것 같다고 느꼈다.

---

9 [옮긴이] 제4차 중동 전쟁. 1973년 10월 6일 유대교의 속죄일에 이집트·시리아와 이스라엘 사이에서 일어난 전쟁.

10 [옮긴이] 1982년에 일어난 이스라엘과 레바논 사이의 전쟁.

11 Zahava Solomon, *Combat Stress Reaction: The Enduring Toll of War*(New York: Plenum Press, 1993), p. 77. 또한 솔로몬이 보고한 정신적 마비 사례에 따르면 군인들은 자신이 이미 죽었고 그래서 불안이 더는 없다고 느꼈다. 한 군인은 이렇게 말했다. "어떤 것도 더는 두렵지 않아요. 난 죽었고, 죽은 사람은 살해당할 수 없으니까요." Ibid., p. 78

영화 〈바시르와 왈츠를〉(2008) 중에서 점령지에서 포화가 터지는 와중에도 한가로운 한때를 보내고 있는 것처럼 보이는 군인의 모습. 1982년 레바논 전쟁 때 베이루트의 팔레스타인 난민촌에서 이스라엘과 공조한 팔랑헤당 민병대원들이 3천여 명의 팔레스타인인을 대량 학살한 사브라·샤틸라 학살 사건을 다룬 이 영화에서 주인공은 당시의 잃어버린 기억을 찾아다니며 동료 병사들의 기억을 수집한다.

그러나 어느 순간 관광이나 영화 촬영을 나왔다는 환상은 붕괴했다. 레바논 전쟁에서 대량 살상을 목격하고 직접 서로 얼굴을 맞대고 싸우는 가혹한 전투에 참여하면서 그렇게 된 것이다. 베이루트[레바논의 수도]에서 목격한 공포스러운 광경, 마구간에 사람들의 시체와 아라비아 경주마 사체들이 뒤엉켜 쌓여 있는 광경은 아미의 인내심을 넘어서는 것이었다. 그 장면을 보고 종말론적 파국의 느낌에 압도당한 아미는 붕괴되었다. "전 냉담 상태state of apathy[12]가 되었고 심신이 말을 안 들었어요." 아미는 그 과정을 다음과 같이 설명한다.

> 욤 킴푸르 전쟁 때는 방어기제를 작동시켰고 환상적으로 작동했어요. 그저 버튼을 누르면 작동하는 식이었죠. …… 레바논에서는 장면이 더 분명했어요. 욤 킴푸르 전쟁에서는 얼굴을 맞대고 싸우거나 가까운 거리에서 총을 쏘는 일이 없었어요. …… 시체를 봤더라도 들판에 있는 시체 한 구 정도였죠. 하지만 여기[레바논]에서는 모든 것이 바로 옆에 있었어요. …… 하필 말들하고 있던 걸 보고 붕괴되고 말았죠. …… 사체 더미 …… 죽은 말들이 죽은 사람들과 뒤엉켜 있었어요. 어떤 영화에서도 본 적 없는 장면이었어요. …… 전 현실을 자각하기 시작했어요. 이건 영화가 아니란 걸 깨달은 거죠.[13]

---

12 [옮긴이] 즐거움도 불쾌함도 경험하지 않는 감정의 부재 상태.

13 Zahava Solomon, Ibid., p. 78

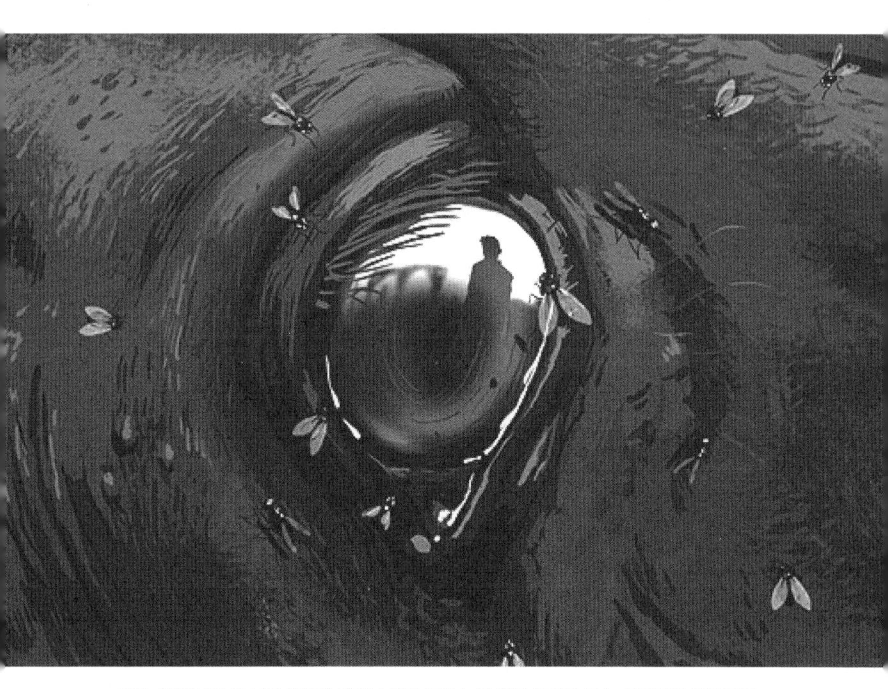

영화 〈바시르와 왈츠를〉(2008) 중에서 죽은 말의 눈에 비친 군인의 모습. 영화에서 주인공이 레바논 전쟁에서 잃어버린 기억을 되찾기 위해 찾아간 사람 중 한 명은 자하바 솔로몬 박사다. 솔로몬 박사는 그런 극적인 사건을 기억하지 못하는 이유에 대해 '분열성 사건'이라 진단하면서 아라비아 경주마 사체를 보고 환상이 붕괴한 군인의 일화를 들려준다. 아마추어 사진가였던 한 청년은 참전 당시 모든 걸 상상 속 카메라를 통해 봄으로써 상황을 견뎌낼 수 있었는데, 부대가 베이루트 인근의 마구간에 도착했을 때 경마장에서 엄청난 수의 도살된 아라비아 말들의 사체를 보게 되면서 더 이상 사건을 부인할 수 없게 된다.

불안은 결여의 자리에서 어떤 대상, 곧 주체가 현실을 평가할 때 사용하는 환상의 틀을 뒤흔드는 대상과 마주칠 때 나타난다. 병사 아미의 사례에서는 그가 말 사체 더미를 봤을 때 일어났다. 즉, 욤 킴푸르에서는 환상 틀을 통해 들판의 죽은 군인들을 원경으로 바라봄으로써 자신을 단지 영화를 감상하는 외부자로 믿을 수 있었지만, 레바논에서는 예기치 못한 대상 — 말들 — 이 나타나면서 이 환상은 붕괴했고 그로 인해 아미의 신경쇠약이 촉발되었던 것이다.

불안과 대타자의 욕망

환상을 통해 주체는 결여에 대한 보호막을 스스로 만들어 내지만 불안 속에서 결여의 자리에 나타난 대상은 주체를 집어삼킨다 — 즉 주체를 서서히 소멸하게 만든다. 불안은 또한 대타자의 욕망과 특정한 방식으로 연관되어 있다 — 이런 불안은 대타자의 욕망이 나를 인정해 주지 않기 때문이며, 설사 내가 대타자로부터 인정받고 있다는 느낌이 든다 해도 그것이 만족할 정도는 아니기 때문이다. 대타자는 늘 나에게 의문을 제기하고, 내 존재의 바로 그 뿌리에 대해 나를 추궁한다.

전시의 신경쇠약 사례에서는 대타자의 욕망과 관련해 주체가 가진 특별한 문제가 목격된다. 지금껏 정신의학자들은 군인의 신경쇠약은 대개 군인-집단 관계의 원형이 변화할 때 촉발된다는 사실을 고려해 왔다. "이는 집단의 구조 변화 때문일 수도 있고, 개인에게 직접적으로 영향을 미침으로써 결과적으로 그가 집단과 맺는 관계에도 영향을 미치는 뭔가의 변화 때문일 수도 있다. 둘 중 어떤 경우든 그 개인은 자신이 과거에 집단의 구성원으로서 누리던 지위를 상실하게 된다. 이제 혼자가 된 그는 그 상황에 압도되어 어찌할 바를 모르는 상태가 되는 것이다."[14]

전통적인 전쟁에서 집단은 주체에게 싸움의 동기를 제공해 줄 뿐만 아니라 정신을 안정시켜 주는 가장 중요한 기초였다.[15] 그래서 어떤 군사 이론가들은 이렇게 결론짓는다.

그들에게 전투의 동기는 이념이나 증오가 아니라 전우, 지휘관에 대

---

14 Lawrence Ingraham and Frederick Manning, "American Military Psychiatry", in Richard A. Gabriel(ed.) *Military Psychiatry: A Comparative Perspective*(New York: Greenwood Press, 1986), p. 44.

15 또한 전문가들의 주장에 따르면 "자원입대한 군인들은 징집된 군인들보다 심리적 회복력이 확실히 더 큰 것으로 보인다. 외상은 의지에 따라 오래갈 수도 있고 짧게 갈 수도 있으며, 의미와 목적이 분명할 경우 덜 발생할 수도 있다"(『뉴욕 타임스』 2003/03/25).

한 존경, 이 둘과 관련한 자신의 평판에 대한 염려, 그리고 집단의 성공에 기여하고 싶다는 강한 욕구와 관련되어 있었다. 이에 대한 보상으로 집단은, 집단이 아니었다면 외부인이었을 존재에게 조직이자 의미, 관련된 모든 이들의 삶을 파괴하기로 작정한 것이 분명한 비인간적인 과정에서 도피하는 안식처를 제공했다.[16]

이 집단 관계는 대타자의 욕망과 밀접한 관련이 있다. 그러니까 군인은 집단 내의 자기 역할을 궁리할 때 대타자의 욕망을 위해서 자신이 되어야 하는 대상과 동일시한다.[17]

---

16 Ibid., p. 54

17 『월 스트리트 저널』은 이라크 전쟁에서 사용된 이데올로기적 프로파간다의 유형을 보도해 왔는데 거기서 군 지휘관들은 다음과 같은 말들로 병사들을 확신시키고 있었다. "나라는 평화롭지 않을 것이고, 세계도 평화롭지 않을 것이다. 우리가 새로운 세계의 적의 위협, 곧 국제 테러를 뿌리 뽑기 전까지는 말이다. …… 이것은 여러분들이 ○○[비속어] 미국과 관련해 두 번 다시는 하지 못할 가장 대단한 발언이 될 것이다." …… "스스로를 책임지고 여러분의 형제를 책임져라. 여러분들의 명예를 이라크에 남겨 두고 와서는 안 된다. 옳은 것을 해라. 너희들 전에 수백만의 미군들이 해온 것을 해라. 옳은 것을 해라. …… 우리가 살아서 하는 것은 죽은 후에도 영원히 울려 퍼진다. 신의 가호가 있기를" …… "나는 너희들이 우리가 여기에 있는 이유에 관해 걱정하기 않기를 바란다." 부대의 본부중대장 앤서니 버서Anthony Buther 대위의 말이다. "그건 문제가 안 된다. [이라크에서] 북진할 때 우리는 의로운 일을 하는 것이다. 우린 기갑부대다""(『월 스트리트 저널』 2003/03/20).

걸프전 당시, 전투를 앞두고 공황 상태에 빠진 병사는 흔히 상관에게서 제군은 중요한 무언가의 일부라는 조언을 들었을 것이고 그래서 자신보다 큰 조직과 동일시하기 시작한다. 즉, "그에게 중요한 것은 조직의 구성원들이다. 그에게는 그들을 실망시키지 않는 게 더 중요하다." 동시에 군목軍牧은 그에게 이렇게 확신시켰을 것이다. "(나라를 지키기 위해서) 약속을 지키는 것, 서약을 지키는 것, 맹세를 지키는 것은 하느님께 복종하는 것입니다"(『USA 투데이』 2003/03/18). 베트남전 후, 전쟁 포로였던 이들은 어려운 상황에서도 자신을 지탱해 준 것은 나라에 대한 충성 같은 이상들뿐만 아니라 특히 가족에 대한 이상화였다고 보고했다. 그들은 집으로 돌아갔을 때 가족이 자신을 어떻게 여길지의 문제, 곧 자신이 가족의 존경을 받을 만한 가치가 있는가 없는가의 문제를 몹시 염려했다. 그리고 압박감에 눌려 신경쇠약이 온 병사들은 자기 외에 그런 병사들이 또 있다는 사실에서 죄책감을 좀 덜곤 했다.[18]

---

18 다음을 보라. Robert Ursano et al., "Prisoners of War", in Robert J. Ursano, MD, and Ann E. Norwood, MD(eds), *Emotional Aftermath of the Perian Gulf War: Veterans, Families, Communities and Nations*(Washington, DC: American Psychiatric Press, 1996), pp. 443-76.

불안을 유발하는 전쟁 상황에 대처하는 또 다른 방법은 가족에게 위험이 닥칠지도 모른다고 상상하는 것이다. 걸프전에서 교전을 앞두고 선상에서 대기 중이던 어떤 병사들은 가족이 겪을지도 모르는 문제, 그러니까 "자신이 감당할 수 없을 만큼 불길한 문제를 겪고 있는" 가족의 모습을 상상해 냈다.[19] 그리고 이와 같이 자신이 해결할 수 없을 것 같은 가족의 안녕에 대한 염려는, 군인이 전투에서 자신을 기다리고 있을지 모르는 미지의 위험에 대한 자신의 속수무책을 감당할 수 있게 해주는 역할을 한다.

군 정신의학은 불안이 대타자의 욕망에 대한 질문과 관련된다는 인식에 크게 기대고 있다. 예컨대 연구들에 따르면 신경쇠약을 겪은 군인은 전우와 가까이 있는 전선에서 가장 잘 치료되며, 교전 지역 밖으로 전출되거나 집으로 돌아간 군인은 회복이 늦다. 역설적으로 제2차 세계대전 당시 소비에트군은 신경쇠약을 전출 사유로 인정하지 않고 군인들을 무조건 전선

19 Michael P. Pinner, Roger J. Peutzien and John M. Mateczun, "Stress and coping with the trauma of war in the Persian Gulf: the hospital ship USNS Comfort", in Robert J. Ursano, Brian G. McCaughey and Carol S. Fullerton(eds), *Individual and Community Response to Trauma and Disaster: The Structure of Human Chaos*(Cambridge: Cambridge University Press, 1994), p. 312.

에 있게 했는데, 심리적으로 곤란을 겪는 군인들을 교전 지역에서 후방으로 전출시킨 다른 군대들보다 장기적인 측면에서는 정신 질환 사례가 더 적었다.[20]

군 정신의학은 제2차 세계대전 동안에는, 군인이 전쟁 상황을 견디는 데 가장 중요한 것은 집단 관계라고 생각했지만 한국전쟁과 베트남전쟁 무렵에는 개인주의라는 관념을 받아들였다. 이에 따라 군인은 단기간 집단에 배치되었다가 필요할 경우 바로 후방으로 전출시키거나 다른 집단으로 재배치할 수 있는 개인으로 훈련받았다. 한국전쟁 동안 정신의학자들은 '단기 배치 증후군'short-termer's syndrome과 '교대 불안'rotation anxiety을 언급하기 시작했는데, 이는 집단의 지지가 끊겨 전투가 개인의 투쟁이 되고 단기 병사들이 전우와 깊은 단절을 느낄 때 겪는 심리적 문제들을 설명하기 위한 것이었다. 마찬가지로 베트남전에서도 전장의 군인들에게 나타난 냉담 상태, 반항, 폭력 행위를 설명하기 위해 '고독 장애'disorder of loneliness란 용어가 사용되었다.[21] 거기서 군은 12개월 순환 근무 체계를 사용했는데,

---

20 "그들을 팀 가까이 두라" 곧 심리적 곤란을 겪는 군인들을 부대에 가까이 두라는 말은 이라크 전쟁에서 좌우명이기도 했다(『뉴욕타임스』 2003/04/04).

21 지난 세기의 전쟁들에서 나타난 신경쇠약에 관한 상세한 분석은 다음을 보라.

병사들을 교전지에 개별적으로 투입했다가 1년 후 또 개별적으로 빼내는 방식이었다 — 베이스캠프를 떠난 지 겨우 24시간 만에 민간인으로 일상생활을 하도록 돌려보내는 경우도 흔했다.[22] 베트남 참전 군인들은 고향에 돌아가 사람들의 거대한 반감에 직면하기도 했다. 자신들의 행위가 공익을 위한 것이었다는 인정을 받지 못했기에 모종의 도덕적 "보상"을 받을 공산은 없었다.[23]

보스니아에서 평화유지군으로 복무했던 군인들에게도 비슷한 문제들이 있었다. 캐나다 언론은 전선에서 돌아온 자국 부대원들이 무수한 불안 발작과 우울증을 겪고 있다고 보도했다. 웬디 홀든에 따르면 평화유지군들은 잔학 행위를 목격하고도 반격할 수 없거나 자신들이 지켜 줘야 할 이들을 제대로 지킬

Ben Shephard, *A War of Nerves: Soldiers and Psychiatrists in the Twentieth Century*(Cambridge, Mass: Harvard University Press, 2000).

22 Lawrence Ingraham and Frederick Manning, "American Military Psychiatry", in Richard A. Gabriel(ed), *Military Psychiatry: A Comparative Perspective*(New York: Greenwood Press, 1986), p. 55.

23 베트남전의 외상에 관해 더 자세한 것은 다음을 보라. Jonathan Shay, *Achilles in Vietnam: Combat Trauma and the Undoing of the Character*(New York: Atheneum, 1994).

수 없다는 사실 때문에 고통스러워한다. "그들은 직업군인임을 자랑스러워하고 전쟁에 몹시 나가고 싶어 한다. 그러나 죽음 그리고 실제 살인과는 동떨어져 있다. 그들은 전쟁으로 사람들이 얼마나 죽는지 상상조차 못하는 사회의 일원이다. 그러다 그 상상조차 못한 것에 직면했을 때 무너지고 만다."[24] 영국 출신의 평화유지군 게리 보해나Gary Bohanna는 평화유지군의 역할은 선을 위한 것이고, 동료들이 살해당하는 전쟁에서의 군인 역할보다 어쨌든 더 낫다는 믿음을 가지고 보스니아에 왔다. 그러나 무수한 시민들이 살해당하고 여자들이 강간당하며 가족들이 살육당하는 것을 보고는 이내 환영에서 깨어났다. 그는 가장 외상적 사건, 신경쇠약이 촉발된 사건을 이렇게 묘사한다. "소녀의 머리에 유산탄 파편에 맞은 상처들이 있었어요. 머리 반은 날아가 있었고요. 눈구멍에서는 눈알이 빠져 나와 있었고, 소녀는 비명을 질렀어요. 소녀는 죽어 가고 있었지만, 저는 그 아이의 고통을 견뎌 낼 수가 없었어요. 머리에 모포를 덮고는 총을 쐈어요. 제가 할 수 있는 거라곤 그것뿐이었어요."[25] 이 역

---

24 Wendy Holden, *Shell Shock: The Psychological Impact of War*(London: Channel 4 Books, 1998), p. 171.

25 Ibid., p. 172

시 환상이라는 보호막을 가지고 전쟁에 나온 병사의 사례다. 이번에는 그가 선행을 베풀기 위해 왔을 뿐 전쟁에 깊숙이 개입되지는 않을 것이라는 것이 환상이다. 그러나 이전부터 자인해 왔던 서사를 무너뜨리는 무언가가 발생하자 이 환상은 이내 붕괴한다.

애도와 자살

많은 참전 군인들은 전후에 우울증에 빠지고 때로는 불안 발작을 경험하기도 한다. 이런 외상들은 자살을 유발하기도 한다. 한 참전 군인은 고통을 이렇게 묘사한다.

> 보통 우울합니다. 몇 년 동안 그랬어요. 너무 우울해서 지하실에서 나오지 못한 적도 많아요. 그럴 때면 술을 들이붓기 시작하죠. 우울할 때는 자살도 생각해요. 베트남에서 몰래 가져온 구식 38구경 권총이 있어요. 그걸 장전해 놓고 있었던 적도 몇 번 있어요. 한 번은 입에다 넣고 방아쇠를 당기려 한 적도 있어요. 하지만 못했어요. 베트남에서 스미티의 뇌가 벙커 사방으로 터져 버린 모습이 보여요. 망할, 그때는

세상(미국)으로 돌아가려고 정말 열심히 싸웠어요. 이제 와서 그걸 헛되게 할 순 없죠. 어째서 난 살아남고 그 녀석은 그러지 못했을까요? 틀림없이 무슨 이유가 있을 거예요.[26]

자기 파괴적인 성향을 이해하기 위해서는 불안에 대한 프로이트의 논의로 돌아갈 필요가 있다. 프로이트는 불안을 대상 상실의 위험에 대한 반응으로 보았던 시기에 이런 질문을 제기했다. 불안은 애도와 우울melancholy 같은, 대상 상실에 대한 다른 유형의 반응들과 어떻게 다른가? 애도는 더는 존재하지 않는 대상과 분리되는 과정이다. 이 애도를 통한 분리 과정은 현실 검증reality testing[27]의 영향 아래 일어나고, 거기서 대상을 상실한 개인은 자신과 대상을 묶어 주는 끈을 풀어야 한다. 애도를 통해서 주체는 상실한 대상에서 떨어질 수 있다. 즉, 상실을 받아들이는 것이다. 반면 우울해 하는 주체는 고집스레 상실한 대상과 나르시시스적 동일시를 한다. 그러나 불안해하는 주체는

26 Jam Goodwin, "The etiology of combat-related traumatic stress-disorder", www.trauma-papers.org에서 재인용.

27 [옮긴이] 자아와 비자아, 그리고 자기 내부의 생각과 외부의 객관적 현실을 구분하고 판단할 수 있는 능력.

대상 상실에서 기인하는 바로 그 위험에 반응한다. 따라서 불안과 우울은 대상 상실에 대한 상이한 반응이다. 역설적으로 둘은 상호보완적으로 보이는데, 불안은 대상 상실로 인한 위험의 신호가 되는 반면, 우울은 주체가 상실한 대상과 고집스레 동일시한다는 점에서 이에 대한 해결책으로 보이기 때문이다.

라캉은 불안은 거세 위협에 대한 주체의 반응이라는 프로이트의 견해에 동의했다. 주체의 형성에서, 그런 의미의 불안은 욕망의 형성에 앞서는 무엇으로 여길 필요가 있다. 주체가 말하는 존재가 될 때 언어는 주체를 특징짓고 주체에게서 어떤 본질적인 주이상스jouissance를 빼앗는다.[28] 따라서, 예컨대 주체는 종의 재생산을 보장해 주는 이성에 대한 어떤 성적 충동drive도 갖지 못할 것이다. 주체에게 향락은 흔히 상실한 무엇, 접근할 수 없는 무엇, 혹은 타자들이 훔쳐 간 무엇으로 보일 것이다. 상징적 거세 과정(즉 언어 체계에 들어가는 것)이 몸에서 주이상스를 빼내 그것을 단지 가장자리의 부분 충동partial drives[29]으

---

28 라캉 정신분석에서는 프랑스어 주이상스jouissance를 "향락"enjoyment으로 번역하지 않는다. 후자는 고통과 결부된 쾌락을 충분히 드러내지 못하기 때문이다.

29 [옮긴이] 충동이 지향하는 대상들은 하나의 가치를 중심으로 체계화되어 있지 않고 개별적인 대상으로서 파편화되어 있다는 의미이다.

로 남겨 놓으면 불안은 이후 이 상실된 주이상스를 지향하는 자극이 된다. 역설적으로 불안은 욕망과 주이상스의 정중앙에 있는 것이 된다. 그런 의미에서 불안은 주체에게 의심의 여지가 없고 확실한 무엇 — 즉 주체가 말하는 존재로 기능하는 상징계 너머에 있는 실재계의 신호의 일종 — 으로 보인다.

이 설명으로 인해 애도와 우울의 본질에 관한 문제는 더 복잡해진다. 라캉은 우리가 애도하는 대상은 우리가 알지 못하는, 거세의 증거였다는 난해한 발언을 한다. 말하는 존재가 될 때 주체는 결코 채워지지 않을 상실을 경험한다. 그런데 주체는 흔히 주체를 특징짓는 결여와 대타자를 특징짓는 결여 모두와 관련한 대상의 상실을 다루고자 애쓰고 그 방법은 자신을 대타자에게 결여된 그 무엇으로 제시하는 것이다. 그래서 누군가의 상실을 애도할 때 우리는 우리 자신을 그 사람의 결여로 인식했기에 그를 애도하는 것이다.[30] 자신을 대타자의 욕망의 대상으로 인식하는 것은 결국 주체가, 결여가 자신을 특징짓는

---

30 흔히 우울증 환자는 한탄하면서, 떠나간 타인을 비난한다. "우울증 환자가 '나는 엉망이야'라고 말한다면 '당신은 엉망이야'로 이해해야 한다. 때때로 우리는 이런 말까지 듣는다. '왜 내 눈앞에서 죽은 거야?'" Roberto Harai, *Lacan's Seminar on 'Anxiety': An Introduction*(New York: The Other Press, 2001).

다는 사실을 다루는 하나의 방법이다.

애도하는 주체와 달리 우울증 환자는 상실과 결여를 혼동한다. 욕망의 대상 원인[대상 a, 결코 얻을 수 없는 욕망의 대상]의 주된 특징은, 늘 이미 결여되어 있다는 것이다. 즉, 그것은 결여 자체의 또 다른 이름이다. 그런데 우울증 환자는 대상의 **결여**를 대상의 **상실**로 여긴다. 그는 마치 대상이 과거 어느 순간에 발견되었다가 지금은 상실된 것처럼 행동한다. 따라서 라캉에게 우울은 거세에 대한 주체의 특정한 해결책이다. 여기서 주체는 또한 상실한 대상과 계속 동일시함으로써 특정한 형태의 욕망과 주이상스도 형성한다. 욕망을 폐기한 듯 보이는 우울증 환자는 한편으로는 바로 이런 '포기' 상태에서 (거식증 환자가 그러하듯) 특정한 **형태**의 욕망을 찾고 다른 한편으로는 특정한 형태의 주이상스도 찾는다.

참전 후 깊은 우울에 빠져 동료는 죽고 자신은 산 이유를 끊임없이 자문하는 군인은 결여에 관한 난제를 특정한 방식으로 다룬다. 세상에서 물러나 우울한 상태로 침잠해 있거나 술에 빠져 있는 방식으로 그는 고통스러운 형태의 주이상스를 찾고 좀처럼 그것을 포기하려 하지 않는 것이다. 그런데 그는 자신의 결여뿐만 아니라 대타자의 결여도 다룬다. 그는 흔히 대타자에게 자신이 어떤 대상이었는지를 묻기 — 예를 들어 동료에게 나는 무엇이었는지 혹은 대타자(예컨대 사회)에게 나는 무엇이었는지 질문하기 — 때문이다. 따라서 사회나 가족의 인정을 추구하는 것이 극히 중요해진다. 그리고 바로 이 욕망(인정 욕망이자 주체를 특징짓는 결여에 대한 일시적 해결책)은 군이 참전 군인들에게 각종 휘장을 수여하는 이유를 설명해 준다. 어떤 사례들에서는 그런 인정이 상실되었을 때 그것을 계기로 참전 군인이 자살을 하기도 했다.

1990년대 중반에 일어난 자살과 관련한 (놀라운) 사례를 하나 살펴보자. 베트남전 참전 군인이자 보스니아 전쟁에서는 미 해군의 고위급 장교였던 제러미 마이크 부다Jeremy M. Boorda 제독은 제복에 단 베트남전 훈장 두 개가 적법하게 받은 것인가라는 의혹이 제기된 후 머리에 총을 쏴 자살했다. 부다 제독은 V 모양의 핀을 즐겨 달았는데, 이는 적의 적대 행위에 홀로 노출된 개인에게 주는 훈장이었다. 『뉴스위크 매거진』 기자는 부다가 적법하게 그 핀을 받았는지 조사하기 시작했고 그 기자와의 면담 후 부다는 자살했다. 부다는 휘장의 진실이 알려질 때 받을 치욕을 견딜 수 없다고 유서에 밝혔다. 이 사례를 보면 전후 군인들이 받는 상징적 휘장들의 중요성을 알 수 있다. 마치 그들의 온 정체성은 제복에 다는 핀 몇 개에 달려 있는 듯하다. 그런데 부다가 가장 위험한 군사작전에 참여했음을 나타내는 훈장을 받은 척했다는 것은 흥미롭다. 그가 받을 자격이 없는 핀으로 스스로를 치장하려 했다는 것을 보면 자신이 엄청난 위험에서 살아남았다는 생각을 자기 인식의 중심에 두었다는 것을 알 수 있다. 그래서 자신의 부정행위가 알려질 순간 자살을 결심했던 것이다.

전후에는 주로 두 가지 유형의 자살이 나타난다. 첫 번째 유형의 자살은 불안을 유발하는 사건 후 나타나는 외상과 연관된 것들이다. 이런 경우 환상 구조가 산산조각 난 후 군인들은 결코 회복될 수 없었던 것으로 보인다. 불안을 유발하는 사건 후 심각한 외상을 입은 군인들은 흔히 유서를 남기거나 해서 자신들의 자살을 대타자를 부르는 수단으로 이용하고 싶어 하지 않는다. 이는 오히려 라캉이 행위로의 이행passage à l'acte[31]이라 부

31 [옮긴이] 라캉에 따르면 행위로의 이행과 행동화 둘 다 불안에 저항하는 최후의 수단이다. 행동화는 주체가 대타자에게 건네는 상징적 메시지이다. 라캉은 행동화를 설명하기 위해, 프로이트가 치료했던 젊은 여성 동성애자 사례를 든다. 그 여성은 자신이 사랑하는 여성의 회사에 나타나곤 했는데, 그곳은 자신의 아버지 회사와 가까운 거리에 있었다. 그런 행동은 자신의 말에 귀를 기울여 주지 않는 아버지에게 전하는 메시지였던 것이다. 행동화에서 주체는 여전히 장면, 즉 주체가 실재계의 체계에 따라 구축된 환상을 연기해 내는 상상적 무대와 상징적 무대에 머물러 있다. 반면 행위로의 이행은 장면으로부터의 탈출까지 포함한다. 그것은 대타자로부터 실재계의 차원으로 도주하는 것이다. 따라서 행위로의 이

른 것, 곧 주체의 자기 소멸 행위인데, 이 행위는 대타자로부터 반응을 불러내려고 애쓰지 않는다. 두 번째 유형의 자살은 부다 제독의 자살과 유사하다. 이런 자살은 명예와 존경의 문제와 관련한다. 참전 군인들은 흔히 전쟁에서 겪은 고통에 대한 적절한 상징적 인정을 받지 못했다고 느낀다. 그들의 자살은 대타자로부터 반응을 얻으려는 최후의 필사적 시도인지도 모른다. 그래서 그런 참전 군인들은 대타자가 결국 자신을 인정해 주길 희망하면서 자신의 행동을 설명하는 편지를 남긴다. 이런 자살은 행위로의 이행이라기보다는 행동화acting-out인데 그들은 여전히 대타자를 확고히 믿고 있기 때문이다.

대타자에게서 반응을 얻어 내려는 시도로 자살하는 참전 군인의 예는 부꽝소Vu Quang So 사례에서 분명하게 나타난다. 그는 베트남전이 끝난 지 30년이 넘는 시점에 베트남 남부의 경찰청 앞에서 분신한 인물이다. 그런 자기희생적 행동들은 1960년대

행은 상징적 그물망으로부터 탈출하는 것이다. 이를 설명하기 위해 라캉은 같은 사례를 든다. 그녀는 사랑하는 여인과 함께 거리를 걸어가는데, 때마침 그녀의 아버지가 자신을 발견하고 성난 시선을 보낸다. 그 직후 그녀는 철로 옆 벽 위로 몸을 던져 자살을 기도하는데, 라캉은 이 행위를 행위로의 이행이라고 말한다. 그것은 누군가에게 전하려는 메시지가 아니기 때문이다(딜런 에반스, 『라깡 정신분석 사전』, 김종주 옮김, 인간사랑, 2004, 331, 424-430쪽).

초반 사이공의 고딘디엠Ngo Dinh Diem 정권에 저항하는 승려들의 행위에서 나타난 바 있다. 부짱소의 그런 자기희생에 대해 어떤 이들은 그가 전쟁의 결과로 겪은 외상 때문이라고 했고, 또 어떤 이들은 정부가 참전 군인들을 대하는 방식에 필사적으로 저항한 행위라고 주장했다. 부짱소의 군인연금은 가족의 생계를 이어가기에 충분하지 못했기 때문에 그는 어쩔 수 없이 아이스크림을 팔아야 했다. 그가 거리에서 아이스크림을 팔지 못하도록 한 경찰과 실랑이를 벌인 후 자살을 감행한 것은 분명하다. 경찰이 좌판을 압수하고 벌금을 물리자 그는 경찰서로 가 기름을 몸에 붓고 성냥을 그었다고 한다.

라캉은 사람들이 창문에서 뛰어내려 자살할 때 그 창문은 환상의 창문일지도 모른다고 말한다. 주체가 자기 소멸을 택하는 까닭은 환상이 붕괴되었기 때문이다 — 그는 말 그대로 환상에서 뛰쳐나오는 것이다. 그러나 경찰서 앞에서 분신한 부짱소의 사례에서 동일한 유형의 자기 소멸은 발견되지 않는다. 여기서 주체의 관심사는 권위에 메시지를 보내는 데 있다. 즉, 주체는 자신의 고통을 인정받고자 대타자를 도발하는 것이다.

총검 살인 환상

환상은 주체의 불안을 막아 준다. 그래서 과거에 군 정신의학에서는 군인들에게 전투를 독려하는 데 환상의 힘을 사용했다. 예컨대 반나치 연합국들은 군인들이 처음에 살인을 주저하는 행동을 극복하도록 인위적으로 환상들을 만들어 냈다. 군사 이론가 S. L. A. 마셜 대령이 병사 중 4분의 3 가량이 전투에서 살인을 주저한다고 보고하자 심리적 훈련을 통해 공격성을 늘려야 한다는 주장이 특히 강화되었다. 이 수치는 나중에 거짓으로 밝혀졌지만 그럼에도 전투원에게 공격성을 불러일으키는 데 심리학이 필요하다는 인식은 확고해졌다. 예컨대 1940년대 초반 영국군은 특별한 '살육 훈련'blood training과 '전투 학교'battle schools를 도입했다. 이런 총검 훈련 중에는 동물의 피를 얼굴에 뿌렸고, 병사들을 도축장으로 데려가 '도살용 칼'로 동물 사체를 자르게 함으로써 '시체에 대한 저항력'을 기르게 했다. 병사들이 물과 진창을 헤치며 걷는 동안 스피커에서는 "훈족Hun[32]을 죽여라. …… 훈족을 죽여라"라는 구호가 크게 흘러나왔다.

---

32 [옮긴이] 양차 세계대전 당시 독일인을 경멸적으로 부르던 말.

그리고 진짜처럼 만들어 놓은 독일군과 일본군을 향해 실탄을 쏘는 훈련이 실시되었다.[33]

이처럼 군인들에게 살인 방법을 가르치고 살인 동기를 부여하기 위해서는 인위적인 환상 시나리오를 만들어 내는 게 중요했다. 즉, 살인은 군인들이 동일시할 수 있을 만한 스토리 라인을 따라 제시되었다. 그중 하나의 시나리오는 살인을 사냥으로 제시하는 것이었다. 호주의 교육 훈련 소책자를 보자. "적은 사냥감이고 우리는 사냥꾼이다. 왜놈은 동물과 다를 바 없는 야만인이고 사실 그들의 소행은 야수의 것이다. 따라서 반드시 그에 맞게 다뤄 줘야 한다."[34] 이 훈련은 주체 내면의 공격성을 조장하고 불안과 죄책감은 통제하려 했다. 정신분석의 영향을

---

33 지난 세기 전쟁에서 일어난 살인에 관한 상세한 묘사는 다음을 보라. Joanna Bourke, *The Intimate History of Killing*(London: Granta, 1999). 버크는 살육 교본 분석을 다음에서 인용한다. Norman Demuth, *Harrying the Hun: A Handbook of Scouting, Stalking and Camouflage*(London, 1941), p. 84; and M. D. S. Armour, *Total War Training for Home Guard Officers and N.C.O.s*(London, 1942), p. 46; PRO WO199/799, "Realism in Army Training. The Spirit of Hate", undated newspaper clipping, and *The Times*(1942/04/27), p. 2.

34 Joanna Bourke, Ibid. 버크는 여기서 다음을 참조한다. Colonel R. G. Pollard, "6th Aust. Div. Training Instruction No.1 Jungle Warfare"(1943/03/27), p. 1, in *Lieutenant General Sir F.H. Berryman's papers*, AWM PR84/370 item 41, 1943.

받은 일부 교관들은 적을 죽이는 것을 신화적 의례로 제시하기도 했다. 여기서 적군 우두머리의 죽음은 "전위된 폭력의 제의"[35]로 축하한다. 이유는 이렇다.

> 이런 살육은 유아기의 환상에서 기인한, 뿌리 깊고 원초적인 무의식적 분투를 만족시킨다. …… 적은 제물이고 그 죽음은 집단에 깊은 만족을 주며 죄책감은 집단 제재集團制裁[36]에 의해 제거된다. 전투는 제의이다. 그리고 긴 훈련 과정에서 생긴 욕구 좌절과 긴장과 증오를 해결해 준다. 이런 좌절들이 없다면 그 집단은 군대가 아닐 것이다.[37]

---

35 [옮긴이] 전위(/전치)displacement란 실제 대상을 향한 어떤 충동이 덜 위협적인 다른 대상을 향하게 되는 기제를 말한다.

36 [옮긴이] 집단의 규범을 위배한 경우에 가하는 심리적·물리적 압력.

37 Joanna Bourke, Ibid., p. 100. 이 인용문은 다음에서 재인용한 것이다. Major Jules V. Coleman's psychoanalytic study of group relations, "The group factor in military Psychiatry", *American Journal of Orthopsychiatry*, 16(1946), p. 222. 군인들 또한 자신들이 알게 된 심리학 이론들을 선별해 통합하기도 했다. 그리고 특히 살인은 본능에 따른 자연스러운 것이라고 제시하는 이론들에 동일시했다. 이런 이론을 적용하면 살인을 정서가 순간적으로 변화하는 사건으로 여길 수 있었기 때문이다. 그래서 군인들은 자신은 진짜 살인자가 아니라고 즐겨 말했는데 잠시 살인 열망에 압도되었다가 다시 정상의 자신으로 돌아왔기 때문이다.

여기서 우리는 (적장의 모습을 한) 원초적 아버지primal father 죽이기, 그리고 군인들 사이의 끈끈한 형제애의 형성에 관한 프로이트의 이론을 되살려 보고 싶은 생각이 들 것이다.

군 정신의학자들이 군인들이 동일시할 환상들을 인위적으로 만들고자 애쓰는 동안 군인들은 사실 스스로 환상을 만들어 냈다. 예컨대 그들의 일기에는 자신이 누군가를 총검으로 죽였으며 죽기 직전 희생자가 경악스러운 표정을 지으며 어떤 식으로 자신과 눈을 마주쳤는지, 그리고 그것은 마치 살인자의 정체를 알고 충격을 받은 것 같았다는 등의 기록이 있다. 이렇게 희생자가 자신을 알아봤다는 기억은 군인들 가운데 꽤나 흔한 것이다. 그러나 군 통계에 따르면 전쟁에서 총검은 좀처럼 사용되지 않을 뿐더러 대부분의 살인은 희생자가 공격자를 알아볼 수 없는 먼 거리에서 이루어진다. 따라서 총검 살인 기억이 대부분 군인 스스로 만들어 낸 환상, 시나리오라는 것은 분명하다. 이런 환상은 분명 극히 값진 것인데, 일대일 전투를 기대할 수 없는 오늘날에도 군은 여전히 총검 살인 훈련을 광범위하게 실시하기 때문이다. 그런데 제1차 세계대전에서도 군 교관들은 병사들에게 총검을 제대로 사용하는 방법을 가르치는 데 크게 애를 먹었다. 대부분의 병사들은 총검으로 찌른 적을 어깨너머로 내던져야 한다고 생각했고, 대중문학에서 등장하는 대부분의 전투 장면 묘사에서도 병사는 적을 총검으로 찌르고는 "꼭 건초 더미를 쇠스랑으로 찍어 내던지듯" 어깨너머로 던져 버렸다.[38]

병사들은 익명의 살인보다 총검 살인이 더 낫다고 주장했는데 더 개인적이고 자기 책임이 분명하다는 게 이유였다. 하지만 군 정신의학자들은 병사들에게 전쟁은 단지 비개인적인 게임이고, 더 높은 대의를 위해 스스로를 희생하는 것이기에 자신의 행동에 책임을 느끼지 않아도 된다는 확신을 주고자 애썼다. 역설적으로 이런 설명에 대한 병사들의 반응은 스스로 살인에 관한 환상을 만들어 내는 것이었다. 결코 일어난 적 없는 총검 살인의 기억들에서 중대한 것은 적은 자신을 죽이는 병사를 충격 받은 눈으로 응시하며 그를 알아보지만 병사는 적을 찍어 내던짐으로써 서둘러 이 응시를 떨쳐 버리려 애쓴다는 것이다. 이 사례는 또한 병사들이 자기 행동에 대한 죄책감을 포기하려 하지 않았음을 보여 준다. 왜냐하면 군 정신의학자들이 병사들에게 살인에 대한 책임이 없음을 확신시키려 했음에도 그들은 자신이 결코 저지르지도 않은 범죄를 만들어 내기까지

38 Frederick Sadlier Brereton, *With Rifle and Bayonet: A Story of the Boer War*(London, 1900), p. 271.

해서 죄책감을 고집스레 유지했기 때문이다.

불안 없는 전쟁들

양차 세계대전에서 군인은, 드물긴 했지만, 여전히 전장에서 희생된 적들을 직접 대면했다. 반면 근래의 전쟁에서 군인은 아득히 먼 곳에서 총을 쏘고 전선에서 무슨 일이 일어나는지 알지도 못하는 행위자이다. 현대전은 무균의, 감정 없는 전쟁으로 인식되는데, 이를테면 미국 군인들은 몇 시간을 날아가 아프가니스탄에 폭탄을 투하하고는 집으로 돌아와 텔레비전으로 축구 경기를 볼지도 모른다. 군 정신의학에서는 여전히 적과 직접 대면하는 전투를 해야 하는 군인들을 위해, 발생 가능한 모든 불안을 경감하는 특별한 약을 개발하고자 힘쓰고 있다.[39] 이것이 실현된다면 군인들은 자신이 저지르는 잔학 행위

---

39 프로이트도 그런 가능성을 생각했다. "의사라면 분명 간절히 바라는 이상적 해결책은 어떤 간균杆菌을 발견하는 일일 것이다. 즉, 분리해 순수 배양할 수 있고 또 아무에게나 주사해도 늘 같은 질병을 일으키는 균 말이다. 그리고 그것을 과

에 감정을 느끼지 않는 거의 로봇과 같은 피조물이 될 것이다. 그런데 그런 약을 개발할 필요가 있다고 보는 쪽은 전쟁의 현실이 인간의 심신이 견디기에 너무 공포스럽다는 점을 이유로 제시한다.[40] 군 정신의학은 새로운 유형의 전쟁에서는 불안이 압도적이고 군인들을 마비시킬 정도가 될 것이라고 예측하고 있다 — 이런 이유로 불안을 줄일 화학물질을 찾고 있는 것이다.[41] 하지만 지금까지 그런 약을 개발하려는 시도는 모두 실패했으며, 전선에서 사용된 항불안제들은 효과가 없었을 뿐만 아니라 수많은 부작용을 양산함으로써 군인들을 거의 제 구실을 할 수 없는 좀비 같은 존재로 만들었다.

물론 전쟁사를 들여다보면 어떤 물질이 전투 스트레스를 견디는 데 도움이 되었는가에 관한 기술은 많고, 약과 술이 언제

도하지 않게 사용하는 것, 즉 투여하면 특정한 신경증을 유발 혹은 치료할 수 있는 어떤 화학물질의 존재를 입증하는 것이다. 하지만 이런 종류의 해결책이 있을 가능성은 희박해 보인다"("Inhibitions, symptoms and anxiety", p. 311).

40 다음을 보라. Franklin D. Jones, "Future Directions of Military Psychiatry", in Richard A. Gabriel(ed.), *Military Psychiatry: A Comparative Perspective*(New York: Greenwood Press, 1986).

41 다음을 보라. Richard A. Gabriel, *The Painful Field: The Psychiatric Dimension of Modern War*(New York: Greenwood Press, 1988).

나 군인 생활의 일부였다는 것도 알 수 있다. 그런데 오늘날 서구의 군대는 작전을 대부분 야간에 수행하고 이로 인해 며칠 밤 동안 깨어 있을 약을 필요로 한다.[42] 전쟁은 또한 많은 외상과 죄책감을 유발하기에 이를 완화하고 처리해 줄 방법의 개발이 기대되고 있다. 미래의 환상 약fantasy drug은 군인들의 모든 외상적 상황에 대한 어떤 기억도 지워 줄 수 있을 것이다. 지금까지 쥐에게 실시한 연구 조사에 따르면 "두려움에 대한 뇌의 호르몬 반응들은 억제 가능하고, 기억 형성 과정과 그 기억이 불러일으키는 정서들도 약화시킬 수 있다."[43] 어떤 연구자들은 두려움을 억제하는 단백질 이면의 유전자를 해독해 두려움과 죄책감을 해결하고자 애쓰고 있고, 어떤 이들은 뇌를 자석으로 자극해 두려움을 잊게 하는 방법을 찾고 있다. 또 일각에서는

42 작전이 대부분 야간에 수행된 아프가니스탄 전쟁 이후로 미군은 프로비질Provigil을 사용하기 시작한 것으로 보인다. 프로비질은 만성적인 졸음 치료제로 시장에서 판매되는 약이다. 미래의 전쟁에서도 군인들이 장시간 깨어 있어야 하는 것은 마찬가지일 것이기 때문에 과학자들은 잠을 쫓는 새로운 물질을 개발하느라 분주하다. 일부 과학자들은 수면을 관장하는 유전자를 발견해 그것을 조작하는 방법을 찾고 싶어 한다(*Esquire* in *Delo* 2003/06/03).

43 다음을 보라. The report on the possibility of creating a 'guilt-free soldier' in *The Village Voice*(2003/01/22-28).

외상 효과를 초기에 끝낸다고 하는 프로프라놀propranol을 교통 사고 생존자들에게 투약했을 때 어떤 효과가 있는지 계속 조사 중이다.[44]

궁극의 환상 약은 일종의 사후 피임약 같은 효과를 냄으로써 외상 기억이 저장되는 뇌 중추에 영향을 미칠 것이고 그리하여 공포스러운 경험 후에도 후회, 가책, 고통, 죄책감을 겪지 않을 것이다. 그런 약에 대한 연구는 대개 외상 기억을 지우는 방법이 발견된다면 강간 피해자에게 큰 도움이 되리라는 생각에서 수행된다. 그러나 많은 사람들은 그런 약이 군에 의해 남용되어 "악마" 약, "괴물" 약 같은 오명을 얻게 되지는 않을지 염려하고 있다. 또 그런 약들은 옳고 그름에 관한 우리의 인식에 근본적으로 영향을 줄 수 있어서 "반反도덕" 약으로 불리기도 한다. 비평가들은 제약회사들이 군인들로 하여금 악명 높은 뉘른베르크 항변 — "난 그저 명령을 따랐을 뿐입니다" — 에 의존하게 할 수 있다는 사실을 우리가 감당할 수 있는지 묻는다.

심리치료사들 또한 소위 가상 진료소를 통해 전후 불안과 외상으로 인한 고통을 줄이는 방법들을 테스트하고 있다. 이를

44 Ibid.

테면 환자에게 외상적 상황을 다시 체험시켜 그것에 둔감해지게 하는 진료 방식이다. 환자가 프로젝션 스크린과 같은 기능을 하는 특수 안경을 착용하면 전장의 소음을 틀어 놓고 헬리콥터들이 나는 등의 전쟁 영상을 보여 준다. 이 가상 진료의 밑바탕에 있는 생각은 주체가 의식적으로 외상적 상황을 다시 경험하면 불안이 소멸될 수 있고 또 그것을 반복하면 불안을 유발하는 경우를 줄일 수 있다는 것이다. 그러나 프로이트가 이미 당대의 전쟁 관련 신경증에 대해 지적했듯이 전시와 전후에 나타나는 불안이나 여타 신경증 증상들은 실재하는 외부의 위험뿐만 아니라 주체의 무의식과도 연관되어 있다. 따라서 군인들이 참전으로 경험하는 불안들은 다른 유형의 불안들과 별반 다르지 않은데, 불안은 늘 거세 위협이라는 주체의 문제와 관련되어 있기 때문이다.

과거의 군 정신의학이 군인에게 살인을 고무할 환상을 불러일으키길 희망했다면, 오늘날의 가상 진료는 단순한 행동 변화(그리고 약간의 약물)가 주체의 정신을 바꿀 수 있다고 생각한다. 주체의 불안에 대한 빠른 해결책을 찾으려는 이런 시도는 다른 것들과 관련 없는 고립된 현상이 아니다. 전반적으로 우리는 주체가 더는 어떤 불안 — 특히 죽음 관련 불안 — 도 겪어서는 안 된다고 생각하는 사회에서 살아가고 있는 것으로 보인다.

예술과 죽음

주체가 전선에서 살상을 목격하거나, 혹은 폭력에 연루되었는데도 불안을 느끼지 않는 사회는 어떤 사회일까? 역설적으로 오늘날 예술계의 일부 경향들은 현대사회가 불안 없는 사회로 변화하고 있음을 보여 주는 단서가 될 수 있다.

제1차 세계대전과 더불어 불안의 시대가 시작된 후로 절망과 비통 속에서 새로운 모더니즘 운동이 출현했다. 다다이즘의 창시자 중 한 명인 한스 아르프Hans Arp가 언급했듯이 사람들은 도축장으로 변해 버린 세상에 흥미를 잃었다. 다다이즘은 생의 부조리를 드러내려 애썼고 정신분석에서 영감을 얻은 초현실주의는 이성의 독재를 넘어 무의식이라는 환상과 꿈의 영역을 보려 했다. 새로운 유형의 예술은 전통을 버리고 미지의 것을 실험했고 또 어떤 이들은 서구 문명의 가치가 가진 어두운 면을 폭로했다. 어떤 예술가들은 자살을 무가치한 문명이 유발한 우울에 대한 단 하나의 대응책으로 보기도 했다.

마찬가지로 오늘날의 불안의 시대에 대해서도 예술계는 위기에 대한 특유의 반응을 나타냈다.[45] 1990년대 예술은 한편으로는 일상생활을 예술의 대상으로 보여 주려 했고, 한편으로는 사물 이면의 것 — 예컨대 인간의 몸속 — 을 그리려 했다. 마치

45 지난 10년간 큐레이터의 권력은 엄청나게 커졌다. 큐레이터는 예술가와 대중 사이에서 중개인 역할을 하면서 관람객에게 무엇이 예술이고 아닌지를 이야기할 뿐만 아니라 어떤 면에서는 관람객을 대신해 즐기는 역할도 한다. 오스트리아 철학자 로버트 팔러Robert Phaller는 주체가 향락을 자신을 대신해 즐기는 중개인에게 맡기는 심리 상태를 묘사하기 위해 "상호 수동성"interpassivity이라는 용어를 만들었다. 예를 들어 끊임없이 영화를 녹화하지만 결코 보지 않는 사람이 있는데, 그 이유는 녹화기가 중개인으로서 자신을 대신해 이미 영화를 즐겨 주었기 때문이다. 현대 예술에서 큐레이터는 대개 그런 중개인이다. 관람객이 예술의 향락을 큐레이터에게 맡기는 것이다. 나는 전시 작품의 예술적 가치에 대해 잘 알지 못하는 전시회에 가면 큐레이터는 그 가치를 알고 있으리라고 추정한다 — 큐레이터를 나를 대신해 작품을 즐기는 누군가로 간주하는 것이다. 미술관을 둘러보는 동안 나는 골치 아픈 직장 일이나 개인적 문제를 계속 생각할 수 있고, 큐레이터는 나를 대신해 작품을 관람해 준다.
오늘날 큐레이터는 전장에 나가 있는 CNN 기자들과 닮았다. 우리 눈앞에 폭력 영상들을 보여 주고 전쟁에 대한 견해를 간략히 언급하는 중개인들 말이다. 마치 기자들은 대중을 대신해 전쟁을 지켜보는 것 같다 — 그래서 대중은 일상생활을 영위할 수 있고 TV는 대중을 대신해 고통을 다룬다. 그런데 큐레이터들은 또 다른 유형의 중개인 역할도 맡아 왔다 — 그들은 점점 더 예술품을 시장에 어떻게 내놓아야 하는지, 어떻게 파는지를 잘 아는 성공한 사업가가 되고 있다. 최근, 전시戰時에 큐레이터는 무엇을 해야 하는가를 두고 벌어진 인터넷 논쟁에서 한 독일인 미술 평론가는 현명하게도 다음과 같이 지적했다. 기업인들은 보통 전시에 자신이 중요하지 않다고 느낀다. 왜냐하면 전쟁과 평화에 관한 결정은 장군과 정치인들의 몫이기 때문이다. 이 평론가는 큐레이터들이 예술을 넘어 성명을 발표하는 큐레이터, 즉 우리 문명의 정치적 틀을 통제하는 사람이 되고 싶어 한다는 데 대해 놀라워했다. 그리고 그 평론가는 우리 시대가 과연 보통의, 평균의, 그리고 심지어 진부한 큐레이터가 나올 수 있는 시대인지 아닌지 질문을 제기하며 끝을 맺었다. 예술가들은 이미 그 진부한 전략을 발견했기 때문에, 궁금한 것은 과연

리가 놀랄 만한 건 전혀 없는 듯했다. 그리고 전쟁과 관련해 우리가 스크린에서 온갖 고통을 볼 수 있었고, 또 우리 눈앞에서 신체가 찢기는 것,[46] 사람들이 서로 죽이는 것, 그리고 심지어는 그런 행동들을 비디오카메라로 찍는 것도 볼 수 있었던 것처럼 예술에서도 유사한 경향이 있었다 — 마치 신체에 가하는 모든 폭력 행동을 예술 작품으로 나타낼 수 있는 듯했다. 이런 경향들은 [1997년 로열 아카데미에서 열린] 유명한 전시회 〈센세이션〉*Sensation*에서 눈에 띄게 나타났다.[47] 안에 숨겨져 있다고 간주되는 것들을 노출하는 경향은 데미언 허스트Damien Hirst의 둘로 가른 동물,[48] 모나 하툼Mona Hatoum의 창자 비디오, 알랭 밀레

언제쯤 큐레이터들이 그 전략을 발견할 것인가이다.

46 오늘날 언론이 폭력을 재현하는 방식에 관한 명쾌한 설명은 다음을 보라. Stanley Cohen, *States of Denial: Knowing About Atrocities and Suffering* (Cambridge: Polity Press, 2001)[『잔인한 국가, 외면하는 대중: 왜 국가와 사회는 인권침해를 부인하는가』(조효제 옮김, 창비, 2009)].

47 [옮긴이] 살레츨이 예로 들고 있는 마크 퀸, 트레이시 에민, 사라 루카스, 크리스 오필리 모두 1980년대 후반 데미언 허스트가 주도한 '젊은 영국 작가'Young British Artist 운동의 구성원들이다. 이들은 졸업을 앞두고 빈 건물의 창고를 빌려서 〈프리즈〉*Freeze*라는 전시회를 열었는데, 이를 눈여겨 본 영국의 예술품 수집가이자 딜러인 찰스 사치가 '젊은 영국 작가'라고 이름 붙인 전시회를 열게 되면서 이렇게 불리기 시작했다. 역시 찰스 사치의 기획으로 열린 1997년 〈센세이션〉 전에는 30만 명의 관람객이 다녀갔고, 이를 통해 이들은 전 세계적인 명성을 얻게 되었다.

Alain Miller의 피부 이면을 드러낸 얼굴 그림, 마크 퀸Marc Quinn의 신체 없는 피부,[49] [호주 출신 극사실주의 조각가] 론 뮤익Ron Mueck의 〈죽은 아버지〉 *Dead Dad*, 크리스 오필리Chris Ofili의 동물[코끼리] 배설물을 사용한 작품에서 볼 수 있다. 또 한편으로 일상생활을 묘사한 작품으로는 트레이시 에민Tracy Emin이 자기 연인들의 이름을 죄다 노출한 작품, 사라 루카스Sarah Lucas의 매트리스 등이 있다.

내부(즉 감추어졌던 곳)가 노출된 사례는 건축물에서도 찾아볼 수 있다. 실내 구조가 노출된 많은 식당에서는 노동 과정이 죄다 노출된다. 요즘은 공장처럼 보이는 식당들 — 안으로 들어가면 저임금 노동자들이 음식을 준비하고 설거지하는 게 보이는 식당 — 이 도처에 있다. 우리는 이 노동자들을 장식 미술품처럼 보고 이들이 감내해야 할 고통이나 동물원의 동물처럼

---

48 [옮긴이] 데미언 허스트는 의료용으로 사용되는 폼알데히드 용액에 절단된 동물의 신체를 넣어 충격을 주었다.

49 [옮긴이] 마크 퀸은 자신의 피를 이용해 만든 〈자화상〉 *Self*으로 유명세를 타기 시작했다. 약 4리터 정도의 자기 피(인간 몸속에 들어있는 전체 피의 양과 거의 동일하다)를 모아 제작한 이 작품은 냉동 장비에 의해서만 그 형태를 유지할 수 있었는데, 평론가들은 이 작품이 하나의 생명체가 특정한 환경에 의해 존재하거나 소멸할 수밖에 없는 운명이라는 점을 보여 준다고 평했다.

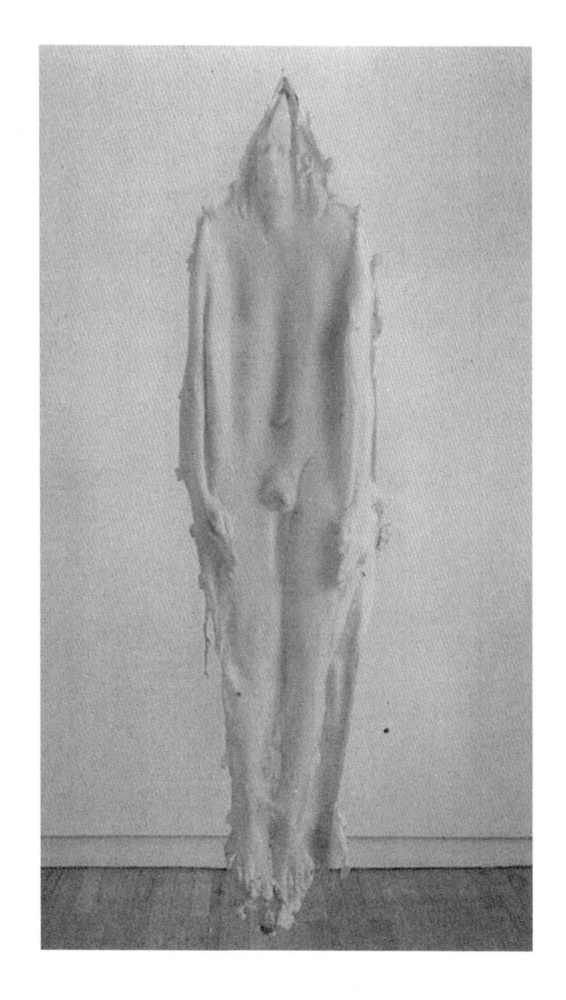

마크 퀸, 〈내 숨을 거둬 가세요〉(*You Take My Breath Away*), 1992년작. 작가의 몸 전체를 라텍스 고무로 캐스팅해 제작한 작품으로 마치 몸의 허물을 벗겨 놓은 것 같은 인상을 주어 산 채로 가죽이 벗겨지는 형을 당했던 순교자 바르톨로메오를 연상케 한다. 라캉이 거울 단계로 명명한 인간 의식의 발달 단계를 보여 주고 있기도 하다.

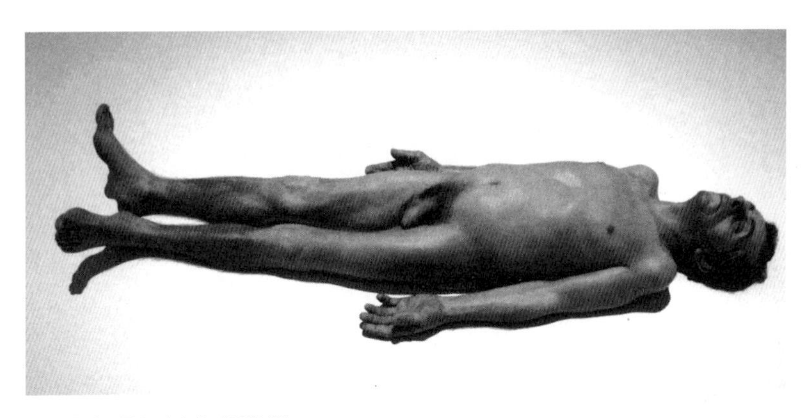

론 뮤익, 〈죽은 아버지〉, 1997년작.

사라 루카스, 〈자연으로〉, 1994년작.

트레이시 에민, 〈내가 같이 잤던 모든 사람들 1963~1995〉, 1995년작. 자신의 개인적 경험들을 작품의 주요 소재로 삼으면서 '고백의 여왕'이라 불렸던 에민은 이 작품에서 자신과 함께 잤던 모든 사람들, 그리고 자기 뱃속에 잠시나마 살았던 태아의 이름까지 아플리케 기법으로 푸른색 텐트 안에 새겨 넣었다.

노출되는 게 얼마나 불편할지에 대해서는 생각하지 않는다.

이와 같이 "비밀 노출"이라는 논리를 보여 주는 또 다른 사례들은 오늘날의 선거 캠페인에서도 볼 수 있다. TV 광고에서 정치인들은 더는 완성품 — 유권자를 설득하는 연설 — 을 전달하지 않는다. 대신 연설을 준비하는 바로 그 과정을 노출한다. 화장실에서 직접 면도를 하고, 모닝커피를 음미하며, 연설을 준비하는 보좌관들과 이야기하는 등의 모습 말이다. 과거에는 정치인이 스스로 연설문을 작성하지 않는다는 사실을 감추었다면 오늘날에는 바로 이를 노출해 선거 광고로 사용한다. 이런 광고가 전달하는 메시지는 이렇다. 우리는 여러분께 진실을 보여 드립니다. 우리 후보는 여러분과 같은 평범한 사람입니다. 그는 참 정직합니다. 직접 연설문을 쓰지 않는다는 것까지 보여 주잖아요.

1990년대 서구의 지배적 이데올로기는 사회에는 더는 사회적 적대가 없다는 것, 즉 결여가 없다는 것이었다. 비밀은 하나도 없는 듯했고, "모든 것을 보여 준다"는 논리가 처음에는, 주체에게 공포스러울 수 있는 것을 노출해 불안을 더는 방법으로 보였다. 이런 맥락에서 죽음에 대한 두려움 또한 새롭게 바뀐 듯했다.

전쟁 상황에서 죽음은 다양한 방식으로 제시되었다. 한편으로 서구 언론에서 "적들"의 죽음은 한낱 인원수의 문제나 대중에게 노출될 수 있는 기삿거리가 되었던 반면, 서구 군인들의 죽음과 희생은 극히 외상적인[충격적인] 것으로 언급되었다. 또한 오늘날의 전쟁은 주로 먼 거리에서 수행되기 때문에 군인들은 전선에서 자신이 죽어 가는 것을 상상도 할 수 없게 되었다.

죽어 감에 관한 이런 새로운 난제들과 관련해서도 예술은 통찰을 줄 수 있다. 역사를 통틀어 예술은 특정한 방식으로 필사와 불사라는 주제와 관련을 맺어 왔다. 예술가들은 흔히 작품을 통해 이런 주제들을 고심했을 뿐만 아니라 일종의 불사를 스스로 성취하려 했다. 과거에는 예술가들이 사후에 상징적인 수준에서 살아 있기를 바랐는데, 최근 수십 년 동안 일부 예술가들은 사후에 시신을 보존할 방법들을 실제로 고안하고 있다. 예컨대 오를랑Saint Orlan[프랑스 출신 행위예술가], 스텔락Stelios Arcadiou Stelarc[호주 출신, 1970년대 로보틱 아트의 선구자], 마르첼리 안투네즈 로카Marcellí Antúnez Roca는 상이한 방식으로 새로운 컴퓨터 기술을 사용해 불사를 성취할 계획을 세우고 있다. 오를랑의 생각은 사후에 몸을 미라로 만들어 미술관에 둔 다음 컴퓨터 장치의 도움을 받아 방문객들이 자신과 영원히 소통할 수 있게 하는 것이다. 스텔락은 수년간 교체 가능한 장기와 더 오래가는 피부로 이루어진 새로운 메타 신체를 만들어 내고자 힘써 왔다. 이 신체는 기대 없이 행동을 시작하고, 기억 없이 움직이며, 욕망도 없다. 이 새로운 신체에는 태어나고 죽는 것에 대한 부담도 없을 것이다. 재생산은 재설계로 대체되고 성교는 주체와 기계 사이의 접속 장치로 대체될 것이기 때문이다. 마르첼리 안투네즈 로카는 미술관에서 방문객을 센서로 감지해 방향을 읽고 이동할 수 있는 로봇을 만들었다. 그가 죽으면 로봇은 그의 인공기관이 되고 그는 이를 통해 계속 살 수 있을 것이다.

이 예술가들은 새로운 컴퓨터 기술로 불멸의 신체를 만들 수 있다는 생각을 가볍게 활용했다. 그런데 유전학과 의학이 새롭게 발전하면서 예술에서도 중요한 변동이 발생했다. 적지 않은 예술가들이 현재 새로운 유전학 지식이 인간의 삶을 어떻게 바꾸는지 탐구하고 있고, 또 어떤 예술가들은 작품 기획에 실제 시신을 사용해 생사의 문제를 고민하고 있다. 몇 년 전 영국에서는 충격적인 사건이 발생했다. 앤서니-노엘 켈리Anthony-Noel Kelly라는 예술가가 지역 시체 안치소에서 시체 일부를 꺼내와 지하철로 운반한 후 그것으로 본을 떠 소조를 만든 것이 발각된 것이다. 그는 자신이 결코 시체 애호증자가 아니며 다만 해부학에서 아름다움을 발견했고 죽음을 '탈신비화'하고 싶었다고 주장했지만 법원은 그를 감옥에 보냈다. 또한 예술가이자 과학자인 귄터 폰 하겐스Günter von Hagens는 2백여 개의 소위 플

라스티네이츠plastinates, 즉 특수하게 보존한 인간의 시신을 전시해 수많은 군중을 끌어모으고 있다. 이 전시회에서는 신체 기관 하나하나의 내부를 볼 수 있고 심지어는 사망한 임신부를 절개한 것도 볼 수 있다.

시체나 그 일부를 예술 작품으로 사용하는 예술가들은 또 있다. 예컨대 조엘 피터 위트킨Joel-Peter Witkin은 시체와 장애인의 신체를 묘사하는 사진으로 유명해졌다. 얼마 전 루블라냐 시쿠츠 갤러리Škuc Gallery에서는 우크라이나 예술가 일리야 치츠칸Ilya Chichkan의 전시회가 열렸는데, 죽은 태아의 이미지를 보석으로 장식해 체르노빌 참사를 표현한 작품이 전시됐다. 또 리처드 셰너브룩Richard Shanabrook은 시체 안치소에서 직접 본 죽은 사람들의 상처 부위를 본떠 초콜릿 프랄린[초콜릿과 설탕에 견과를 넣어 만든 간식]으로 만든 작품으로 유명하다.

죽어 감에 대한 실제 경험은 예술 체험으로 전용되었다. 예컨대 빌 비올라Bill Viola는 비디오 설치 예술을 통해 태어나고 죽어 가는 순간들을 표현했다. 루블라냐에서 열린 마니페스트 전시회Manifest show에서는 한 여성이 스스로 목매달아 죽는 장면을 담은 영화가 상영되기도 했다. 슬로베니아의 신체 예술가 이브 타보르Ive Tabor는 생사의 경계를 탐험하는 것을 즐겼는데, 그 방법은 정맥에 가느다란 관을 삽입해 심장을 멈추게 하는 것이었다. 프랑코 B. Franco B.는 미술관에서 의식을 잃고 쓰러질 정도까지 정맥에서 한 방울씩 피를 뺀 행위 예술로 유명하다. 뉴욕에서 열린 전시회 〈바디 앤 더 이스트〉 *Body and the East* 오프닝에서 한 크로아티아 행위 예술가는 작정하고 치사량의 술을 마시기도 했다.

우리 선조들이라면 어떻게 로봇이나 새로운 매체들이 예술품이 될 수 있는지, 또 전시회에서 실제 시체를 사용하는 것에서 무엇이 예술적인지를 이해하는 데 틀림없이 애를 먹었을 테지만 오늘날의 사회에서 예술이 재현하는 것의 논리는 근본적으로 변화해 왔다. 모더니즘은 여전히 보이지 않는 것에 형상을 부여함으로써 그것을 인식 가능한 것으로 만들려 했다. 추상예술은 대상의 바로 그 결여 혹은 부재를 묘사하는 방법의 문제를 다루었다. 그러나 현대 예술은 재현할 수 없는 것, 즉 그런 의미의 결여를 다르게 접근한다. 여성의 성기를 묘사한 것을 살펴보면 이 차이를 알 수 있다. 구스타브 쿠르베Gustave Courbet의 가장 유명한 그림인 〈세상의 기원〉 *L'origine du monde*은 고전적인 그림들에서 보통 무화과 잎으로 덮여 있는 여성의 성기를 드러내 놓고 보여 준다. 잘 알려져 있듯이 이 그림은 오랫동안 자크 라캉이 소유하고 있었다. 그런데 라캉은 이 그림을 그대로 걸어 두지 않고 화가 앙드레 마송Andre Masson에게 요청해

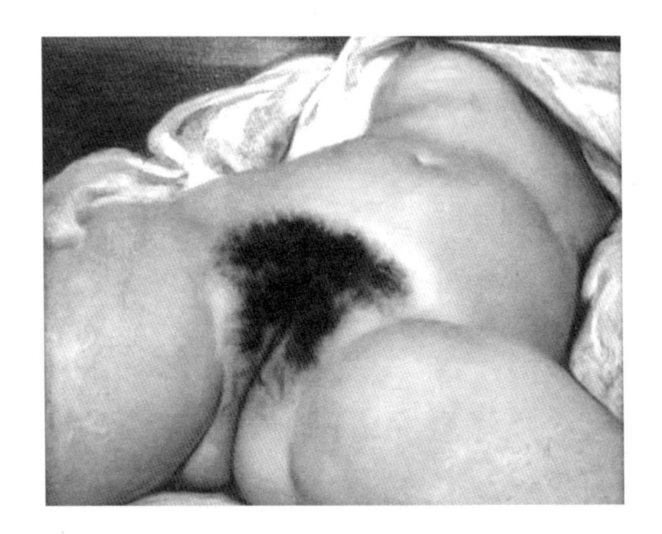

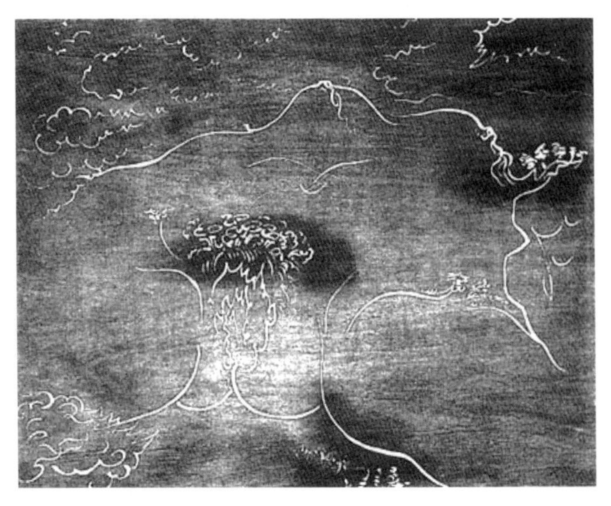

쿠르베의 〈세상의 기원〉(위)과 이 그림을 덮고 있던 마송의 그림(아래).

숲과 비슷한 양식화된 추상화를 받아 쿠르베의 그림 위에 덮어 두었다. 이 두 그림은 사실주의 예술과 추상예술이 결여, 즉 외상적이고 보이지는 않지만 아름다우면서도 공포스러운 것, 예컨대 여성의 성기와 관련된 것을 다루는 방식의 차이를 역설적인 방식으로 보여 준다. 쿠르베의 사실주의가 대상(여성의 성기)을 가능한 실제적인 것으로 만듦으로써 이 결여를 묘사하려 한다면 마송의 추상화는 대상의 바로 그 부재를 보여 준다. 양식화된 숲 그림은 음모를 암시할지도 모르지만 또한 숭고한 대상(여성의 성기)은 전적으로 부재하는 것이라는 점 — 즉 그것은 결여에 불과하다는 것 — 을 보여 준다. 그러나 오늘날의 예술은 결여를 다르게 접근한다.

모나 하툼과 스텔락은 작품 활동에 현미경 사진용 카메라를 사용해 결장結腸 안이 어떤 모습인지 보여 주었다. 슬로베니아의 철학자이자 예술가 페테르 믈라카르Peter Mlakar도 'G점'G-spot[50]에

---

50 [옮긴이] 여성의 질 안쪽에 오르가슴과 사정을 유발한다고 알려진 부위. 1944년 독일의 산부인과 의사이자 성 연구가였던 에른스트 그래펜베르그(Ernst Gräfenberg)가 피임법에 대해 연구하던 중 발견했으며, 1980년 존 페리와 비벌리 위플이라는 미국의 두 성 연구가가 여성에게는 존재하지 않는다고 생각했던 사정 현상을 비디오로 촬영해 공개함으로써 그 존재가 세상에 알려지게 되었다. G점이라는 명칭은 그래펜베르그의 이름을 딴 것이다.

관한 아주 흥미로운 퍼포먼스에서 질에 동일한 작업을 했다. 그러나 보이지 않는다고 하는 것을 신기술을 이용해 노출하려는 이 모든 시도는 사실 결여를 결여로 묘사하는 게 아니라 결여를 부정하는 것이다. 이는 유전자 구조를 볼 수 있게 되었고 심지어는 그것을 과학으로 해독했음에도 인간이란 존재의 본질은 무엇인가에 관해서는 실마리도 얻지 못한 것과 꼭 같다. 마찬가지로 보이지 않고, 붙잡을 수 없으며, 공포스럽다고 하는 모든 것을 맘껏 드러내려는 예술은 우리가 몸과 관련해 느낄 수 있는 불안을 덜어 주지 못한다. 결장이나 질을 들여다보면 그 안이 얼마나 상상하던 것과 다른지 깨닫고 충격을 받을지도 모르지만 그럼에도 여전히 신체에서 포착할 수 없는 것과 관련한 성적 환상, 건강 염려증, 숭고한 끌림 혹은 혐오에는 결코 영향을 미치지 못한다. 프로이트와 라캉이 이미 수십 년 전에 생각했듯이 신체에 관한 인식은 해부학과 거의 관련이 없고 사실 전부 언어, 환상, 무의식과 관련되어 있다. 예술 기획에서 사용되는 시신은 예술가가 죽음의 외상적 지점에 접근해 그것의 공포스러운 본질을 노출하고자 사용하는 충격적인 도구로 이해할 수도 있다. 그러나 예술에 사용되는 시신의 역설적 특징은 그것이 어떤 면에서는 완벽히 죽지는 않는 것 — 물론 일종의 산송장, 그러니까 되살아나 살아 있는 사람들을 괴롭히는 뱀파이어나 유령이라는 말은 아니다 — 으로 인식된다는 것이다.

전쟁에서는 훨씬 더 정교해진 무기들이 사용되고 있고 세계 전역에서는 새로운 갈등과 충돌 위험이 늘어나고 있다. 동시에 과학의 발전과 신기술로 이뤄진 무인無人의 사이버 세계는, 인생은 컴퓨터게임 같고 우리는 신체와 정체성을 바꾸고 유희하듯 활용할 수 있는 시뮬라크라의 세계에서 살고 있다는 인상을 준다. 이런 맥락에서 생사의 경계도 변화된 것처럼 보인다. 사이버 세계에서는 무수한 상상의 페르소나를 즐길 수 있다. 머지않아 유전물질로 신체 일부를 새로 만들게 될 것이고, 또 어느 순간 새로운 유전학 기술로 실험실에서 신체 전체를 생산하게 될 것이라고 상상하는 것도 어렵지 않은 일이다. 이런 맥락에서 정교한 신무기들을 갖춘 서구 군인들 또한 갈수록 불멸의 존재가 되어 가는 듯하다.

환상과 불안은 주체가 대타자, 즉 상징적 질서와 자신을 특징짓는 결여를 다루는 두 가지 상이한 방식이다. 환상의 도움으로 주체는 이야기를 만들어 내고 이 이야기를 통해 주체는 자

신의 삶을 일관적이고 안정적이라고 인식하는 동시에 사회적 질서도 일관적이고 적대가 없다고 인식한다. 환상이 주체에게 어떤 편안함을 준다면 불안은 불편한 느낌을 불러일으킨다. 하지만 불안에는 단순히 사람들을 무기력하게 만드는 효과만 있는 것이 아니다. 불안에는 주체를 준비 상태로 만들 수 있는 힘이 있고, 따라서 이는 주체가 자신의 환상을 완전히 산산조각 냄으로써 신경쇠약이나 트라우마를 유발할 만한 사건을 맞닥뜨리는 경우 무기력해지거나 놀라는 정도를 줄여 줄 수 있다.

오늘날의 사회에서 우리는 어떻게 해서든지(예컨대 군이 개발하려 노력 중인 약의 도움으로) 주체의 불안이 완전히 제거된 상황을 만들어 내려고 노력하는 한편, 다른 한편으로는 불안의 대상이 존재하지 않도록 모든 것을 가시화하려 한다. 그러나 현대사회의 이데올로기가 모든 것이 가시적이라고 웅변하고 있음에도 불구하고 사람들은 누군가가 등 뒤에서 세상을 좌지우지하고 있다는, 혹은 정체를 폭로해 제거해야 할 적이 숨어 있다는 느낌을 지울 수 없다. 예컨대 군은 군인들의 불안을 예방하는 대신 전장에서 불안을 줄일 약을 개발하고 있는데, 이는 사실 새로운 불안들을 야기하는 데 일조하는 것이다. 군이 전장에서(예컨대 걸프전 때[51]) 실제로 얼마나 많은 약을 실험해 봤는지는 불분명하지만 군인들은 무수한 음모론에 빠져 있는 상태다. 이와 관련해 나타나고 있는 새로운 불안들은 군인들을 대상으로 위험한 약을 실험 중인 과학자들뿐만 아니라 이런 약들이 가진, 사람을 마비시키는 부작용에 대한 불안이다.[52] 따라서 군인들에게 궁극의 외상적 경험은 무엇보다도 자신들을 전장으로 보낸 이들 가운데 숨어 있는 적들과 싸우는 것이 된다.

오늘날 우리는 모든 게 가변적이고 인생은 컴퓨터게임 같은 시뮬라크라의 세계에서 살고 있는 듯하다. 그래서 사람들은 유전암호를 활용하고 신약을 개발하면 앞으로 생사의 문제를 더 잘 예측하고 통제할 수 있으리라 생각한다. 그러나 현대 기술의 진보를 근거로 오늘날의 세계가 이전 세계와는 근본적으로

---

51 새로운 유형의 히스테리인 걸프전 증후군에 대한 분석은 다음을 보라. Elaine Showalter, *Hystories*(New York: Columbia University Press, 1998).

52 추측컨대 미군은 중동에 파견한 군인들에게 지금까지 탄저병 백신을 사용해 왔는데 이라크가 탄저병을 생화학 무기로 사용할지도 모른다는 두려움이 있었기 때문이다. 그런데 일간지 『볼티모어 선』 *The Baltimore Sun* 1999년 1월 15일자 기사에서 제시된 미 국방부 내부 문서에 따르면 공군의 일부 비행 중대들에서는 조종사 절반이 그 백신을 먹지 않으려고 직위에서 물러나거나 비행기를 몰지 않는 임무를 얻으려 했다. 마이클 푸멘토Michael Fumento 같은 걸프전 증후군 분석가들은 이런 행동을 대중의 오래된 편집증, 음모론자들, 언론의 선정주의, 의회의 선동 정치가들, 그리고 대중에게 허위 정보를 유포하는 새로운 강력한 무기인 인터넷이 뒤섞여 나타난 현상으로 본다. 자세한 내용은 다음을 보라. http://www.fumento.com.

다르다고 인식하는 것은 궁극의 환상일 것이다. 이 환상은 무엇보다, 주체(즉 개인)는 여전히 전적으로 결여를 특징으로 하며 사회적인 것(즉 사회)은 여전히 적대가 특징이라는 사실을 은폐한다. 비록 사람들이 결여의 자리에서 출현하는 심란한 대상들을 예측하고, 예방하며, 아니면 적어도 충분히 묘사할 수 있다는 인상을 받을지도 모르지만 그렇다고 해서 실제로 불안이 줄어드는 것은 아니다. 어떤 이들은 과학이 인간을 끊임없이 새롭게 창조하고 있다고도 주장할 것이다. [하지만] 오늘날 유전자는 불안의 특별한 근원이 되고 있다. 인간의 유전자는 주체가 죽은 후에도 계속 '살아' 있기에 신체는 갈수록 더 파괴할 수 없는 것으로 보인다. 그러나 죽음을 정복하려는 시도 앞에서 우리는 주체에게 죽음보다 더 공포스러운 것은 사실 불사의 가능성이라는 키르케고르의 유명한 단언을 잊어서는 안 된다.

3

실패 속의 성공

하이퍼-자본주의는 사람들의 부족감에 어떻게 기대고 있는가

새로운 불안의 시대를 살아가고 있다는 이야기를 들을 때 우리는 우선 이것이 발생 가능한 파국, 이를테면 테러 공격, 금융시장의 붕괴, 새로운 질병, 생태계 변화, 새로운 전쟁 위협, 그리고 새롭게 발전하는 과학 등의 확산과 관련되어 있다는 인상을 받는다. 그러나 현 문명사회가 우리 선조의 사회보다 더 많은 불안을 경험한다는 주장은 사실 오만인데, 선조들도 전쟁과 갈등, 빈곤, 그리고 수명을 급격히 단축한 더 많은 질병들을 겪었기 때문이다. 하지만 있을 수 있는 파국에 대한 불안이 과거의 불안과 아주 다른 것은 아니라 할지라도, 현대사회 특유의 불안들은 현대자본주의의 본질에서 기인하는 새로운 불안정감과 연결되어 있다. 왜냐하면 불안정은 항상 자본주의 노동시장의 도구이긴 했지만 후기 산업사회에서는 사회의 상징적 질서가 변형되었고 이로 인해 주체의 자기 인식도 변화했기 때문이다.

소비 지상주의 사회는 오늘날 사람들이 공통으로 느끼는 특정한 부족감을 토대로 번창하는 것처럼 보인다. 이 부족감의 힘을 포착하는 것은 어렵지 않다. 그저 아무 여성지나 일간지의 '스타일' 섹션을 보라. 이런 간행물에는 최신 패션, 화장품, 유명인에 관한 광고와 기사 외에도 다양한 조언들이 실려 있다. 우리가 살고 있는 사회의 특징은 생존이다. 그래서 다음과 같은 기사들을 어렵지 않게 볼 수 있다. 싱글 여성의 생존 가이드, 한 어머니의 출산 생존 비법 다이어리("애를 갖는다는 것은 엄청난 손해이기 때문이다. 특히 유행에 민감한 40대 여성에게는 말이다."), 연애와 이별에서 살아남는 법, 다이어트와 운동 비법 등등. 물론 그런 비법들은 시간이 흐르면 근본적으로 달라진다. 한 전형적인 칼럼은 이렇게 주장한다. 최근까지 "우리는 잠을 충분히 자지 못하고 있다고 전전긍긍했지만 새로운 연구 조사에 따르면 잠을 적게 잘수록 오래 산다."[1]

---

1 *The Sunday Times, Style Magazine*, 15 Sept. 2002.

요컨대 그런 잡지들은 결국에는 죄책감을 맛보게 하는 조언과 금지들을 잡다하게 섞어 제공한다. 1990년대의 이데올로기가 "저스트 두 잇!"Just do it! "진짜 당신의 모습을 찾으세요"Be yourself[2] 같은 명령을 따랐다면 오늘날 미디어가 조장하는 새로운 모토는 이렇다. "당신이 무엇을 한다 하더라도 틀릴 것이다. 우리의 조언을 따라 다시 하는 게 낫다." "저스트 두 잇!" 이데올로기는 주체가 권위를 믿지 않는 존재, 그리고 자기 정체성을 마음대로 변화시킬 수 있는 개인이라는 의미에서 "자유롭다"는 생각에 기대고 있었다. 오늘날에는 사람들이 정신을 차리고 그런 일에서 자신은 한계가 있다는 점을 인식한 것처럼 보인다. 하지만 이는 마침내 우리가 자기 창조자, 즉 종교나 국가와 같은 기존의 권위를 거부할 수 있고 어떤 문화적 제약 또는 심지어는 생물학적 제약까지도 뛰어넘어 우리 스스로를 일종의 예술 작품으로 만들어 낼 수 있는 존재가 아니라는 사실을 깨달았다는 뜻이 아니다. 오히려 "저스트 두 잇" 이데올로기

---

2 "뉴 머니[신규 투자]와 진짜 자기 모습을 찾으라"라는 이데올로기가 어떻게 1990년대 닷컴기업의 성패와 연관되었는지에 대한 분석은 다음을 보라. Thomas Frank, *One Market Under God: Extreme Capitalism, Market Populism, and the End of Economics Democracy*(New York: Anchor Books, 2000).

는 무제한적 낙관주의보다는 우리 시대 특유의 불안을 만들어 냈다. 이런 불안은 스스로 생각하기에 호감이 갈 만한 자기 이미지를 자유롭게 창조해 낼 수 있다는 바로 그 생각과 연결되어 있다. 이런 이유로 그 어느 때보다도 오늘날 많은 사람들이 자신의 신체 이미지와 관련한 온갖 외상들을 경험하고 거식증, 폭식증, 과도한 운동, 성형수술에 대한 강박, 쇼핑 중독을 겪고 있다. 자신을 예술 작품으로 만들 수 있다는 바로 그 가능성, 즉 자유롭게 원하는 대로 자기 삶을 창조할 수 있다는 데서 사람들이 그토록 두려워하는 점은 무엇일까? 우리 삶에서 우리가 갖고 있다고들 하는 선택의 자유라는 것이 불안이 증가하는 현상을 설명해 줄 수 있는 이유는 무엇일까?

욕망과 주이상스 사이의 불안

프로이트에 따르면 아동기의 불안은 죄책감과 연관되어 있고 그래서 불안은 초자아와 중요한 연관이 있다. 라캉도 이 연관성을 강조했고, 초자아는 주체에게 향락하라고 명령하면서도 동시에 이 향락 추구가 실패하리라고 조롱조로 예견하는 목소리로 기능한다고 지적했다. 불안은 이 초자아의 명령과 연관된 죄책감과 관련이 있다고 결론짓는 것은 쉽지만 이 관념을 뒤집어 보면 새로운 통찰이 생긴다. 즉, 역설적으로 불안을 낳는 것은 실패의 가능성이 아니라 오히려 성공의 가능성이다. 여기서 우리는 2장에서 분석한, 불안에 관한 라캉주의의 유명한 주장들을 기억할 필요가 있다. 첫째, 불안은 대상의 결여가 아니라 결여의 결여, 즉 결여의 자리에서 대상이 출현함으로써 유발된다. 둘째, 불안은 욕망과 주이상스의 정중앙에 있다.

욕망은 늘 (대상의 결여에 대한) 불만족과 연결되어 있는 반면, 주이상스는 주체를, 보통은 아주 고통스러운 방식으로, 대상 가까이 데려간다. 욕망은 결여와 연관되어 있다고 말할 때 다음과 같이 쉽게 결론지어 버려서는 곤란하다. 즉, 욕망을 충족하는 대상은 결코 존재하지 않는다거나, 실패 속의 성공은 무엇을 얻든 늘 '그것'이 아니라고 불평하는 욕망하는 주체의 전략이라고 단정해서는 안 된다. 욕망의 역설적 특징은 그것이 한 대상에서 또 다른 대상으로 옮겨 다님에도 결코 충족되지 않는 일종의 만족할 줄 모르는 입이 아니라는 것이다. 욕망 그 자체는 주체가 욕망의 대상, 즉 라캉의 대상 a, 결여 자체의 또 다른 이름과 마주칠 때에만 작동한다. 그런데 결여는 우리가 욕망의 대상에 도달할 때가 아니라 욕망이 주이상스로 대체될 때 — 즉 붙잡을 수 없는 욕망의 대상보다는, 흔히 고통과 결부된, 따라서 주체에게 공포스러운 특정한 향락을 불러일으키는 대상에 가까워질 때 — 존재하기 시작한다.

연인 관계에서 이는 이렇게 나타날지도 모른다. 오랫동안 특정한 상대를 갈망해 온 히스테리증자가 마침내 그 사람과 성적 만남을 가지게 되지만 그 경험에 전적으로 공포를 느끼고 바로 상대를 떠나 버린다. 그런데 문제는 단순히 주체가 욕망의 만족을 계속 미루기를(즉 접근할 수 없는 대상을 계속 갈망하기를) 원한다는 것이 아니라 오히려 주이상스의 대상에 너무 가까이 가는 것과 연관되어 있는지도 모른다. 이런 맥락에서 라캉은 오르가슴은 주체가 보통 제법 잘 견디는 불안 상태라고 말한다. 하지만 이는 또한 주체가 무척 피하려는 지점일 수도 있다.

불안은 실패와 어떻게 연관되어 있을까? 왜 주체는 흔히 필사적으로 성공을 막으려 할까? 불안은 흔히 주체가 삶에 만족하지 못할 때 느끼는 불만족 상태, 흥분 상태로 인식된다. 하지만 정신분석 이론에서 보면 그렇지 않을 수 있는데, 불안은 주로 우리에게 주이상스와의 고통스러운 마주침을 경고하는 정서이기 때문이다. 따라서 사람들이 성공을 더없이 행복하고 조화로운 상태가 아니라 주이상스와 가까이 있는 것으로 여긴다면 불안은 욕망을 계속 살아 있게 하는, 주이상스에 대한 보호막으로 인식할 수 있다.

그렇다면 오늘날 자본주의 이데올로기는 이 불안을 어떻게 이용할까? 자본주의가 지속적으로 의지하는 마케팅 시스템 전반은 욕망의 논리를 이용하고, 어떤 상품을 얻더라도 "그것"이 아니야 라는 느낌을 준다. 그런데 욕망의 논리에 대한 이런 이해를 주이상스의 논리와 함께 고려하면 자본주의가 불안을 활용하는 방법은 새로운 의미를 얻는다.

키르케고르는 불안을 분석할 때 그것을 실존existence[3]에게 있는 가능성과 연관된 무엇으로 간주했다.[4] 여기서 불안은 특별히 자유와 연관되었다. 즉, 키르케고르가 말한 바와 같이 불안은 가능성의 가능성이라는 자유의 현실성과 연관된다. 따라서 자유로운 주체는 바로 불확정성, 즉 자유에 수반되는 "가능성의 가능성"[5] 때문에 불안하다. 그래서 키르케고르는 불안은 결국 자신 앞에 있는 불안이라고 결론짓는다. 그러니까 나는 유일한 결정권자이고 내가 하는 것은 전적으로 나에게 달렸다

---

3 [옮긴이] 불안과 고독과 절망 속에 있는 단독자로서의 존재.

4 다음을 보라. Soeren Kierkegaard, *The Concept of Anxiety*, trans. R. Thomte and A. B. Anderson(Princeton: Princeton University Press, 1980).

5 Soeren Kierkegaard, Ibid., pp. 42-3.

는 것이다. 따라서 불안은 무언가를 할 수 있는 가능성과 연관되는데, 그런 의미에서 불안은 흔히 심연을 내려다볼 때 드는 느낌과 같다.[6] 불안에 관한 키르케고르의 사색은 오늘날의 자본주의 분석과는 동떨어진 세계를 그리고 있는 것으로 보일지도 모른다. 하지만 불안에 대한 대중적인 논쟁은, 소비주의 문화와 연관된 선택의 범람과 관련해, 키르케고르가 앞서 파악한 논리를 상당 부분 따르고 있음을 알 수 있다.

이 이른바 선택의 풍요[7]는 오늘날 어떻게 작동하는가? 지난 20년간은, 최선의 구매를 위해 끊임없이 쇼핑하면 더 행복해지고 더 나아지리라는 이데올로기가 지배적이었다. 그래서 한편으로는 선택할 수 있는 새로운 상품, 제조업체, 공급 업체가 무

---

6 장 폴 사르트르도 불안에 관한 견해가 비슷했다. 그가 든 예는 벼랑 끝에 선 인간이다. 이 사람에게 공포는 추락 가능성이 아니라 심연으로 뛰어들 권한이 자신에게 있다는 사실이다. 다음을 보라. Jean Paul Sartre, *Being and Nothingness: A Phenomenological Essay on Ontology*, trans. Hazel E. Bernes(New York: Taylor and Francis Books Ltd., 2002).

7 결정을 내리는 못하는 심리 현상은 "뷔리당티스"buridantis로 불리기도 한다[완벽히 똑같은 조건에서도 결정을 내리지 못할 수 있다는 이론을 제시한 프랑스 철학자 뷔리당Jean Buridan의 이름에서 기원한다. '뷔리당의 당나귀'는 양쪽에 똑같은 먹이를 놓아두었을 때 당나귀가 어느 쪽을 먹을 것인가 결정하지 못하고 아사한다는 이야기이다]. 다음을 보라. http://www.oprah.com/health/omag/health _omag _200101_reinven.j html

수히 생겨났고 또 한편으로는 선택이란 관념이 그 자체로 목적이 되었다. 오늘날 사회과학자들은 "자유의 독재"tyranny of freedom에 대해 이야기하기 시작했다. 왜냐하면 소비자들이 권한을 갖게 되리라고는 상상도 못했던(혹은 권한을 갖고 싶지도 않은) 것들에 대해서도 선택을 강요받고 있기 때문이다. 예를 들면 전기 공급 업체의 선택 같은 것이 그런 것으로, 이는 소비자들에게 상당한 불안을 불러일으켜 왔다. 『뉴욕타임스』 기사는 이렇게 설명했다. "에너지에 관한 불안은 인간관계와 관련한 훨씬 더 깊은 무언가를 드러내고 있다." 이는 사람들이 항상 자주적이고 합리적인 소비자로 인식되기를 바라는 것은 아니라는 뜻만은 아니다. 즉, "현대 생활의 근간이기도 하면서 신비롭고 위험한 전기와 관련해, 미국인들은 혼자 알아서 선택해야 한다는 것에 대해 좀 두려워한다는 것이다"(『뉴욕타임스』 2000/08/27). 추측컨대 사람들은 두 가지 이유로 불안해한다. 첫째는 사회에 책임을 지는 사람이 더는 아무도 없어 보인다는 것이고, 둘째는 선택의 자유가 사실 소비자가 아닌 기업에게 더 권력을 준다는 것이다. 예컨대 최저 가격으로 상품을 구매하기 위해 여기저기 인터넷을 둘러볼 경우 그 소비자 개인은 기업에게 소비자의 욕망과 소비 습관에 대한 값진 정보를 수집할 기회를 주는 셈이다. 따라서 사람들에게 불안을 불러일으키는 것은 그 누구도 통제하고 있는 것처럼 보이지 않는다는 것과, 통제력을 행사하는 이들(기업들)은 보이지 않는 방식으로 그렇게 한다는 것 둘 다이다.

오늘날 사람들은 불안에 관해 이야기할 때 과거에는 선택으로 간주되지 않았던 섹슈얼리티, 결혼, 양육에 대해 선택하라는 요구를 받고 있다고도 말한다. 그런데 선택지가 많아질수록 만사에서 이상적 결과를 성취할 가능성도 더 커지는 것처럼 보인다. 이는 좀 더 나은 조건을 기대하며 통신사를 끊임없이 바꾸는 사람들뿐만 아니라 연인을 구하는 사람들에게도 그럴 것이다. 오늘날 연애 관련 자기계발서들이 쏟아져 나오는 것을 보면 연애는 특히 불안을 야기하고 있고, 또 이런 불안을 덜고자 사람들이 온갖 종류의 멘토들을 찾고 있음이 분명하다. 오늘날 소비 지상주의 사회에서는 파트너를 구하는 논리와 새 차를 사는 논리가 다르지 않다. 즉, 먼저 광범위하게 시장조사를 한다. 다음으로는 욕망하는 '대상'의 품질을 하나하나 확인한다. 그러고는 혼전 계약서를 작성한다. 시간이 지나면 중고를 새것으로 바꾸거나, 번거로운 일을 최소화하기 위해 작정하고 단기 임대 계약을 맺기도 한다.

한편으로 서구의 주체는 현재 자기 창조자(곧 원하는 것은 무엇이든 스스로 만들어 낼 수 있고 더는 가족, 종교, 국가 같은 옛 권위들에 기대지 않는 주체)로 인식되고 있지만, 다른 한편으로는 옛 권위체들과의 투쟁을 통해 달성한 '안전'은 상실했다. 즉, 주체의 자기 인식과 주체가 사회의 상징적 관계망에서 차지하는 자리가 변동되었고 이로 인해 주체는 자신의 신체 이미지와 사회에서 차지하는 역할과 관련해 새로운 불안을 느끼게 되었다. 이 변동은 자본주의가 오늘날 작동하는 방식과 밀접한 연관이 있다. 그런데 소비 지상주의 이데올로기는 역설적으로 사람들이 이 불안을 어떻게 다루어야 하는가에 관한 '해결책들'도 제공한다. 심지어 불안은 오늘날의 소비 지상주의 사회를 지배하는 마케팅 정책의 원동력으로 보이기도 한다.

불안과 새로운 상상계

정신분석과 마케팅은 욕망이 늘 금지와 연관된다는 생각을 공유한다. 프로이트는 이 사실과 관련해 꽤 냉소적인 입장, 그러니까 통념과는 다른 입장을 취했고, 문화적 금지가 없는 곳에서는 사람들이 욕망을 유지하려고 그것을 만들어 낸다고 지적했다.[8] 뒤이어 라캉도 상징적 법이 접근을 금지하지 않는 한 주체는 결코 숭고한 물物, Thing[9]을 원하지는 않을 것이라고 말했다. 소비재를 예로 든다면 비싸고 얻기 힘들수록 욕망하고 소중히 한다는 것은 잘 알려져 있다. (나는 베오그라드[유고슬라비아의 수도]에서 만난 세르비아 학생의 눈에 비친 즐거움을 잊지 못한다. 그는 자신의 나이키 운동화 한 켤레를 강박적일 정도로 깨끗하게 유지하면서 오랫동안 잘 간직하고 싶다고 이야기했다.)

상표 제작자들의 새로운 철학은 제3세계에서 로고를 훔쳐 쓰는 것을 막지 않는 것이다. 예컨대 터키의 한 생산 업체가 나이키 운동화의 모조품을 만든다 해도 나이키는 저작권 위반으

---

8 다음을 보라. Sigmund Freud, "Group psychology and the analysis of the ego", *The Pelican Freud Library*, vol. 10(London, Penguin, 1985). 역설적으로 홍보PR의 아버지로 유명해진 인물은 바로 프로이트의 조카 에드워드 버네이스Edward Bernays다. 1928에 나온 그의 책 『프로파간다』*Propaganda*는 광고를 커뮤니케이션의 주된 방식으로 홍보했다. 담배 럭키 스트라이크의 대변인 역할을 한 버네이스는 여성의 공개적인 흡연에 대한 금지를 깨는 데 일조한 인물로 유명해졌다. 그의 마케팅 전략은 여성 대표단을 조직해 퍼레이드를 하는 동안 "자유의 횃불"을 여봐란듯이 뻐끔뻐끔 피우게 하는 것이었다.

9 [옮긴이] 의미의 영역을 넘어 실재계에 속하는 것으로, 욕망이 겨냥하는 잃어버린 대상을 말한다. 쾌락 원리는 주체로 하여금 물로부터 일정한 거리를 둔 채 물 주위를 맴돌게 만드는 일종의 보호 작용이다. 하지만 물은 끊임없이 주체의 욕망을 불러일으키므로 주체는 계속해서 그것에 도달하고자 한다. 나중에 물은 '대상 a'로 연결된다. 물은 한마디로 포착 불가능한 대상이다(김석, 『프로이트 & 라캉 무의식의 초대』, 김영사, 2010, 218쪽).

로 고소하지 않을 것이다. 나이키는 주로 로고 전파에 관심이 있기에 누군가가 복제품을 만든다는 사실을 단지 또 하나의 광고 캠페인으로 여긴다. 소비재 '중독'을 만들어 내는 또 다른 잘 알려진 전략의 예를 들면, 나이키 등과 같은 업체들은 뉴욕시의 브롱크스 같은 가난한 인근 지역에 여분의 제품을 공짜로 주는 방법으로 젊은 소비자들이 계속 자사의 상품들을 좋아하게 만든다.[10]

욕망이 금지와 연관되어 있다면, 오늘날 일부 회사들이 상품을 거저 준다는 사실로 인해 욕망이 사라질까? 역설적으로 그렇지 않은데 오늘날의 자본주의는 단순히 상품 판매만이 아니라 사람들이 동일시할 수 있는 어떤 상상적인 것의 창조에도 기대고 있기 때문이다. 이런 맥락에서 앞서 언급한 부족감은 오늘날 마케팅이 작동하는 방식에서 강력한 역할을 한다. 그런데 문제는, 미디어가 사람들이 동일시하고 싶어 하는 성공과 아름다움의 이미지들을 제공하는 데 있는 것이 아니라, 사람들이 이 이상에 가까이 갈 수 없기에 부족감을 느낀다는 것이다.

10 다음을 보라. Naomi Klein, *No logo*(London: Flamingo, 2001)[『슈퍼 브랜드의 불편한 진실』(이은진 옮김, 살림 Biz, 2010)].

예컨대 패션 산업은 지금껏 소비자들을 이렇게 납득시켜 왔다. 패션 조언을 따르지 말고 다른 누군가가 되려 하지 말라. 오히려 자신의 독특한 것을 발견하고 그것을 패션으로 강조하라. 하지만 지난 세기 초 정신분석을 활용한 광고 산업의 초창기 시도들을 보면 흔히 소비자가 권위와 동일시하도록 하는 광고에 기대고 있었음을 알 수 있다. 광고주들은 소비자가 "거의 언제나, 자신이 열심히 참고하거나 존경하는 권위자의 지시라고 믿는 것에 대한 무의식적인 복종 상태에서 구매 행위를 한다"고 추측했다.[11] 이렇듯 그 당시에 마케팅은 사람들이 다른 누군가처럼 보이고 다른 누군가처럼 처신하도록, 즉 권위와 동일시하도록 납득시키고자 했다. 반면 오늘날의 광고는, 사람들이 여전히 역할 모델을 (예컨대 연예 산업에서) 찾고 있음에도 불구하고, 소비자들이 그런 모델들 속에서 "과장된" 측면을 발견할 것이고, 시장市場의 지시를 단순히 따르지만은 않을 것이라는 생각에 더 기대고 있다. 그런데 이 새로운 마케팅 전략은 소비자들에게 많은 걱정을 야기하고 있다. 사실 주체에게 불안을 유

11 Jackson Lear, *Fables of Abundance: A Cultural History of Advertising in America*(New York: Basic Books, 1994), pp 139, 208.

발하는 것은 다른 누군가가 되지 못해서가 아니라 진정한 자기 자신이 될 수 없기 때문이다.

불안이 오늘날의 소비 지상주의에서 어떻게 전달되고 있는지 이해하려면 먼저 현대 서구 사회에서 자본주의가 작동하는 방식을 살펴볼 필요가 있다. 수많은 연구들이 자본주의적 생산에서의 최근 변화를 분석해 왔다. 오늘날의 자본주의적 생산에서는, 가장 중시되던 물질적 생산보다는, 특정 이미지의 마케팅이 중요한 관심사가 되었다. 자본주의의 이 새로운 문화 속에서 핵심적인 것은 판매자와 구매자가 공급자와 사용자로 대체된다는 점이다. 시장은 네트워크의 경로를 관리하고 있고, 소유ownership는 접속access으로 대체되고 있다. 오늘날 상품 생산비는 매우 낮고 시장에는 상품이 넘쳐 나고 있기 때문에, 경제는 상품의 개별적인 시장 교환보다는 장기적인 상업적 거래 관계의 설립에 훨씬 더 의존한다.

회사에 가장 중요한 것은 고객과 평생 관계를 수립해 평생 동안 공급자가 되는 것이다. 그래서 생산업체들은 고객과 신뢰 관계를 쌓고 그들이 미래에 욕망할 것들을 알아내는 데 대부분의 에너지를 쏟고 있다. 고객들은 자신들이 사실 이런 것들을 원하거나 필요로 할지를 의식하지 못하고 있는데 말이다. 기저귀를 직접 집까지 배달해 주는 생산업체를 예로 들어 보자. 부모는 첫 배달 서비스를 받은 직후 이 업체로부터 다른 모든 유아용품도 구매하기 시작한다. 아이가 자라면서 업체는 걸음마를 배우는 아이를 위한 상품들, 나중에는 청소년용 상품들을 제공할 것이다. (어느 순간에는 양육 방법에 관한 무료 심리 상담 및 조언 서비스를 제공할지도 모른다.)

오늘날 생산업체들은 신뢰 관계 구축뿐만 아니라 무엇보다 이미지나 생활 방식을 판매하는 데 힘쓰고 있다. 예컨대 스타벅스나 커피 리퍼블릭에서는 소위 "디자이너 커피"를 판매한다. 이런 곳들에서 파는 것은 단지 커피만이 아니라 특정한 유형의 경험이다. 이를테면 인테리어가 좋은 공간, 집처럼 편안하고 아늑한 분위기, 정치적으로 올바르다는 느낌이 그것이다. 사람들은 커피가 어떤 환경에서 재배되었는가에 관한 정보를 얻을 수 있고, 이 (비싼) 커피를 구매함으로써 콜롬비아 빈민들을 도울 수 있다는 설명도 듣게 된다. 그런 비싼 커피를 마시는 소비자들은 한편으로는 스스로 만족할 만한 상징적 공간을 제공 받고, 다른 한편으로는 외부 세계 — 특히 빈민 — 로부터 보호받을 수 있다.[12]

---

12 최근 일본에서는 이런 커피 공간들이 눈 깜짝할 사이에 늘어났다. 이곳을 이

오늘날 자본주의사회는 장기적으로 산업 생산에서 문화 생산으로 변동하고 있는데, 이런 변화에서는 문화적 경험이 상품과 서비스보다 중요하다. 제러미 리프킨Jeremy Rifkin의 『소유의 종말』 *The Age of Access*[원제는 『접속의 시대』]에 따르면 우리는 소위 하이퍼-자본주의, 더 정확히 말해, "경험" 경제[13]에 기대는 "문화" 자본주의에 진입하고 있는데 거기서 개개인의 삶은 시장이 된다.

> 세계 여행과 관광, 테마 도시와 공원, 종합 오락 센터, 건강, 패션, 요리, 프로스포츠와 게임, 도박, 음악, 영화, 텔레비전, 사이버 공간의 가상 세계, 그리고 컴퓨터를 매개로 한 온갖 오락거리들은 문화적 경험에 대한 접속권을 거래하는 새로운 하이퍼 자본주의의 주역으로 빠르게 부상하고 있다.[14]

용하는 소비자들은 과거에는 퇴근 후 집에 들어가지 않으려고 술집이나 찻집에 뻔질나게 출입했는데 요즘에는 집 같은 느낌이 드는 스타벅스에 간다고 설명한다. 물론 이 가짜 집은 악을 쓰는 아이도 없고 잔소리하는 배우자도 없는 조용한 오아시스이다.

13 이 경험 경제가 여행 및 관광에 미친 영향에 대해서는 다음을 보라. MacCannell, *The Tourist*(Los Angeles: UCLA Press, 1999).

14 Jeremy Rifkin, *The Age of Access*(New York: J. P. Tarcher, 2001), p. 7[『소

이런 맥락에서 기업은 고객의 "평생 가치"lifetime value를 추측한다. 고객이 삶의 매 순간마다 얼마만큼의 가치를 지니는지 평가하는 것이다. 그리고 경제학자들은 공간과 물질을 상품화하는 데서 인간의 시간과 존속기간을 상품화하는 것으로 변화해 왔다고 이야기한다. 예측에 따르면 미래에는 거의 모든 것이 유료 경험이 될 것이다. 그 속에서 신의, 공감, 연대감을 매개로 한 전통적인 상호 의무와 기대들은 회비, 입회금, 상담료, 수수료 등을 지불해야 하는 계약관계로 대체될 것이다. 또 새로운 시대에는 사람들이 자신의 생활[실존]existence을 낱낱의 작은 상품으로 구매하게 될 것이다. 왜냐하면 우리 삶이 영화를 모델로 해서 "개별 소비자의 일상 경험이 끝없는 일련의 연극적인 순간, 극적인 사건, 개인적 자기 변신들로 상품화되고 탈바꿈할 것이기 때문이다."[15]

리프킨은 다음과 같은 지적을 통해 이런 새로운 경향들을 요약한다.

유의 종말』, 이희재 옮김, 민음사, 2001, 14-15쪽].

15 Ibid., p. 29[『소유의 종말』, 47쪽].

> 새로운 네트워크 경제에서 실제로 매매되는 것은 아이디어와 이미지들이다. 이 아이디어와 이미지의 물리적 구현물은 경제 과정에서 점점 부차적인 것이 된다. 산업 경제의 특징이 물건의 교환이었다면 네트워크 경제에서는 물리적 형태 안에 담겨 있는 개념에 접속할 수 있는 권리를 거래한다.[16]

다시 나이키를 예로 들어 보면, 나이키는 실제로 이미지만 판매하고 공장과 기계 장비 없이 오직 광범위한 공급자 네트워크, 소위 생산 파트너들만 있는 회사이다. 정교한 마케팅 공식과 유통망을 갖춘 연구 디자인실인 것이다.

또 다른 중요한 점은 산업사회에서는 중요한 것이 상품의 양이었다면 후기 산업사회에서는 그것이 삶의 질로 대체되었다는 것이다. 그래서 사람들은 더는 상품을 구매하지 않고 대신 필요한 때 임대 서비스와 가맹점 같은 곳을 통해서 상품에 접속한다. 자본주의는 물질적 기원을 잃어 가고 일시적인 것이 되어 가는 것 같다. 이는 소비자들이 물건보다는 단지 그것의 기능을 필요로 한다는 사실과 연관되어 있다. 이런 맥락에서

---

16 Ibid., p. 30[『소유의 종말』, 73쪽].

소비자는 관심, 전문지식, 그리고 무엇보다 경험을 필요로 하는 고객이자 파트너가 된다. (흥미롭게도 정신분석에서도 환자라는 명칭이 고객으로 바뀌고 있다. 사실 일부 고객들은 정신분석을, 구매하고 싶은 일종의 새로운 경험으로 여기고 있는지도 모른다.)

새로운 사회에서 또 다른 중대 요소는 새로운 유형의 커뮤니티들이다. 회사들이 필사적으로 고객 커뮤니티를 만드는 것도 이 때문이다. 한 마케팅 컨설턴트에 따르면 이런 공동체는 네 단계를 거쳐 형성된다. 첫째는 "인지 결속"으로, 소비자가 새로운 제품이나 서비스를 인지하도록 하는 것이다. 둘째는 "정체성 결속"으로, 소비자가 상표와 자신을 특정한 방식으로 동일시하기 시작한다. 셋째는 "관계 결속"으로, 소비자가 상표에 각별한 애착을 형성한다. 넷째는 "커뮤니티 결속"으로 상표 제작자가 이벤트와 모임을 열거나 아니면 적어도 생일 카드라도 보내 소비자를 계속 만족시키는 것이다.

일부 캐주얼 의류 브랜드들이 사용하는 마케팅 전략을 보면, 모두가 평등하다는 환영을 이용하는데, 이는 오늘날 세계에 존재하는 계급 분할을 은폐하는 데 일조한다. 빈민들이 중산층처럼 보이려고 갭GAP 같은 아웃렛 매장에서 옷을 사 입는 반면, 부자들은 더 "평범한 사람"처럼 보이려고 갭 매장을 이용한다. 그런 상표들은 또한 옷에서 젠더 차이를 지워 버리는 것처럼 보이기도 한다. 이로 인해 남녀가 옷을 선택하는 경향에서 어떤 차이를 보이는지와 관련한 기존의 구분들(대리언 리더 Darian Leader가 지적했듯이 여성들은 보통 어느 누구에게도 없는 것을 찾지만 남성들은 누구나 입고 있는 옷을 사려 한다)[17]도 변화하고 있다.

요컨대 우리는 상업의 속성이 물건 판매에서 이미지 판매와 커뮤니티 형성으로 변모하고 있음을 목격하고 있다. 이 변화 이면을 들여다보면 사람들은 무엇보다 남들에게나 스스로에게나 호감 가는 존재로 보이길 원하며 또 어딘가에 "소속되기"를 간절히 원한다는 것을 알 수 있다. 현재 오래된 유형의 커뮤니티들(가족, 문화적 집단들)은 쇠퇴하고 있고 사람들은 가입자, 회원, 고객이 되어 새로운 유형의 커뮤니티에 접속하고 있다. 그런데 이 새로운 커뮤니티들을 형성하려는 시도 이면에는 사람들의 경험 전체가 요금을 지불해야 하는 물품으로 변형되어야 한다는 인식이 깔려 있다. 이렇게 놓고 보면 인간의 삶 자체가 궁극의 상품이 되고 있는 것 같다. 또 어떤 이들은 우리 존재의 모든 측면이 유료 활동이 될 경우 상업 영역이 우리의 개인적, 집단

---

17 다음을 보라. Darian Leader, *Why Do Women Write More Letters Than They Send? A Meditation on the Loneliness of the Sexes*(New York: Basic Books, 1997)[『여자에겐 보내지 않은 편지가 있다』(김종엽 옮김, 문학동네, 2010)].

적 실존[삶]의 최종 결정권자가 될 것이라고 경고하기도 한다.

여기서 라캉의 대타자 개념을 가져온다면 커뮤니티에 대한 추구는 새로운 대타자에 대한 추구로 이해할 수 있고, 기업들은 일관된 사회적 상징 질서에 대한 주체의 이런 필요를 이용하고 있다고 말할 수 있다. 그런데 이렇게 이미지와 커뮤니티를 새롭게 이용하는 것과 관련해 불안을 유발하는 것은 무엇일까?

2장에서 지적했듯이 주체에게 가장 불안을 일으키는 질문들은 타인과 사회의 상징적 관계망이라는 의미에서의 대타자와 관련해 자신이 어떻게 보이는가의 문제와 관련되어 있다. 대타자와의 연관은 세 가지 이유에서 외상적일 수 있다. 즉, 주체에게는 대타자의 요구, 대타자의 욕망, 대타자의 주이상스와 관련한 문제들이 있을 수 있다. 대타자의 욕망에 대한 질문은 흔히 "대타자에게 나는 누구인가?"로 공식화된다. 대타자의 주이상스와 관련한 외상은 우리 자신의 주이상스를 강탈했다는 것과 관련된다. 이에 반해 대타자의 요구와 관련한 주체의 문제는 또 다른 논리와 연관된다. 주체는 흔히 대타자로부터 요구를 받길 원하고 공포는 바로 이 요구가 결여될 때 출현한다. 예를 들면 정신분석에서 피분석자는 분석가의 요구가 결여될 때 동요한다. 피분석자들은 분명한 지시를 얻길 희망하지만 분석가들은 침묵하거나 질문을 던져 그들의 문제를 되돌려 준다.

"선택이 범람하는" 사회의 문제는, 한편으로 대타자에게서 오는 요구가 점점 더 줄어드는데 주체는 과거보다 훨씬 자유롭다는 것이고, 다른 한편으로 주체는 자신의 주이상스를 추구하라는 권고를 끊임없이 받고 있다는 것이다. 그래서 우리는 현재 낡은 문화적 제약과 가족의 속박에서 자유로우며 원하는 대로 자기 이미지를 만들 수 있고 그 결과 우리에게 만족을 줄 것 같은 주이상스에 가까이 갈 수 있다고 생각한다. 그러나 현재 선진국 사람들은 이 모든 자유와 선택권을 가지고 있지만 선조들보다 삶에 더 만족하는 것 같지는 않다. 왜 선택의 자유에도 불구하고 더 행복해지지 않는 것일까? 하나의 대답은 주이상스는 우리에게 참 생경한 무언가라는 라캉의 서술에 있다. (즉, 우리는 그것을 합리적인 방식으로 "선택"하지 않는다.) 그래서 우리는 우리 자신이 되려고 애쓸 때 흔히 가장 외상적이고 공포스러운 무언가와 마주치는 것이다. 미디어는 우리에게 가능한 최상의 방법으로 즐기라고 압박한다 — 가능한 최상의 오르가슴을 얻고 최상의 부모, 배우자, 노동자가 되라고 한다. 이 주이상스에 가까이 가는 방법에 관한 조언은 잡지 『코스모폴리탄』 표제에 표현된 것과 같은 논리를 따른다. "변신하라, 지금보다 더 나은 모습으로." 그러나 진정한 자신이 될 수 있는 방법에 관한 미디어의 이 모든 충고에도 불구하고 대타자에게서 오는 요구는 결여된 것처럼 보이고 만족을 줄 향락을 찾을 자유는 전적으로 주체에게 있는 것처럼 보인다. 그 결과 주체의 불안은 커지는데 내면의 자아의 또 다른 요구 — 초자아의 요구 — 에 직면해야 하기 때문이다. 그리고 불안은 죄책감과 결부된다.

가난에 대한 공포

오늘날 우리가 문화 자본주의 시대에 살고 있다고 보는 이론들의 문제는 그럼에도 불구하고 물질 생산이 — 비록 제3세계 국가들에서 숨겨진 형태로 이루어지고 있긴 하지만 — 계속되고 있다는 사실을 무시한다는 것이다. 선진국들은 문화 자본주의라는 가상세계에 살고 있다고 생각할지도 모른다. 하지만 그들이 일상에서 쓰는 상품들 대부분은 중국에서 만들거나, 보이진 않지만 뉴욕의 노동 착취적인 공장에서 이민 노동자들이 만든 것이다. 때때로 이 노동자들은 실제로 보이기도 하고, 새로운 유형의 자본주의가 제공한 상상계에, 그것이 진짜임을 증명하는 일종의 장식 예술품으로 포함되기도 한다. 2장에서 지적했듯이 주방을 개방한 값비싼 식당들은 저임금 노동자들을 사람들에게 노출한다. 우리는 파리의 중화 요리집들이 음모론을 반박하기 위해서 레스토랑에서 직접 요리한다는 증거로 이런 실내 인테리어를 선택했다고 생각할 수도 있다. 당시 일종의 도시 괴담, 즉 요리는 거대한 지하 주방에서 이루어지고 작은 진짜 레스토랑에서 주문이 들어오면 요리사가 미리 포장되어 있던 음식을 데워서 내거나 요리를 가지러 지하 주방으로 뛰어간다는 생각이 널리 퍼져 있었기 때문이다. 하지만 이렇게 노동자를 장식 예술품으로 노출해야 할 필요는 오늘날의 계급 분할을 다루는 특정한 방식으로도 읽을 수 있다.

최근 중산층 작가들이 일정 기간 가난한 노동자로 살아 본 후 그 하층의 삶을 묘사한 책이 많이 나왔다. 물론 그런 책들은 주로, 복지를 "노동 복지"workfare로 대체하려는 자유주의적 접근이 불만족스럽다는 것을 입증하고자 애쓴다. 최저임금을 받는 사람들은 하루에 아무리 오래 일한다 하더라도 근근이 살아가기에도 벅차기 때문이다. 그런데 최저임금으로 살아갈 수 없음을 보여 주려는 이런 시도들 이면을 들여다보면 중산층의 두려움을 가라앉히는 방식으로 빈민들의 삶을 그린다는 것도 발견할 수 있다.

10년 전에는 하층 계급 사람들이 주로 직장을 잃을까 두려워했다면(혹은 영구 실업 상태에 있었다면) 현재는 중산층도 동일한 불안정으로 걱정하고 있다. 작가 벤 치버Ben Cheever는 자서전에서 저임금 판매원 시절을 회고한다. 전자 제품 매장에서 실시된 연수에서 강사는 예비 판매원들에게 이렇게 물었다. "사람들이 죽음보다 무서워하는 게 뭔지 아나요?" 치버가 대답했다. "사람들 앞에서 말하기요."[18] 틀렸다. 미국인들은 실직을 가장 두려워한다는 것이 강사의 답이었다. 그리고 연금 기금이 점점 더 불확실해지면서 사람들은 노인이 되었을 때 복지 혜택을 받을 수 있다는 믿음도 잃게 되었다.

이런 불안정과 씨름하는 방법 하나는 빈민들의 삶을 관찰하고는 이런 결론을 내는 것이다. "이건 내 모습이 아니야! 난 저들보다 형편이 훨씬 낫다고." 그래서 『빈곤선 아래』*Below the Breadline*의 저자 프랜 에이브럼스Fran Abrams는 독자들을 안심시키는 다음과 같은 말로 책을 시작한다.

차상위 빈곤층에 대해 알려드리고자 한다. 스콧 피츠제럴드의 표현을

---

18 Ben Cheever, *Selling Ben Cheever*(New York: Bloomsbury Publishing, 2001). 같은 주제로는 다음을 보라. Barbara Ehrenreich, *Nickel and Dimed: On (Not) Getting By in America*(New York: Metropolitan Books, 2001)[『노동의 배신』(최희봉 옮김, 부키, 2012)].

빌자면, 그들은 당신과 나와는 다르다.[19] 그들은 우리가 완고한 부분에서 무르고, 신뢰하는 부분에 대해서는 냉소적이다. 어떤 면에서는, 빈민으로 태어나지 않는 한 이해하기 쉽지 않을 것이다. 그들은 마음 깊이 자신들이 우리보다 못하다고 생각한다. 우리 세계에 깊숙이 들어올 때조차도 그들은 여전히 우리보다 못하다고 생각한다. 그들은 다르다.[20]

하지만 그들은 정말로 그렇게 다른가? 공포스러운 하층계급의 생활 방식은 자신들과 거리가 있다는 느낌을 간직하기 위해 그들은 다르다고 믿고 싶은 게 아닐까? 에이브럼스는 이렇게 결론짓는다.

---

19 [옮긴이] 스콧 피츠제럴드의 1926년작 『부잣집 아이』 중에 나오는 다음과 같은 구절을 빗댄 것이다. "이제 아주 돈이 많은 사람들에 대해 이야기하려 한다. 이들은 나나 여러분과는 다르다. 그들은 일찍부터 많은 것들을 소유하고 즐겼으며 그것이 그들에게는 중요한 것이었다. 그것들로 인해 우리가 까다롭게 보는 부분들을, 그들은 부드럽게 대처하는 것이다. 그리고 우리가 신뢰를 보이는 부분들을, 그들은 냉소적으로 반응하는, 그런 식인 것이다"(『피츠제럴드 단편선 1』, 김욱동 옮김, 민음사, 2005).

20 Fran Abrams, *Below the Breadline: Living on the Minimum Wage*(London: Profile Books, 2002), p. 1.

> 많은 가난한 사람들은 사실 계층이란 강의 중류에서 헤엄치고 같은 삶을 살며 표준적인 생활을 유지하고 싶어 한다. 고연봉의 이웃들처럼 말이다. 슬프게도 그들 중 다수는 사회의 진흙 바닥으로 가라앉았다. 계속 떠 있을 수조차 없었다. …… 그들이 공연한 법석을 피우지 않기로, 입을 꼭 다물고 그저 묵묵히 일만 하기로 선택했을 때는 보통 그럴 만한 이유가 있었다. 배를 흔들어 봐야 뒤집히기만 한다는 것을 일생의 경험을 통해 터득했기 때문이다.[21]

가난에 관한 이 책들은 혁명을 조장하려는 게 아니라고 명시하는 한편, 탐사를 통해 빈민 생활의 존엄을 보여 주고 싶었다고도 주장한다. 그들은 가난한 생활뿐만 아니라 그에 대처하는 방법도 보여 주고 싶어 했고 또 결심과 순전한 투지, "거의 믿기 힘들 정도의 낙관주의와 삶의 환희"를 거듭 표현하는 모습도 보여 주려 했다.[22] 하지만 그럴듯하게 들리지 않는다.[23] 중

---

21 Ibid., p. 7.

22 Ibid., 5. 에런라이크는 정치적으로 훨씬 의식적인 관점을 견지하고 있다. 그녀는 빈민들은 시민의 자유를 거의 누리지 못하고 있고 일종의 독재국가에 살고 있다고 지적한다. "짐작컨대 그토록 많은 저임금 노동자들이 겪는 갖은 수모들 — 약물 검사, 지속적인 감시, 관리자들의 '호된 질책' — 은 저임금이 유지되는 원인 중 하나이다. 남들에게 무가치한 사람 취급을 오래 받다 보면 자기 같은 사

산층 사람들은 정말로 빈민들이 어떻게 사는지 듣고 싶어 할까? 그러니까 실제로 빈민들이 목소리를 내게 할까? 벤 치버는 빈민들의 세계로 여행을 떠났지만 사실 거기서 마주친 가난한 이들에 관해서 이야기하는 것은 아니라고 터놓고 인정한다.

> 이 책의 가장 큰 실패는 개인적 이야기라는 것이다. 내가 가장 많이 이야기하는 등장인물은 바로 나다. 그래서 마치 중요한 등장인물은 오직 나인 것처럼 보인다. 하지만 내가 생각한 게 이런 것은 아니었음을 알아줬으면 좋겠다. 난 벤 치버, 곧 나 자신을 팔고 있다. 하지만 그가 최상의 상품이어서 그러는 것은 아니다. 내가 벤 치버를 팔고 있는 이유는 그것이 내가 가진 전부이기 때문이다. 만약 다른 모든 이의 삶을 마치 내가 그렇게 살아온 것인 양 드러내려 했다면 타당하지 — 혹

람은 임금을 그만큼만 받는 게 당연하다고 생각하게 되는지도 모른다"(*Nickel and Dimed*, p. 211)[『노동의 배신』, 284쪽].

23 폴리 토인비Polly Tonybee는 *Hard Work: Life in Low-pay Britain*(London: Bloomsbury, 2003)에서 노동자의 삶에 관해 가장 좌파적인 설명을 제시한다. 그는 프롤레타리아에게 한때 존재했던 노동조합과 정치적 확신의 종말을 지적한다. "노동자 중에서도 더 빈곤한 노동자들은 예전에도 지금처럼 주류에서 소외되고 막강한 노조들에게서도 무시당했지만, 노동계급은 하나라는 생각을 고수하며 노동계급의 바짓가랑이를 잡고 놓지 않음으로써 자신들도 계급 정치에 의해 대표된다고 느낄 수 있었다"(pp. 226-7)[『거세된 희망』(이창신 옮김, 개마고원, 2004), 363쪽].

은 법적으로 합당하지 — 못했을 것이다. 대신 나는 나 자신의 삶을 마치 그것이 다른 모든 이의 삶인 것처럼 드러내야 했다.[24]

요컨대 빈민의 삶에 관한 이 책들은 "진짜 자기 모습을 찾으세요"라는 이데올로기에서 시작해 그것의 실패를 설파하는 것으로 바뀐다. 그래서 저자들은 주로 자신에 대해 쓰고, 그저 빈민의 나라를 잠시 유람하는 관찰자의 시점에서 가난에 관한 느낌을 표현한다. 하지만 그들의 메시지는 빈민들은 열심히 일해도 필연적으로 실패한다는 것이기도 하다.

그렇지만 노동계급의 삶에 관한 이런 설명들은 근래에 일자리가 불안정해진 중산층의 불안을 잠재우진 못한다. 불안과 우울증은 한때 닷컴기업들에서 근무했던 많은 이들을 마비시켜 버렸다. 어떤 이들은 여성은 실직에 대해 남성과 다르게 대처한다고 추론한다. "대부분의 여성들에게는 생존이 자아에 우선하다. 여성들은 현실에 순응하고 일거리를 찾는다. 하지만 남성들의 경우 실직 상태와 씨름하다가는 결국 나는 누구인가 혹은 타인이 자신을 어떻게 생각하는지에 대한 고민에 빠져든

24 Cheever, *Selling Ben Cheever*, pp. xviii-xix.

다"(『뉴욕타임스 매거진』 2003/04/13). 다음 장에서 불안과 관련한 젠더 차이를 면밀히 살펴보겠지만 실직 관련 불안을 억제함에 있어서 사회적 관계망에서 차지하는 상징적 자리와의 동일시가 얼마나 중요한지 알 수 있다.

우연성에 맞서

그렇다면 사람들의 실제 삶의 비밀에 관한 이런 탐색의 논리는 무엇일까? 무엇보다 오늘날의 가상세계는 일종의 현실성을 추구하라고 요구하고 있고, 또한 사람들은 우리의 세상에 대한 인식을 지배하는 상상적인 시뮬라크라 이면에 있는 것을 추구하고 있는 것처럼 보인다. 흥미롭게도 현실적인 것the real에 대한 이런 추구는 사실 더욱더 가상현실[가상성]을 만들어 낸다. 소위 TV 리얼리티 쇼들을 살펴보자. 이것들에 대한 하나의 설명은 가상적 것에 지친 사람들이 진짜real 삶이 실제로 어떤지 보고 싶어 하고 또한 방송 시장은 단순히 이 욕망을 이용해 〈빅브라더〉*Big Brother*, 〈서바이버〉*Survivor* 같은 리얼리티 쇼를 제작해 오고 있다는 것이다. 그러나 이런 쇼에서 대중에게 노출되는 것은 현실을 실제적으로 반영한 것이 아니다. 이런 쇼에 출연하는 사람들은 자기 역할을 **연기**한다. 그들은 미리 정해진 역할을 거부하긴 하지만 그럼에도 사실 자기 자신을 연기하고 있다. 즉, 대중이 흥미를 느낄 어떤 이미지, 페르소나를 만드는 것이다.[25]

하나의 가상현실이 또 다른 가상현실로 대리 보충된다면 어떻게 될까? 역설적이게도 다름 아닌 바로 이것이 불안을 야기할 수 있다. 라캉의 유명한 언명에 따르면 "불안은 결여의 신호가 아니라 결여의 증거의 부재이다." 그 예로 라캉은 아이에게 불안을 야기하는 것은 어머니의 부재가 아니라 오히려 어머니가 늘 곁에 있는 것이라고 지적한다. 이런 맥락에서 공포를 불러일으키는 것은 대상의 상실이 아니라 대상들이 결여되어 있지 않다는 사실이다. 즉, 어머니가 늘 아이 곁에 있어 숨 막히게 하면 아이에게는 욕망이 발달할 기회가 없는 것이다. 따라서 어머니가 늘 곁에 있어 생기는 불안은 바로 아이가 결여를 결코 경험하지 못하기 때문이다.

---

25 오늘날 보통 가족의 삶이 얼마나 시트콤을 닮았는지를 보여 주는 새로운 리얼리티 쇼들은 영화가 사람들의 일상을 반영해 만들어지는 게 아니라 그 반대라는 것, 즉 사람들의 일상이 영화에 따라 형성된다는 것을 터놓고 인정한다.

리얼리티 TV 사례로 돌아가자. 카메라는 쉬지 않고 돌아가면서 일상생활의 우연적이고 즉흥적인 속성들, 제대로 돌아가지 않거나 실패하는 모습들을 포착하려 했지만 또 다른 볼거리를 만들어 냈을 뿐이다. '리얼리티 TV'는 매일 사람들 사이에서 일어나는 상호작용들의 비밀을 드러내려 했지만 사실 이 비밀 — 일상생활의 비밀은 사건의 예측 불가능성과 우연성뿐만 아니라 지루함과 무료함에도 있다 — 을 감추었다. '리얼리티 TV'는 이 비밀에 가까이 가려 했지만 오히려 그것을 지워 버렸을 뿐이다. 왜냐하면 우리가 본 것은 지루함이 아니라 시청자에게 재미를 주려는 참가자들의 과도한 시도들, 이를테면 부단히 뭔가를 하는 모습, 자기계발적인 대화, 허위로 꾸며낸 자기들끼리의 관습 문화 등이었기 때문이다.

이렇게 하나의 가상현실이 (자신을 현실적인 뭔가로 제시하는) 또 하나의 가상현실로 대리 보충되는 것에서 불안을 유발하는 것은, 빅 브라더(조지 오웰의 소설 『1984』에 나오는 사회를 통제하는 권력)라는 관념이 물질화되었다는 점이 아니라 결여가 결여되어 있다는 점이다 — 즉 비일관성, 비전체성의 자리가 없다는 데서 불안이 발생한다. 따라서 가상세계에서 우리가 현실을 촬영함으로써 그 가상현실 이면의 비밀을 찾고 있을 때 우리는 단지 현실에 속해 있는 바로 그 비일관성을 부인하고 있을 따름이다

— 즉 우리는 사회적인 것의 특징인 바로 그 결여를 없애려 애쓰고 있는 것이다. 우연성이 공포스럽게 보일 수도 있지만 결국 실제로 불안을 낳는 것은 그것을 없애려는 시도이다.[26]

불안이 대중매체에서 제시되는 것을 보면 불안은 주체의 안녕에 궁극의 장애물이라는 인상을 받게 된다. 불안은 주체가 인생에서 완전한 만족을 누리지 못하게 막고 그래서 가능한 최소화하거나 일소해야 할 무언가로 인식된다. 항불안제 팍실 광고를 보면 여러 가족들이 묘사되는데 배우자 중 한 명이 슬프거나 안색이 좋지 않거나 무언가에 압도되어 있거나 불안해하고 이로 인해 상대 배우자도 염려하고 슬퍼한다. 그런데 힘들어하는 배우자가 팍실을 복용하기 시작하면서 가족은 행복을 되찾고 인생은 다시 희망이 넘쳐 보인다. 이 광고는 적절한 약을 복

---

26 다음을 보라. Frank Furedi, *Paranoid Parenting*(Chicago: Chicago Review Press, 2002).

용하면 가족은 참 쉽게 회복될 수 있다는 인상을 준다. 하지만 그런 광고의 부작용은 약이라는 빠른 해결책을 선택하지 않을 경우에 오는 죄책감이다. 여기서 또다시 "저스트 두 잇" 이데올로기가 작동하는 것을 볼 수 있다. 즉, 약을 먹으면 인생은 다시 좋아질 테지만 그러지 않은 경우에는 자신의 회복, 그리고 그에 따른 가족의 회복을 거부하는 것으로도 이해될 수 있다는 것이다.

실패 속의 성공도 정말 좋은 것일 수 있다는 것을 우리는 "인생은 맛있다"Life tastes good라는 코카콜라 광고에서 배운다. 광고에서 할아버지는 자신을 찾아온 손자에게 공부는 잘되는지 묻고 손자는 1년 휴학 중이라고 대답한다. 할아버지가 여자 친구에 관해 묻자 손자는 새로운 여자 친구가 생겼다고 답한다. 이번에는 손자가 할머니는 어떻게 지내는지 묻자 할아버지는 할머니가 브리지[카드놀이의 일종] 클럽 친구와 함께 살고 있다고 말한다. 바로 이때 두 남자는 서로 코카콜라를 들어 올리며 가볍게 웃고, 우리는 '인생은 맛있다'라는 말을 상기하게 된다.

이 광고는 안정적인 관계는 과거의 일이 되어 버린 오늘날 가족생활의 현실을 잘 묘사한다. 노소를 막론하고 상황은 달라졌지만 그 광고는 과거에는 실패로 인식되었던 것(학업 중단, 이별)을 단지 변화로 묘사하고, 인생은 아무튼 즐겁다는 것을 거듭 상기시킨다. 현대의 소비 이데올로기는 주체는 하나의 예술품이고, "존재하기"being는 "되어 가기"becoming로 대체되었으며, 새로운 자아는 단지 계속 전개되면서 갱신되고 개정되는 이야기라고 끊임없이 설득하고 있다. 그런 개정은, 오늘날 지속을 위해 분투하고 그래서 미래의 일부가 될 자기 이미지를 창조하고 싶어 하는 기업들에서도 발견할 수 있다. 마찬가지로 부모들도 이상적인 대상 — 아이 — 을 만들어 낼 뿐만 아니라 아이에게 좋은 부모로 기억되기 위해서 "제대로" 부모 노릇을 하려 애쓰고 있다. 그래서 오늘날의 양육에서는 우연성을 거부하는 모습을 볼 수 있다. 하지만 정신분석을 통해 알 수 있듯이 아무리 어떤 지침을 따른다 하더라도 양육이 자녀에게 어떤 영향을 미칠지는 예측할 수 없다. 우리의 계획된 행동에서 무의식이 무심코 튀어나오는 것은 통제할 수 없기 때문이다. 그런데 조언이 넘쳐 나는 오늘날의 사회에서 우리는 더 이상 기존의 권위들과 예전과 같은 구식의(물론 항상 갈등하는) 관계를 맺지 않으며, 따라서 할아버지 할머니들이 한때 자식들에게 전수해 주곤 했던 양육 방법에 대한 조언도 얻을 수 없다. 프랭크 푸레디Frank Furedi가 『편집증적 양육』*Paranoid Parenting*에서 제시한 명쾌한 견해에 따르면 오늘날 조언을 구하는 부모들은 문제를 겪는 아이를 어떻게 다루어야 하는가에 관한 답을 더는 얻지 못한다. 그들이 책이나 인터넷을 살펴볼 때 얻는 것이라고는 보통, 조언을 더 얻을 수 있는 곳 — 더 많은 책, 더 많은 웹페이지, 더 많은 치료사들 등에 관한 링크 — 에 대한 조언이다. 삶을 꾸려 나가는 방법, 이를테면 배우자 구하기, 자녀 다루기, 몸 관리하기, 일터에서 살아남기 등에 관한 조언을 구하는 것은 최종 심급에서, 불안을 억제하는 데 도움이 될지도 모르는 일관적 대타자를 찾는 또 다른 시도로 볼 수 있다.

4

사랑 속의 불안

사랑하는 관계love relationship는 늘 특정한 불안에 의존한다. 아이에게 있어서 자신을 돌봐주는 사람의 사랑을 상실할지도 모른다는 데 대한 불안은 처음으로 외상을 경험하는 순간들 가운데 하나이며, 성인이 되어서도 불안은 사랑하는 관계에서 본질적 요소를 구성하는 것으로 보인다. 사랑에 빠지는 바로 그 감정은 주체가 사랑에 깊이 빠져들지 못하게 막는 불안감과 결부되어 있다. 사랑에 빠지는 순간 우리의 주체성은 일시적으로 또 다른 주체 안에 머물러 있게 되고 그래서 기존의 자기 인식을 산산조각 내는 불안을 경험한다. 하지만 파트너를 만나 사귈 때는 흔히 행여나 그 연인을 잃을까 불안해한다.

불안을 완전히 없애 버리거나 적어도 최소화해야 하는 무엇으로 보는 인식이 공공연하게 퍼져 있는 오늘날의 문화에서, 자기계발 산업의 일부 구루[힌두교에서 스승을 이르는 말]들은 사람들에게 사랑은 단지 선택의 문제일 뿐이라고 설득하는데, 여기서 우리는 연애 불안에 대한 해결책을 찾으려는 조언 문화의 등장을 목도한다. 이 장에서는 연애편지 쓰기가 특히 왜 불안을 유발하기 쉬운 활동처럼 보이는지를 살펴볼 것이다. 그래서 과거에는 흔히 연애편지를 대신 써줄 중개인을 구했고, 오늘날에는 연애 불안을 덜고자 인터넷을 들여다본다. 연인에게 연애편지(혹은 이메일)로 구애하는 방법에 관한 세세한 조언을 제공하는 인터넷 사이트들은 무수히 많은데, 예컨대 한 사이트는 다음과 같은 지침을 제시한다.

> 책상을 정돈하고 마음을 맑게 하세요.
>
> 앞에 연인의 사진을 두세요.
>
> 좋아하는 음악을 트세요.
>
> 당신에게 있는 가장 좋은 편지지와 펜을 꺼내세요.
>
> 다른 종이 한 장을 꺼내 다음을 적어 보세요. 연인만의 특징, 그리고 함께할 미래에 대한 희망.
>
> 인사말에 친근함을 표현하세요. "사랑하는 ○ ○" 또는 "사랑하는 그대에게" 둘 다 좋습니다.

인사말 뒤에는 연인이 왜 그렇게 특별하게 느껴지는지 이야기하세요. 적어도 세 가지 특징을 적으세요. 정서적·신체적·영적 특징을 적어 주는 것이 가장 이상적입니다.

다음 단락에서는 미래에 함께할 수 있는 희망과 꿈들을 나눠 보세요.

마무리하는 부분에서도 친근함을 표현하세요. "난 당신을 영원히 사랑할 거예요." "당신을 영원히 사랑하는 ○○" "내 마음은 당신 거예요." 모두 다 좋습니다.

서명을 잊지 마세요!

향이 옅은 향수를 뿌리세요.

주소를 쓰고 풀로 붙이고 우표를 붙입니다.

보내기 전 하루 동안 기다리세요. 당신의 마음이 바뀔지도 모르니까요.

우체통에 넣고 답장을 기다리세요.

다른 조언 사이트들에서는 연애편지를 완성하는 데 필요한 갖가지 용품들(편지지, 특별한 우표, 펜 등)도 판매한다. 여기에는 연애편지를 잘 쓰는 방법에 관한 다른 조언들도 많다. "당신과 수신인을 제외한 어떤 누구도 언급하지 마세요." "꼭, 편지를 받고 고마워할 사람에게만 보내세요." 어떤 인터넷 사이트에서는 연애편지 쓰기가 어렵다고 느끼거나 시간 낭비라고 생각하는 이들을 위해 대신 편지를 써주기도 한다. 이런 서비스를 이용하는 사람이 사이버 시라노에게 연인에 관한 기본 정보를 주면 시라노는 대신 연애편지(심지어는 이별 편지)를 써서 보내 준다.

연애편지에 관한 인터넷 열풍에서 가장 흥미로운 부분은 많은 사람들이 각종 안부 메일과 연애편지를 떨어져 있는 연인이 아닌 바로 자신에게 보낸다는 것이다.[1] (이별 편지도 자신에게 보내는지 궁금하다.) 이것이 처음에는 놀랍게 느껴질지도 모르겠지만 연애편지와 관련해서는 누가 실제 수신인인가라는 문제가 늘 존재한다. 예술가 소피 칼Sophie Calle은 전시회에서 옛 연인이 다른 여성에게 쓴 연애편지를 전시했다. 그런데 칼은 그 여성의 이름에 줄을 그어 지우고는 자기 이름을 써 놓았다. 예술 기획의 일부로서 자신에게 편지를 쓴 것이다. 이는 연애편지를 쓰는 주체는 사실 연인이 아닌 바로 자신에게 쓴다는 라캉의 주장을 뒷받침한다. 어떤 이가 연애편지에서 연인의 본질을 포착하고자 아무리 애쓴다 하더라도 그는 무엇보다 자신에 대해 고심하고 있는 것이다. 즉, 자신의 욕망, 환상, 나르시시즘 —

---

1 여성들은 곧잘 자신에게 밸런타인데이 카드를 써서 집이나 사무실에 두곤 한다. 남들이 보고 질투를 느끼게 하려는 의도에서다. 여기서 우리는 주체가 대타자에게서 반응을 이끌어 내고자 그런 제스처를 취한다는 것을 쉬이 확인할 수 있다. 본인 컴퓨터로 안부 메일을 보내는 일은 훨씬 더 혼자만의 외로운 행동으로 보이지만 컴퓨터 또한 대타자 — 새로운 유형의 상징적 공간 — 로 볼 수 있다.

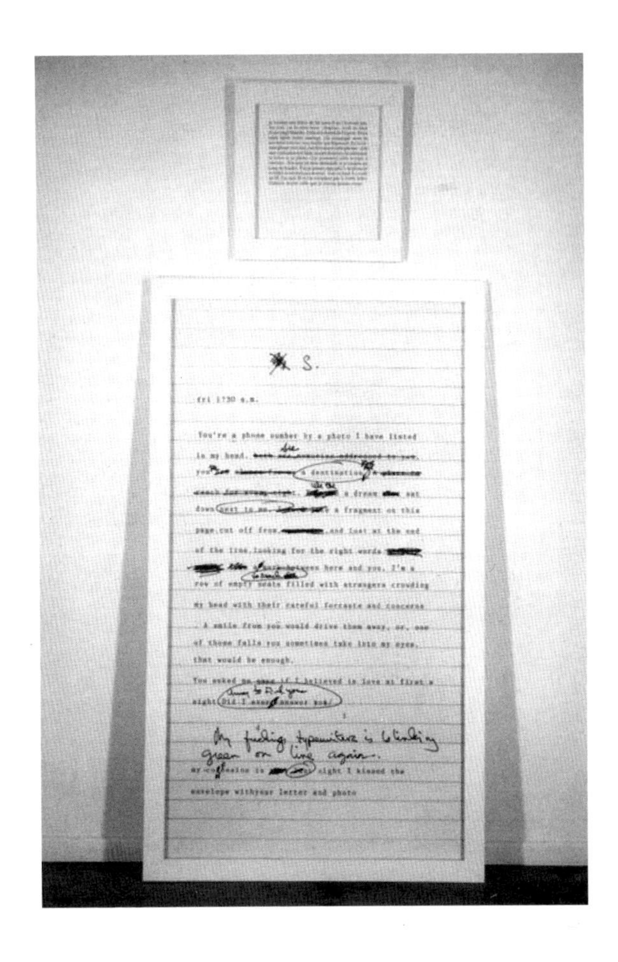

소피 칼은 어느 날 남편의 타자기 밑에서 연애편지를 발견한다. 편지의 마지막 줄부터 거꾸로 읽어 나가던 그녀는 편지지 맨 위에 도달해서야 그 말들이 자신에게 보내는 말이 아님을 깨닫는다. 자신의 이름 이니셜인 S가 아니라 H라는 글자가 보였기 때문이다. 그녀는 H를 지우고 S를 적어 넣은, 결코 자신은 받지 못할 편지를 전시한다.

사랑하고 있다는 느낌을 구성하는 모든 것 — 을 다루고 있는 것이다. 동시에 연애편지를 쓰는 이는 특정한 방식으로 불안을 다루고 있는 것이기도 하다. 그러나 이 장에서 보여 주겠지만 이 불안은 남녀에게 상이한 영향을 미친다.

문학과 영화에서는 사랑을 표현하는 것에 대한 불안을 덜어주려고 대신 연애편지를 써준다는 이야기가 많다. 이때 친구 대신 글을 써주는 이는 흔히 수신인과 사랑에 빠진다. 그런데 연애편지 쓰기가 불안을 유발할 수 있음을 이해하기는 쉽지만 친구의 두려움을 달래고자 편지를 대신 써주는 이가 곧잘 수신인과 사랑에 빠지는 이유를 이해하기란 쉽지 않다.

연애 불안은 연인에게 있다고 생각하지만 사실 연인에게 없는 것 — 라캉 정신분석에서 대상 a라고 부르는 것 — 을 사랑하고 또한 상대방에게 주는 것은 오직 자신의 결여일 뿐이라는 사실과 주로 관련된다. 그런데 자신의 결여와 대타자의 결여를 다루는 방식에서 히스테리증자, 강박증자, 도착증자는 분명한 차이를 보인다. 이 장에서는 세 가지 사례, 곧 1940년대 멜로드라마 〈연애편지〉*Love Letters*(윌리엄 디터리William Dieterle 감독), 유명한 희곡 〈시라노 드 베르주라크〉*Cyrano de Bergerac*(에드몽 로스탕Edmond Rostand), 그리고 상대적으로 최근에 만들어진 영화 〈욕망의 법칙〉*Law of Desire*(페드로 알모도바르Pedro Almodovar 감독)을 통해

이 차이들을 분석할 것이다.

〈연애편지〉: 히스테리적 욕망

대타자의 욕망에 대한 질문들은 가장 큰 불안을 불러일으키는데, 주체는 한편으로 대타자에게 자신은 누구인지 묻고 또 한편으로는 대타자가 실제로 원하는 것은 무엇인가라는 것에 동요되기 때문이다. 연애 관계에서 이런 난제는 특히 삼각관계를 만들어 해결책으로 삼으려는 히스테리증자를 끊임없이 괴롭힌다. 영화 〈연애편지〉에는 히스테리증자의 연애 불안, 특히 대타자의 욕망의 문제를 보여 준다. 이 영화는 또한 주체가 사랑에 빠지기 위해서는 실제로 타인과 만날 필요가 없으며 다만 대타자가 소유하고 있다고 생각하는 숭고한 대상을 중심으로 환상 시나리오를 만들어 내면 된다는 것을 보여 준다.

〈연애편지〉에서 주인공들은 복잡한 삼각관계를 통해 연애 환상을 만들어 낸다. 즉, 로저가 여자 친구 빅토리아에게 보내는 편지를 친구이자 군인인 앨런이 대신 써주는 것이다. 앨런은 편지를 써주고 빅토리아의 답장을 읽으면서 그녀를 깊이 사랑하게 된다. 전쟁이 끝나고 앨런은 로저가 죽었다는 것을 알게 되고 빅토리아를 찾기로 마음먹는다. 그러던 중 앨런은 우연히 싱글턴이라는 이름의 아름다운 여인을 만나게 된다. 그녀는 끔찍한 비밀을 간직한 채 모든 기억을 잃어버린 여성이다. 앨런은 싱글턴이 사실 빅토리아이고 로저를 살인한 혐의를 받고 있음을 알게 된다. [그 전사는 다음과 같다. 앨런이 대신 써준 연애편지를 매개로 로저와 결혼한] 빅토리아는 남편이 자신이 읽었던 연애편지 속에서 사랑을 느꼈던 인물과 전혀 닮지 않았다는 사실 때문에 몹시 상심한다. 어느 날 저녁 빅토리아가 지난 연애편지들을 다시 읽고 있는데 로저는 화를 내며 그 편지들을 난롯불에 던져 버리고 자신이 쓴 게 아니라고 이야기한다. 다음 장면에서 로저는 죽은 채로 바닥에 누워 있고 빅토리아도 실신해 그 옆에 누워 있다. 이후 빅토리아는 로저를 살해한 혐의를 받지만 기억을 모두 잃어버린 뒤다. (나중에, 진범은 빅토리아를 남편에게서 자유롭게 해주려던 다정한 노년의 여성임이 드러난다.) 영화의 마지막에서 빅토리아는 기억을 되찾고, 자신이 실은 로저가 아닌 앨런을 내내 사랑해 왔음을 깨닫는데, 실제로 연애편지를 쓴 사람은 바로 그이기 때문이다.

주체가 타인이 사랑하는 대상에 욕망을 품는 것은 드물지 않은 일이다. 앨런이 빅토리아에게 관심을 갖게 된 것은 무엇

영화 〈연애편지〉 중에서 연애편지가 자신이 쓴 것이 아니라는 남편 로저의 고백을 듣고 다툼을 벌이던 중 남편은 죽고 자신은 기억을 상실하게 된 빅토리아. 빅토리아가 난롯불에 던져진 편지를 살리려 애쓰는 사이 로저는 살해당하고 빅토리아에게는 외상이 남는다.

보다 로저가 그녀에게 매력을 느끼고 있었기 때문이다. 로저 또한 앨런이 연애편지의 중개인이 될 때 빅토리아에게 훨씬 더 흥미를 느낀다. 연애편지에서 로저는 앨런의 욕망을 분명히 목격한 것이다. 따라서 앨런이 언젠가 "내 영혼의 핀 업 걸"이라 했던 이 신비한 여인에 대한 두 사람의 사랑을 유지시켜 주는 것은 바로 앨런과 로저의 협력이다.

여기서 우리는 히스테리 사례를 본다. 히스테리증자는 욕망에 관한 질문들에 끊임없이 관심을 갖는다. 그래서 주체는 먼저 대타자의 욕망의 대상이라고 생각하는 것에 끌리고, 이후에는 대타자에게 자신은 어떤 대상인지 추측한다. 하지만 주체는 대타자의 욕망에 관한 질문에 결코 만족스런 답을 얻을 수 없기에 자신이 만들어 낸 환상에서 답을 찾고 해석한다.

앨런과 빅토리아 둘 다 자신들이 대상 a를 중심으로 형성한 환상의 도움으로 사랑에 빠진다. 로저는 처음에는 앨런과 빅토리아가 환상을 유지하도록 돕는 일종의 우체부 역할을 하지만 후에 빅토리아와 결혼하면서 그 환상들을 산산조각 내며 훼방을 놓는 중개인 역할을 한다. 빅토리아의 기억상실증은 연애편지가 가짜이고, 남편에게 자신이, 자신이 생각했던 그런 욕망의 대상이 아니었음을 알게 되었을 때 발병했다는 것이 중요하다. 이 지점에서 빅토리아의 환상은 붕괴했고 기억상실증은 그녀가 자신의 욕망과 남편의 욕망에 관한 진실을 직시하지 못하게 한다. 로저가 살해된 후 빅토리아는 "다른" 여성이 된다. 빅토리아가 순진한 소녀로 보였다면 싱글턴은 숭고한 비밀을 지닌 신비로운 미인으로 보인다. 앨런은 싱글턴을 사랑하게 될 때 바로 이 비밀에 끌린다. 그래서 싱글턴이 사실 빅토리아임을 알게 되기 전에도 앨런은 싱글턴 안에 있는, 그녀 자신보다 더 대단한 무언가 — 이 비밀의 또 다른 이름은 물론 대상 a이다 — 에 매혹된다.

히스테리 문제로 돌아가면, 이 이야기에서 가장 심각한 히스테리증자는 사실 빅토리아라고 할 수 있다. 앨런과 로저 모두 빅토리아를 사랑하는데 그 이유는 대타자의 욕망에 매혹되기 때문이다. 하지만 빅토리아는 대타자의 욕망에서 자신이 어떤 대상인지를 끊임없이 묻는 사람이다. 그녀와 로저의 갈등은 그녀가 그의 욕망이 아닌 연애편지에서 자신의 존재를 인식한다는 사실에서 촉발된다. 그리고 연애편지의 진짜 필자는 앨런임을 알게 된 후에야 기억상실증에서 회복된다는 것이 중요하다. 이런 맥락에서 빅토리아의 기억상실은 그녀가 연애 생활에서 얻은 외상에 대해 일시적인 해결책으로 찾은 일종의 히스테리 증상으로 읽을 수 있다.

〈시라노 드 베르주라크〉: 강박적 욕망

히스테리증자에게 연애편지는 흔히 대타자의 욕망에 대한 자신의 질문을 다루는 수단이다. 또한 대타자에게 자신은 누구인가라는 질문에 따른 불안과 관련해 히스테리증자는 그런 편지에서 약간의 안도를 얻는다. 그러나 강박신경증자에게 연애편지는 대타자의 욕망과의 공포스러운 마주침을 피하려는 시도일 수 있다. 이런 전략의 예는 유명한 희곡 〈시라노 드 베르주라크〉에서 찾아볼 수 있다. 주인공 시라노는 아름답고 젊은 록산을 남몰래 사랑한다. 록산을 차지하기에는 자신이 코가 너무 커 추하다고 생각하는 달변가 시라노는 말이 어눌한 군인 크리스티앙이 그녀에게 연애편지로 구애하는 것을 돕는다. 몇 년 후 시라노는 록산에게 진실을 이야기하려 한다.[2] 하지만 크리스티앙이 전사하자 시라노는 비밀을 간직해야 한다고 느낀다.

---

2 [옮긴이] 매일매일 연애편지를 받아 보다가 결국 전장으로 찾아온 록산은 크리스티앙에게 당신이 쓴 편지를 보고 당신을 진정으로 사랑하게 되었노라 고백한다. 하지만 크리스티앙은 록산이 사랑하는 사람은 결국 시라노라는 생각에 절망하고 시라노에게 이를 전한다. 이렇게 록산을 마주하게 된 자리에서 시라노는 록산이 편지를 쓴 사람이 추남이라도 사랑한다는 이야기를 하자 자신의 사랑을 고백할까 망설인다.

몇 년 후[15년 후], 수녀원에서 여전히 남편 크리스티앙에 대한 정절을 지킨 채 살고 있는 록산에게 치명적인 부상을 입은 시라노가 찾아온다. 그리고 그녀는 [어둠 속에서도 자신이 받았던 연애편지를 줄줄 낭송하는 시라노를 보고] 자신이 사랑하는 연애편지의 저자가 시라노임을 깨닫는다. 그의 비밀은 드러났고, 시라노는 영웅적이고 두려움 없이 살아왔던 그대로 죽음을 맞는다.

시라노는 욕망의 대상이 너무도 압도적이어서 그 대상의 접근을 막는 — 이 사례에서는 대신 연애편지를 써주는 방식으로 — 강박신경증자의 전형이다. 강박증자는 욕망의 대상에 너무 가까이 가면 그 대상이 자신을 집어삼켜 소멸시킬까 두려워한다. 그래서 그는 그런 불안을 낳는 대상으로부터 자신을 지키기 위해 온갖 규칙, 금지, 장애물을 만들어 연애 생활의 초석으로 삼는다. 희곡 끝 부분에서 이 장애물들이 사라지고 록산에게 가까이 가게 되자 그는 비극적으로 죽는다. 즉, 그는 연인과 자신 사이에 있던 장벽이 사라지자 더는 사랑할 수도, 영원히 행복하게 살 수도 없었던 것으로 보인다. 다시 말해 연애편지를 대신 써 줌으로써 욕망의 대상과의 실제 만남을 피한 것은 시라노의 사랑이 유지될 수 있었던 전제 조건이었던 것이다.

남근과 관련한 문제에서 시라노는 특히나 흥미로운 인물이다. 시라노에게는 연애 생활에 일종의 장애물로 보이는 거대하

연극 〈시라노〉 중에서 크리스티앙(왼쪽)과 시라노(오른쪽).

고 남근 같은 코가 있다는 사실이 희곡의 중심이다. 시라노는 친구에게 록산을 사랑한다는 이야기를 털어놓으면서, 자신은 코 때문에 매력이 없어서 결코 사랑이 실현되지 않을 거라고 이야기한다. 하지만 시라노는 자신을 놀리는 듯 보이는 어떤 이와 말을 주고받을 때는 호들갑스레 자기 코의 위엄을 변호한다. 시라노가 묻는다. "말해. 왜 그렇게 내 코를 빤히 쳐다보는 거요?" 상대는 대답하지 못한다. 시라노는 멈추지 않고 몰아붙인다. "뭐가 이상하오? …… 물렁한 게 달랑달랑 매달려 있는 거 같소? 코끼리 코처럼? …… 비뚤어졌소? 올빼미 부리처럼? …… 코끝에 사마귀라도 났소? …… 아니면 파리가 거기서 바람이라도 쐬고 있소? 거기 뭘 그렇게 볼 게 있단 말이오? …… 대체 뭘 보고 있소?" 상대는 제대로 대답하지 못하고 이렇게 얼버무린다. "안 보려고 조심했어요. 그런 건 나도 잘 안다고요." 이에 시라노는 이렇게 반응한다. "맙소사, 왜 보면 안 된다는 게요? …… 오! 그게 혐오스럽구나! …… 색깔이 야해 보이오? …… 아님 그 모양? …… 아마도 그게 크다고 생각하는 거로군?" 상대는 우물쭈물하며 대답한다. "아니요, 작아요, 아주 작아요. 털끝만큼 작아요!" 그러자 시라노는 더 화가 치밀어 오른다.

털끝만큼 작다고! 이건 또 뭐요?
그런 터무니없는 말로 날 욕하는 거요!
작다 — 내 코가?
내 코는 거대하오!
이런 멍텅구리, 골 빈 양반이 오지랖 넓게 참견하기는.

> 알아 두시오. 난 이렇게 볼록 나온 내 것이 자랑스럽단 말이오.
> 잘 알려져 있듯이 큰 코는 사교적이고, 친절하고, 정중하고, 관대하고, 용감한, 바로 나 같은 사내의 표식이오. 당신은 감히 꿈도 꿀 수 없는 그런 사람 말이오, 천하디 천한 인간! 내 손으로 금방이라도 내려칠 당신의 어리석은 얼굴에는 …… 자부심, 포부, 느낌, 시적인 정취 같은 건 하나도 없소. 내 큰 코가 가진 신성한 광채가 없단 말이오.[3]

이렇게 시라노는 코 때문에 방해를 받는 것처럼 보이기도 하지만 동시에 그것을 자신에게 거대한 힘을 부여하는 신체 기관으로 여긴다. 여기서 코는 장애물이 아니라 외려 자산으로 보인다. 시라노는 얼굴을 망칠 만큼 큰 코를 가졌다는 결점을 보완하고자 말재주를 계발한 것 같다. 그렇게 그는 아름다운 몸이라는 권력에 기대는 대신 상징적 권력을 얻을 수 있었다. 이런 맥락에서 시라노는 (일종의 장애물인) 남근 같은 신체 기관을 상징적 남근 — 말재주 — 으로 대체한 듯 보인다. 그런데 중대한 것은 시라노가 록산을 유혹하려 할 때 중개인 — 크리

---

3 Edmond Rostand, *Cyrano de Bergerac*, trans. Gladys Thomas and Mary F. Guillemand(http://ibiblio.org/gutenberg/etext98/cdben10.txt) [『시라노』(이상해 옮김, 열린책들, 2009), 40쪽].

스티앙 — 을 필요로 한다는 것이다.

크리스티앙은 시라노를 처음 만난 자리에서 그의 코를 가지고 놀린다. 하지만 시라노는 록산이 크리스티앙에게 끌리고 있다는 고백을 들었기에 그런 거슬리는 행동을 못 본 체 넘겨 버린다. 크리스티앙은 이 소식들을 [시라노로부터 전해] 듣고는 대단히 행복해하지만 시라노는 록산이 연애편지를 기다리고 있다고 말해 감격한 그의 마음에 헤살을 놓는다. 크리스티앙은 이렇게 말한다. "나에게는 군인의 기지가 있어요, / 하지만 여자 앞에서는 꿀 먹은 벙어리일 뿐 / 여자들의 눈! 진실한 눈, 그 눈을 보면 알 수 있어요. 제가 지나가면 여자들이 친절한 눈빛을 보내요." 그러자 시라노는 이렇게 넘겨짚는다. "그러면 같이 있으면 더 친절하게 굴겠군?" 크리스티앙이 대답한다. "아니오! 나는 결코 사랑 고백을 할 수 없는 그런 꿀 먹은 벙어리예요." 시라노가 고백한다. "생각건대 내게는 천부적인 재능이 있네. 남들보다 다정하고 주의 깊은 특성을 타고났지. 그러니까 사랑 고백을 잘할 수 있는 그런 사람으로 태어난 셈이야!" 크리스티앙이 말재주가 없음을 한탄하자 시라노는 이렇게 제안한다. "자네에게 있는 전승자戰勝者의 매력을 빌려준다면 난 그것(말재주)을 빌려주겠네. 둘을 합해 연애의 달인을 만들어 보세!"[4] 그렇다면 이렇게 두 사람을 합쳐 놓는다면 정말 한 여성을 위한 이상적인 연애 상대를 만들 수 있을까?

라캉이 불안에 관한 미간행 세미나에서 지적한 바에 따르면 남성은 여성을, 그 안에 숨겨진 대상이 있는 꽃병으로 간주하고, 또한 다른 남성의 남근[5]이 꽃병 안에 숨겨져 있는 것처럼 행동한다. 예컨대 한 남성이 존경하는 이의 옛 연인이나 자신이 동일시하는 남성의 딸을 사랑하게 되는 경우가 그렇다. 라캉은 주체가 거세를 당한 후 대상 a가 꽃병을 채운다고 지적한다. 그런데 대상은 반드시 다른 곳에서 온다 — 그것은 대타자의 욕망을 통해서만 구성된다. 〈연애편지〉에서 앨런이 그 여성(빅토리아)을 사랑하게 된 것은 그녀가 다름 아닌 로저의 여자친구였기 때문이라면, 〈시라노 드 베르주라크〉에서는 시라노가 크리스티앙에게 록산과 사랑에 빠지도록 독려해 놓고는 그를 위해 온갖 노력을 기울인다는 것이 중요하다. 따라서 앨런

---

4 Ibid.

5 [옮긴이] 프로이트의 글에서는 남성 생식기를 의미하는 음경penis이 거세 콤플렉스와 관련해 언급되는데 라캉은 이런 생물학적 기능과 구별되는 상상적이고 상징적인 기능을 설명하고자 남근phallus이라는 용어를 사용한다. 이를테면 전前오이디푸스 단계에서 남근은 어머니가 욕망하는 상상적 대상으로 아이는 이것을 자신과 동일시한다. 하지만 거세를 경험한 아이는 상징적 남근, 즉 대타자에게 속한 것 혹은 대타자의 욕망을 상징하는 절대 기표를 쫓는다.

과 시라노 둘 다, 자신이 욕망하는 사람과 또 다른 남성의 연애 관계를 보장하는 일종의 아버지 같은 인물로 — 혹은 남근적 인물로도 — 기능한다.

연애 불안은 주체가 대타자 안에 있는 자신 이상의 것과 사랑에 빠진다는 것과 관련되어 있다. 그런데 이 사실은 성차의 문제를 고려하면 더욱더 복잡해진다. 남성 주체와 여성 주체의 주요 문제는, 그들이 자신들의 파트너가 그들에게서 보는 것과 관련이 없다는 점이다.[6] 라캉이 성차화sexuation 공식에서 지적한 바에 따르면, 남성과 여성 모두 대타자가 사실 소유하고 있지 않은 것에 끌린다. 그런데 남성은 여성에게서 숭고한 대상을 찾고 여성은 남성에게서 상징적 권력을 찾는다.

---

6 여기서는 라캉의 성차화[성별화, 성구분, 성화, 성차로도 번역된다] 공식, 특히 연인 부분을 살펴볼 필요가 있다. 성차화 공식에서 남성 쪽에는 분열된 주체와 남근이 있다. 남근과 분열된 주체 사이에는 직접적인 연결이 없다. 주체는 성차화 공식의 여성 쪽에 있는 대상 a와만 관계를 맺고 있다. 여성 쪽에는 세 가지 요소가 있다. 하나는 빗금 쳐진[언어에 의한 주체의 분열을 의미한다] 여성인데, 남성 쪽의 남근과 빗금 쳐진 대타자와 관계를 맺고 있지만 자기 쪽에 있는 대상 a와는 관계를 맺지 않고 있다. 다음을 보라. Jacques Lacan, *On Feminine Sexuality: The Limits of Love and Knowledge*(Seminar XX, 1972/3), transl. Bruce Fink, New York, Norton, 1998). 다음도 보라. *Reading Seminar XX, Lacan's Major Work on Love, Knowledge and Feminie Sexuality*, ed. Susan Barnard and Bruce Fink(Albany, NY: SUNY Press, 2002).

정신분석에서는 상징적 권력과 남근을 관련짓는다. 하지만 남성 쪽에 있는 남근은 남성에게는 결코 행복을 주지 못하는 아무것도 아닌 것이다. 왜냐하면 여성이 바로 이 남근과 관련을 맺는다 하더라도 남성은 그것을 전혀 통제할 수 없기 때문이다. 따라서 남성은 끊임없이 자신의 상징적 기능을 떠맡으려 애쓰는데, 그 이유는 여성이 남성에게서 보는 것이 그 상징적 기능임을 알기 때문이다. 그러나 남성의 이런 시도는 필연적으로 실패하는데 그 시도가 불안과 억제를 유발하기 때문이다. 라캉은 지적한다. "남근은 그것이 기대되는 곳에서, 필요로 하는 곳에서, 다시 말해 성기를 매개로 하는 차원에서, 발견되지 않는다는 사실은 불안이 섹슈얼리티의 진실임을 설명해 줍니다. …… 남근은, 그것이 성적인 것으로 기대되는 곳에서, 오직 결여로만 나타나고, 남근과 불안의 연관성은 바로 여기에 있는 겁니다."[7] 남성이 욕망하는 방식은(이는 남성이 파트너 쪽에 있는 대상 a와 형성하는 관계에서도 중대하다) 남성은 거세에 의해 결여라는 특징을 갖게 되었다는 사실에 — 이는 남성의 남근적 기능이 부정되었음도 의미한다 — 좌우된다. 이 부정의 결과로 남성은

7 Jacques Lacan, *Angoisse*(unpublished seminar)(1963/06/05).

그것을 못하게 될까 불안해한다. 즉, 자신의 기관이, 그것을 가장 필요로 할 때 자신을 기만할지도 모른다거나 남들이 자신을 무력하다고 여길지도 모른다는 것 등에 불안해하는 것이다. 라캉은 이 불안 때문에 남성이, 아담의 갈비뼈로 여성을 만들었다는 신화를 창조해 냈다고 지적한다. 이 신화를 통해 남성은 이렇게 생각할 수 있다. 나에게서 갈비뼈 딱 하나가 빠지긴 했지만 나는 본질적으로 빠진 게 없다. 즉, 상실된 대상은 없고 그러므로 여성은 단지 남성으로부터 만들어진 대상일 뿐이다. 남성은 이 신화를 통해 자신의 완전성을 확신하려 하지만 그럼에도 불안은 줄어들지 않는다. 그리고 이 불안은 남성이 자신이 욕망하는 대상이 되는 여성을 만날 때 흔히 나타난다.

라캉에게는 남성이 파트너에게서 자신의 결여, 즉 자신의 근원적인 거세를 찾으려는 희망을 품어 봐야 헛수고임을 알고 단념하는 것이 중대하다. 만약 그러면 남성은 모든 것이 잘된다. 다시 말해 그는 오이디푸스적 극劇을 시작하고, 자신에게서 남근을 가져간 사람은 바로 아빠라고, 즉 법 때문에 거세당했다고 생각하게 된다. 이 극은 남성이 관계를 잘 맺도록 돕는다. 그렇지 않을 경우에는 모든 죄책감을 떠맡고 자신은 "극악무도한 죄인"이라고 생각하게 된다.[8]

여성에게 거세 문제는 어떻게 작용할까? 여성 또한 분열된 주체이고 그래서 자신에게 없는 대상을 찾는 일에 몰두한다. 여성 또한 욕망의 기제에 사로잡혀 있다. 그런데 라캉에 따르면 여성의 경우에 욕망의 구조와 관련된 근원적인 불만족은 거세 이전의 것이다. 즉, 여성의 경우 "오이디푸스콤플렉스에서 수반되는 것은 어머니보다 더 강해지고, 더 욕망할 만한 대상이 되는 것이 아니라 대상을 소유하는 것임을 알고 있다."[9] 따라서 여성에게 대상 a는 어머니와의 관계에서 구성된다. 또한 라캉에 따르면 여성은 남성의 문제와 관련될 때에만 거세($-\varphi$)에 관심을 갖게 된다. 그러니까 거세는 여성에게 부차적인 것이다. 따라서 "여성에게 그것은 애초에 자신에게 없는 것, 자신의 욕망의 대상이 될 그런 것인 반면, 남성에게 그것은 처음부터 자신이 아닌 것이고, 바로 자신이 실패하는 곳이다."[10] 이에 따라 여성은 남성이 자신에게서 보는 대상을 자신이 소유하지 않고 있다는 것을 염려하고, 그래서 자신 안에 있는 자신 이상의 것이 무엇인지 끊임없이 궁금해 한다. 또 이런 불확실성 때

---

8 Jacques Lacan, *Angoisse*(unpublished seminar)(1963/03/26).

9 Ibid.

10 Ibid.

문에 여성은 끊임없이 대타자의 욕망을 묻는다.

요컨대 남성은 자신의 상징적 역할을 맡을 수 없어 외상을 입고 여성은 대타자의 욕망의 대상을 소유할 수 없어 외상을 입는다. 이는 왜 일부 남성들이 삶을 계획된 그대로 꾸려 가는 일에 그토록 몰두하고, 욕망을 불러일으키는 여성과의 마주침을 몹시 두려워하는지 알려 준다. 남성은 스스로 부과한 규칙을 고수함으로써, 상징적 질서가 온전하고 그것이 자신에게 남근적 권력을 부여했으리라는 확신을 적어도 일시적으로나마 갖게 된다. 하지만 욕망의 대상에 가까이 가게 되면 이 환상이 붕괴되어 그 남성은 벌거벗겨지고 그의 본질적 불능과 무력이 노출되는 것이다.

〈시라노 드 베르주라크〉로 돌아가면 이 알몸과 불능이 노출되는 것이야말로 시라노가 두려워하는 것이다. 희곡의 시작 부분에서 시라노는 친구에게 자신이 세상에서 가장 아름다운 여인을 사랑한다고 말한다. "가장 찬란하고 — 가장 우아하고 — 가장 아름다운 금발을 가졌지! …… 그녀는 치명적인 매력을 지닌 여성이야. 의심할 나위 없이 — 자신도 모르는 사이에 매력이 철철 흘러넘치는 여성. 마치 달콤한 향기가 나는 장미 — 그 꽃잎에 큐피드가 숨어 있는, 자연의 덫 — 같아!" 하지만 시라노는 코 때문에 이 여성(치명적인 매력의 여성)에게 가까이 갈 수 없다고 말한다. 그는 여성을 품에 안은 기사를 보면서 자신도 그럴 수 있을 텐데 하는 환상을 품는다. "생각만 해도 황홀하구나. …… 오 이런! 내 옆모습의 그림자가 벽에 비치는구나!" 친구가 그에게 여성들은 사실 그의 재치를 참 좋아하고, 록산이 그의 결투를 크게 염려하며 주시한 것으로 보건대 분명 그를 내심 사랑하는 것 같다고 격려하자 시라노는 이렇게 반응한다. "그녀가 내 얼굴을 놀린다는 말인가? 그건 바로 내가 세상에서 가장 두려워하는 거야!" 앞서 남성의 불안을 설명한 맥락에서 보면 얼굴 때문에 놀림을 받거나 더 심하게는 코 때문에 웃음거리가 되는 것에 대한 시라노의 두려움은 자신의 남근적 권력의 전적인 불능이 노출되는 것에 대한 불안으로 쉽게 설명할 수 있다. 또한 동시에 그가 두려워하는 이유는 바로 자신의 코, 즉 자신을 집어삼킬 수 있는 그 대상으로부터 자신을 보호해 줄 수 있는 최후의 보루를 잃고 싶지 않기 때문이라고 말할 수 있다.

강박증자에게 중요한 것은 자신이 상상하는 방식대로, 여성이 남근적 위치에 있는 자신을 지지해 주는 것이다. 동시에 그는 여성이 소유한 위험한 주이상스에 너무 가까이 가면 안 된다. 자크 알랭 밀레는 이렇게 지적한다. "강박적 주체는 모든 주이상스가 설명되는지, 모든 것이 의미화되는지 반드시 확인해야 한다. 즉, 이는 모든 주이상스는 죽었다는 의미이다."[11] 연애편지 쓰기는 주이상스를 의미화하는 한 방법이다. 그런데 시라노는 편지를 대신 써주는 이중의 방식을 사용해 주이상스와의 어떤 마주침도 회피한다.

남성들이 흔히 연애 문제에 대해 (욕망의 대상에 압도되는 것을 막아 준다고 간주되는) 강박적 의례들과 스스로 부과한 규칙들을 고수하는 방식으로 대응한다면, 여성은 상대 남성에게 자신이 어떤 대상인지에 관한 난제에 부딪힐 때 연애를 거부하고 제자리로 돌아가 우울하고 무관심한 상태에 빠져 있을 수 있다. 여성들은 자신이 희망하던 대로 사랑받지 못했음을 깨닫거나 자신이 더는, 남성의 연애 환상을 형성하는 중심인 대상 a가 아님을 인정할 때 흔히 체념의 몸짓을 보인다. 〈연애편지〉에서 빅토리아는 난제에 대한 일시적인 해결책을 기억상실증에서 찾는데, 이는 자신의 옛 세계로부터 물러나는 일종의 도피이다. 〈시라노 드 베르주라크〉에서 록산이 수녀원에 은거하는 것 또한 일종의 체념으로 이해할 수 있고 이를 통해 그녀는 자

11 Jacques-Alain Miller, *H2O: Suture in Obsessionality*(http:www.lacan.com/suturef.htm).

신의 옛 연애 환상에 계속 매달릴 수 있다.

두 사례에서 여성들이 자신도 모르는 사이에 파트너가 둘로 늘어나는 것에서 특정한 향락을 발견한다는 것은 중요하다. 두 사례 모두에서 연인 중 한 명은 젊고 아름답고 체격 좋고 섹시하지만 언변은 부족한 남성이라면, 다른 한 명은 말솜씨가 훌륭하고 아버지 같은 인물을 닮았다. 여성은 늘 연인뿐만 아니라 아버지 같은 인물을 필요로 하는 것일까? 또 아버지들은 실제로 연인들을 위해, 이를테면 숨어서, 연애편지를 쓰고 있을까? 남근이 꽃병 안에 숨겨져 있어야 남성은 꽃병에서 대상 a를 볼 수 있다는 라캉의 꽃병 환유로 돌아가면 〈시라노 드 베르주라크〉라는 허구적 이야기는 남성에게 환상인 것만큼이나 여성에게도 환상일 것이라고 추측할 수 있다. 남성들은 연애 불안을 다루면서 다른 남성을 대신해 편지를 쓰게 된다면, 여성은 늘, 예비된 남성을 더 갖는 것으로써, 특히 자신과 관계가 있는, 일종의 아버지 같은 인물을 갖는 것을 통해 불안을 다룬다.

〈욕망의 법칙〉: 도착증자의 덫

〈연애편지〉와 〈시라노 드 베르주라크〉 모두, 주체가 사랑에 빠지고 또 계속 그 상태에 있기 위해서는 중개인이 필요하다는 생각을 다루고 있다면, 〈욕망의 법칙〉에서는 또 다른 상황이 전개된다. 게이이자 영화감독인 파블로는 후안을 열렬히 사랑하고, 젊은 안토니오는 파블로를 사랑한다. 파블로에게는 남성에서 여성으로 성을 전환한 누이 티나가 있다. 파블로는 후안에게 연애편지를 쓰지만 후안의 답장에는 이렇다 할 내용이 없다. 낙담한 파블로는 자신에게 보내는 편지를 직접 써서 후안에게 보내면서 거기 서명을 해서 다시 자신에게 보내라고 말한다. [후안의 서명이 된] 편지가 도착하자 파블로는 크게 만족한다. 하지만 이 편지를 읽은 안토니오는 극도의 질투심을 느끼고 후안을 찾아가 죽여 버린다. 망연자실한 파블로는 교통사고를 당한 후 일시적으로 기억을 상실하고 후안을 살인한 용의자가 된다. 그 사이 안토니오는 티나가 사실 남자라는 것을 모른 채 티나를 사랑하게 된다. 영화 끝 부분에서 경찰은 안토니오가 숨어 있는 방을 포위하고, 안토니오는 파블로와 마지막으로 열정적 사랑을 나눈 뒤 총으로 자살한다.

이 복잡한 구성에는 사랑과 욕망에서 기인한 많은 문제들이 있지만, 여기서는 파블로의 연애편지를 중심으로 살펴보자. 파블로는 자신이 타자에게 어떤 대상이 되고 싶은지 알고 있다 — 그래서 그는 연인에게서 받고 싶은 연애편지를 직접 쓴다. 서명이 되어 되돌아온 편지에서 파블로는 후안이 자신을 보고 싶어 견딜 수 없고 자기가 어떻게 지내는지 궁금하다는 내용을 읽고는 크게 기뻐한다. 파블로는 대타자의 욕망이 무엇인지 혹은 대타자에게 자신은 어떤 대상인지 묻지 않는다 — 따라서 그는 히스테리 혹은 강박신경증으로 분류할 수 없다. 파블로는 무엇이 자신에게 향락을 주는지 확신하고 있고, 따라서 임상적으로 그는 신경증보다는 도착증에 훨씬 더 가깝다고 할 수 있다. 신경증자는 끊임없이 욕망에 대해 묻지만 도착증자는 답을 가지고 있다 — 그는 이미 만족을 찾았고, 자신이나 대타자가 원하는 것에 대해 의심하지 않는다.

파블로가 자신에게 연애편지를 쓰는 행위에서 도착증의 특성이 보인다면, 파블로에 대한 안토니오의 강박적 집착은 정신병으로 볼 수 있다. 파블로에 대한 안토니오의 열정은 중개인 없는 열정, 즉 욕망하는 대상과 직접 관계를 맺는 열정으로 보인다.[12] 영화 앞부분에서 안토니오는 동성애적 성애를 그린 파블로의 영화를 본 뒤 극장 화장실에서 자위를 하면서 영화에서 나온 "박아 줘fuck me, 박아 줘"라는 대사를 되뇐다. 이내 파블로

영화 〈욕망의 법칙〉 중에서 안토니오로 분한 안토니오 반데라스(위)와 파블로로 분한 에우제비오 폰첼라(아래)가 첫 관계를 맺는 장면. 영화의 마지막에서 티나를 인질로 파블로와 극적으로 재회한 안토니오는 마지막으로 사랑을 나누기 전, 이렇게 이야기한다. "어떤 대가를 치루더라도 당신을 봐야 했어요. 내가 당신을 사랑하듯이 당신은 나를 사랑한 적 있나요? …… 이런 식으로 당신을 사랑하는 건 범죄겠죠. 하지만 전 그렇게 하겠어요. 당신을 처음 봤을 때부터 큰 대가를 치루겠구나 직감했어요. 하지만 후회는 없어요."

12 Paul Julian Smith, *Desired Unlimited: The Cinema of Pedro Almodovar* (London: Verso, 1994), p. 81.

를 만나 처음으로 사랑을 나눌 때 안토니오는 파블로의 영화에서 파트너에게 삽입을 요구하는 인물처럼 행동한다.[13] 이 섹스 장면에서 안토니오는 좀 전에 본 영화 장면을 반복하는 것처럼 보인다. 그런데 여기서 중요한 것은 안토니오가 파블로의 영화를 처음 봤을 때부터 파블로는 그에게 궁극의 욕망의 대상이 된다는 것이다. 안토니오가 이 대상을 소유하지 못하게 하는 한계선은 없어 보인다. 파블로의 전 연인 후안이 장애물로 나타나자 안토니오는 단순히 그를 죽여 없애기로 마음먹는다. 폴 줄리언 스미스Paul Julian Smith는 안토니오라는 인물은 과거가 없는 "텅 빈" 존재로 보인다는 흥미로운 의견을 제시한다. "열정적인 인물로서 확고하고 제한이 없는 그는 다른 등장인물에게 있는 …… 틈이나 '균열'이 박탈되어 있다."[14] 따라서 안토니오는 결여에 의해 관통되지 않은 주체, 또한 자신의 욕망이나 대타자의 욕망에 대해 묻지 않는 주체로 보인다.

---

13 정신병 환자들은 흔히 사회에서 제 기능을 잘하는데, 주변 사람들의 행위를 잘 모방할 수 있기 때문이다. 정신병에 관한 더 자세한 내용은 다음을 보라. Genevieve Morel, *Ambiguités sexuelles: Sexuation et psychose*(Paris: Economica, 2000).

14 Paul Julian Smith, *Desired Unlimited: The Cinema of Pedro Almodovar* (London: Verso, 1994).

우리는 안토니오의 과거에 대해 어떤 것도 알 수 없지만 영화는 안토니오에게, 그를 끊임없이 감시하는 강박적인 독일계 어머니가 있다는 사실을 노출한다. 안토니오는 파블로에게 자신에게도 연애편지를 써달라고 하면서 이때 꼭 여성의 이름으로 보내 달라고 고집하는데, 그 이유는 억압적인 어머니에 대한 두려움 때문이다. 안토니오가 분명한 정신병적 징후들을 보인다는 점에서 어머니와 안토니오는 분리되지 않았다는 것을, 즉 상징적 법의 개입이 없었다고 추측할 수 있다. 그래서 안토니오는 또한 자신이 저지른 살인 행위에 일말의 죄책감도 느끼지 않는다. 5장에서 다루겠지만, 정신병 환자는 법적 금지와 관련해 불안을 느끼지 않고 또 자신이 저지른 모든 범죄가 마땅히 해야 할 일이었다는 생각을 전혀 의심하지 않는다.

오늘날의 연애 관계는 무엇이 달라졌을까? 사이버공간과 그 공간에서의 연애가 발명되었지만 우리가 과거부터 알고 있던 궁정풍宮廷風 연애의 논리는 크게 달라지지 않았다. 오늘날 우리가 인터넷으로 연애편지를 쓰는 사랑의 대상은 인간이 아니라 단

지 인간의 답장을 흉내 내는 컴퓨터일 수 있긴 하지만, 편지 쓰기라는 단순한 행동은 여전히 사랑의 느낌을 효과적으로 불러일으킬 수 있다. 그런데 허구의 인물을 사랑하게 되는 현상보다 흥미로운 것은 오늘날 대부분의 사람들은 자기 자신에게 연애편지를 보낸다는 사실이다. 여성이 욕망하는 남성의 질투를 사기 위해 자신에게 밸런타인데이 카드를 쓸 수 있다는 것은 어렵지 않게 이해할 수 있다. 하지만 어느 누구도 읽을 수 없는 이메일 연하장을 자신에게 보내는 사람을 이해하기란 쉽지 않다. 사람들이 자신과 맺는 새로운 종류의 의사소통을 보면 주체의 구조에서, 그리고 특히 주체가 대타자와 맺는 관계에서 어떤 근본적인 변화가 일어난 것은 아닌가 하는 질문을 하게 된다.

앞서 보았듯이 신경증자는 대타자에게 자신은 어떤 대상인지 끊임없이 묻지만 도착증자에게는 이런 난제가 없다 — 그는 자신이 대타자의 주이상스의 대상임을 확신한다. 이런 확신 때문에 도착증자는 좀처럼 정신분석을 받으려 하지 않고 또 대타자에게서, 자신이 누구이고 자신이 무엇을 원하는가에 대한 답을 얻으려 하지 않는다. 끊임없이 이런 질문들을 갖고 씨름하는 신경증자가 분석을 종결해야 하는 시점은, 동일한 방식으로 자신을 히스테리화하지 않고 또 대타자에게서 자신의 존재에 관해 어떤 말도 기대하지 않을 때라고 한다. 그런데 주체가 대타자의 욕망에 관한 난제를 피하려고 단순히 자신에게 연애편지를 쓴다면 어떨까?

세미나 『앙코르』Encore[15]에서 라캉은 사랑은 늘 얼마간의 불확실성을 수반한다고 지적한다. 사랑하는 사람은 대타자에게 없는 것, 즉 대타자의 결여를 사랑하기 때문에 주체는 대타자에게서 욕망하는 대답을 결코 얻을 수 없다. 더 나아가 라캉은 파트너가 무엇을 할지 아는 것은 사랑의 징후가 아니라고까지 말한다. 사랑은, 결국 우리는 대타자 안에 있는, 우리를 매혹하는 대상에 대해 아무것도 알지 못하고 또 동시에 대타자도 자신 안에 있는 자신 이상의 대상, 즉 누군가를 자신에게 매혹시키는 것에 대해 아무것도 모른다는 사실과 연관한다. 그러나 오늘날 우리는 사랑의 필수 요소인 이 불안을 덜고자 애쓰는 것 같다. 사람들은 불확실성을 다루고 싶어 하지 않기에 더욱더 폐쇄적으로 되거나(즉 주로 파트너와 실제 결코 만나지 못하는 사이버상의 관계만을 유지할 수 있다) 대타자에게서 아주 명확한 대답만을 원한다(그래서 추측컨대 대타자의 욕망을 알아내는 데 도움이 될

---

15 다음을 보라. Jacques Lacan, *On Feminine Sexuality: The Limits of Love and Knowledge*(*Seminar XX*, 1972/3), trans. Bruce Fink(New York: Norton, 1998).

것 같은 자기계발서들을 무수히 구입하는 것 같다).

그러나 자신에게 연애편지를 보내는 사람들을 일종의 일반화된 도착증이라고 할 수 있을까? 앞서 〈욕망의 법칙〉에서 보았듯이 도착증자는 대타자에게 자신이 어떤 대상인지 의심하지 않는다. 하지만 인터넷으로 자신에게 연애편지를 쓰는 사람들은 도착증이라 할 수 없다. 오히려 이들은 여전히 대타자의 욕망에 관한 질문을 제기하는 신경증자라 할 수 있다. 대타자는 대답할 수 없기에 그들은 대타자의 욕망을 해석하고 대신 대답한다. 오늘날 자기 자신을, 정보에 근거해 선택을 내릴 수 있는 자율적이고 합리적인 주체로 인식하는 주체는 대타자는 그 구성상 결여로 빗금 쳐져 있다는 사실을 쉽게 상대할 수 없는 것 같다. 그리고 주체는 대타자의 이 비일관성을 상대하지 않으려고 자신이 대타자에게 누구인가에 대한 답을 스스로 작성해 그저 이 답을 컴퓨터의 "입"에 "넣는다."

연애편지 쓰기와 관련해 우리는 사랑을 적절하게 표현할 방법을 모른다거나 말은 필연적으로 사랑의 깊이를 표현하지 못한다는 인상을 늘 받는다. 물론 비슷한 난제는 사랑을 직접 말로 고백할 때도 마찬가지다. 〈연애편지〉에서 앨런은 싱글턴(빅토리아)에게 이렇게 말한다. "지금 당장 말하고 싶은 게 있는데 도저히 못하겠어요." 싱글턴이 묻는다. "뭔데요?" 앨런이 대답한다. "당신이 사랑스럽다고 말하고 싶어요." 싱글턴이 대답한다. "어서요, 말해 줘요. 듣고 싶어요." 말로 사랑을 온전히 표현할 수 없는 문제는 대타자가 적절한 대답을 해줄 수 없다는 문제와 상통한다. (사랑을 온전히 말로 표현할 수 없는 문제를 이야기할 때는 라 로슈푸코François de La Rochefoucauld의 유명한 말도 잊어서는 안 된다. 남성은 사랑을 이야기할 수 있을 때에만 사랑한다. 말을 벗어난 사랑이란 존재하지 않는다.) 그러나 사랑을 적절하게 이야기하는 방법에 대한 조언을 끊임없이 찾거나 대타자의 대답을 만들어 내려 애쓰는 사람들은 당연히 궁극의 조언을 결코 찾지 못할 것이다.

마지막으로 소피 칼로 되돌아가자. 칼의 가장 흥미로운 예술 기획 중 하나는 1980년대 초 그녀가 파리의 거리에서 폴이라는 남성의 주소록을 습득하면서 시작되었다. 칼은 이 사람에 대해 가능한 많이 알아내기로 마음먹고는 주소록의 사람들에게 연락하기 시작했다. 매일 칼은 한 사람씩 만났고 꼬박 한 달 동안 『리베라시옹』*Libération*은 이 만남에 관한 그녀의 기사를 실었다. 폴에 대한 사람들의 기억을 통해 서서히 그에 관한 많은 것들이 알려졌다. 이를테면 직업이 다큐멘터리 제작자라는 것, 연애 관계, 기이한 일상, 심지어는 당시 노르웨이에서 영화 세미나를 하고 있었다는 사실까지도 말이다. 파리로 돌아온 폴은 예술 기획의 대상이 되었다는 것에 충격을 받고 언론사에 분노의 글을 써 보냈다. 폴은 그 기획을 극단적 형태의 폭력 — 철저한 사생활 침해 — 으로 간주했다. 또한 다큐멘터리 제작자로서 의견을 밝히기도 했는데, 타인의 삶을 포착하는 일에 있어 단순히 외부에서 바라보는 것, 즉 대상에 대한 다른 사람들의 생각들을 진지하게 취합하는 것만으로는 안 되고 그 사람에게도 발언권을 줘야 한다는 것이었다.

소피 칼과 폴은 결코 만나지 않았다. (적어도 그 예술 기획 기간에는 만나지 않았다.) 하지만 폴에 관한 칼의 글들은 특별한 종류의 연애편지로 이해할 수 있다 — 그것들은 일반 대중을 수신인으로 쓴 것이긴 하지만 최종 심급에서는 상당히 폴에게 집중했다. 폴은 그 편지들이 해독하고 가까이 가려 한, 매력적인 숭고한 대상이다. 하지만 이 편지들의 시도는 실패했다. 그것들에 대한 폴의 혐오는 특히 편지를 쓴 이가 기대하는 방식대로 주체가 반응할 수 없음을 보여 준다.

소피 칼과 폴의 관계는 실패한 관계로 보인다. 하지만 정신분석으로부터 알고 있듯이 모든 성관계는 근본적으로 실패한다. 역설적으로 폴에 대한 칼의 기사 하나에서 우리는 바로 그런 연애 생활의 실패의 논리를 볼 수 있다. 어느 날 저녁 칼은 폴의 옛 연인 클레어를 만났고 그녀는 폴이 제작하길 원했던 영화의 구상에 대해 열정적으로 이야기했다. 칼은 이렇게 쓴다.

그러고 그녀는 나에게 그의 구상 하나를 들려줬는데 『투명 인간』[16]을 각색한 것이었다. 어느 날, 1인 2역 놀이에 지친 투명 인간이 백화점에 있는 한 상자에 숨어서 외로움에 울고 있다. 사람들은 그를 보지 못하고 지나간다. 하지만 한 여성이 가던 길을 멈추고는 그를 위로한다. 그녀는 맹인이다. 투명 인간과 맹인 여성의 사랑 이야기가 이어진다. 그들은 작은 배를 타고 떠난다. 두 사람은 삐걱삐걱 노를 젓고 앞에 탄 그녀는 수평선을 바라본다. 이것이 마지막 장면이다(『리베라시옹』 1983/08/20, 21).

소피 칼과 폴의 관계에서 그는 투명 인간이기를(즉 사람들에게 노출되지 않기를) 원했고 그녀는, 폴에 관해 아무리 많이 썼다 하더라도 그의 본질은 "보지" 못한 맹인 여성이었다. 그럼에도 투명 인간과 맹인 여성의 연애는 사실 이상적인 사랑 이야기일지도 모른다는 추측으로 마무리하자. 투명 인간은 두 눈이 온전하기에 그 여성의 미모에 감탄할 수 있고 또 그녀 안에 있는 그녀 이상의 것에 끌릴 수 있다. 동시에 이 남성은 그녀가 자신

16 [옮긴이] 영국의 소설가 허버트 조지 웰스가 1897년에 발표한 공상 과학 소설. 인간의 몸이 다른 사람의 눈에 보이지 않도록 하는 약을 발명한 사나이가 그것을 악용해 온갖 나쁜 짓을 하다가 궁지에 몰려 죽게 된다는 내용이다.

을 어떻게 보는가라는 의문에 대한 강박을 느끼지 않아도 되고 이 여성은 보는 것으로 인해 실망할 일이 없다. 아마도 시라노에게 최상의 해결책은 연애편지를 보내지만 여성의 응시에 동요될 일 없는, 눈에 보이지 않는 컴퓨터 오퍼레이터가 되는 것이리라.[17]

---

17 그런 시라노가 인터넷에서 여성들을 유혹한다면 여성들의 삶에 대혼란이 생길 수 있다. 아프가니스탄 전쟁 당시, 카셈 살레Kassem Saleh 대령은 인터넷상에서 무수한 여성들과의 연애 사건에 연루되었다. 이 여성들은 무엇보다 그의 글에 매료되었다. 큰 키에 잘생긴 특수부대 장교였던 그는 교전 지역에 있었다. 거기서 그는 여성들과 연락을 주고받았는데 그가 보낸 서신들은 여성들을 "크리스털 잔에 담긴 샴페인처럼 취하게 만들었다." 그는 헌신과 책임이라면 질색인 다른 남성들과는 많이 달라 보였다. 흔히 시간을 끌지 않고 바로 청혼했기 때문이다. 물론 본인이 이미 결혼한 사람이란 것을 잊은 채 말이다. 이런 이야기는 오늘날에는 진부하게 들린다. 그런데 더 역설적인 것은 이 온라인 바람둥이 이야기가 TV를 통해 드러나자 그와 사랑에 빠졌던 일부 여성이 자신들의 법적 권리를 찾고 자신들이 겪은 고통에 대한 보상금을 요구하기로 했다는 것이다. 한 여성은 이렇게 말한다. "우린 멍청하고 순진한 여자들이 아니에요. …… 우린 똑똑하고 배울 만큼 배웠고 전문직에 종사하는 여성들이에요. 그가 얼마나 멋진 말로 구혼했는지는 말로 표현하기 힘들어요. 그 때문에 우리는 여신, 요정 같은 공주, 신데렐라가 된 것 같은 느낌이 들었죠. 우린 모두 우리의 슈퍼맨, 백마 탄 왕자님을 발견했던 거죠"(『인디펜던트』 2003/06/12). 여성들이 오늘날에도 여전히 시라노를 그토록 필요로 하고, 또 많은 남성들은 여성들에게 마음에 들어 할 모습을 비춰 주는 거울을 기꺼이 만들어 준다는 사실이 법적 조치의 사유일까? 그리고 만약 그렇다면 어떤 종류의 보상이 주어져야 그 깨진 거울에 대한 충분한 보상이 될까?

5

모성의 불안

오늘날 우리는 양육과 관련한 불안을 목격하고 있다. 이 불안은 자녀를 기르고 그들의 성장에 영향을 주는 최상의 방법에 대한 어떤 합의도 더는 없다는 사실에서 기인한다. 부모들은 부모로서 잘하고 있지 못하다는 불안과 자녀에게 잘해 주지 못했다는 죄책감을 느껴 왔고, 이는 무수한 저자들이 양육을 지도하는 책들을 쓰게 된 동기가 되었다. 하지만 불행하게도 이런 조언들은 대개 서로 모순된 내용을 담고 있다. 이 장에서는 불안해 보이는 양육의 극단적 사례들을 살펴본다. 유아 살해와 다른 유형의 아동 학대를 낳은 사례들이 그것이다. 이 예들을 살펴보면, 끊임없이 자신의 행동에 의문이 들어서 최상의 양육법을 찾는 불안한 부모들과 이런 의문은 없지만 그럼에도 아이의 안녕에 대해 불안해하는 부모들의 차이를 명확하게 하는 데 도움이 될 것이다. 전자의 부모들은 일반적으로 신경증으로 분류되고, 자신들에게 일관성을 부여할 대타자를 끊임없이 찾는다. 후자는 대타자를 무시하고 그래서 사회적 금지에 대해서도 거의 신경 쓰지 않는다. 주체가 이 금지들과 관련해 불안해하는 것이 얼마나 중요한지 이해하기 위해서 먼저 근래에 미국에서 발생한 가장 눈에 띄는 유아 살해 사례를 살펴보자.

2001년 6월 20일, 텍사스에 사는 매우 독실한 다섯 아이의 어머니 앤드리아 예이츠Andrea Yates는 남편이 출근하기를 기다렸다가, 아침 식사 후 욕조에 다섯 아이를 하나씩 빠뜨려 익사시켰다. 그러고는 사체들을 침대에 올려놓고 경찰에 연락했다. 경찰에게 그녀는 자녀들을 미워하지도 않았고 그들에게 몹시 화가 나 있었던 것도 아니라고 했다. 그리고 아이들을 죽인 이유는 그들이 바르게 자라지 않아서라고 했다. 예이츠는 아이들에게 좋은 엄마가 아니라는 것을 깨달은 후 2년간 이런 조치를 고심해 왔다고 시인했다. "우리 아이들은 바르지 못했어요. 아이들이 잘못을 저지른 건 제가 악했기 때문이에요. 제가 키운 방식대로는 아이들은 결코 구원 받을 수 없었죠. …… 남에게 죄를 짓느니 목에 맷돌을 매달아 강에 던져 버리는 게 낫죠.[1] 아이들은 지옥불에서 타죽었을 거예요"(『휴스턴 크로니클』 2002/

03/06). 그녀는 교도소 의사들에게 자신이 형편없는 엄마이고 아이들의 죽음은 그들이 아닌 자신에 대한 벌이라는 사실은 결코 변하지 않을 것이라고 말했다. "그건 …… 어머니로서 마지막으로 자비를 베푼 거였어요"(『타임 매거진』 2002/01/20).

앤드리아 예이츠에 대한 기사들은 거듭 그녀를 아주 헌신적인 어머니로 묘사했다. 이에 따르면 그녀는 홈스쿨링으로 자녀들을 가르쳤고, 특별한 가족 행사들도 잘 꾸렸으며, 병든 아버지를 극진히 돌봤고, 친척들을 위해 요리도 하고, 남편의 결정

---

1 [옮긴이] 마태복음 18장 6절에 나오는 구절이다. 『현대인의 성경』 마태복음 18장 1절부터 8절은 다음과 같다.

> 그때 제자들이 예수님께 와서 물었다. 하늘나라에서는 누가 가장 위대합니까? 그래서 예수님은 한 어린 아이를 불러 그들 가운데 세우고 이렇게 말씀하셨다. 내가 분명히 말해 둔다. 너희가 변화되어 어린 아이 같이 되지 않으면 결코 하늘나라에 들어가지 못할 것이다. 그러므로 하늘나라에서 가장 위대한 사람은 이 어린 아이처럼 자기를 낮추는 사람이다. 누구든지 내 이름으로 이런 어린 아이를 영접하면 곧 나를 영접하는 것이다. 그러나 누구든지 나를 믿는 어린 아이 하나를 죄 짓게 하는 사람은 차라리 목에 큰 맷돌짝을 달고 깊은 바다에 빠져 죽는 것이 더 낫다. 죄 짓게 하는 일 때문에 이 세상에 불행이 닥칠 것이다. 세상에는 죄 짓게 하는 일이 항상 있기 마련이다. 그러나 죄 짓게 하는 그 사람에게는 불행이 닥칠 것이다. 네 손이나 네 발이 너를 죄 짓게 하면 잘라 버려라. 두 손이나 두 발을 가지고 영원히 불타는 지옥에 들어가는 것보다는 절뚝발이나 불구자로 영원한 생명을 누리는 하늘나라에 들어가는 것이 더 낫다.

을 존중하는 순종적인 아내였다. 예이츠 가족은 독실했고 순회 설교가 마이클 워로니어키Michael Woroniecki의 가르침을 따랐다. 그는 소비 지상주의 사회의 최후와 죄 많은 어머니들의 위험에 관해 종말론적 관점을 견지하고 있던 인물이었다. 예이츠는 다섯 자녀의 이름[노아, 존, 폴, 루크, 메리]을 모두 성경에서 따왔고 이 가족은 하느님이 주시는 대로 아이들을 많이 갖고 싶어 했다. 하지만 그 범죄 뒤 앤드리아 예이츠에게 정신병적 신경쇠약 이력이 있다는 것이 알려졌다. 이는 아이가 늘어날수록 매번 심해졌고 특히 막내 메리를 낳은 뒤로 더 악화되었다.

텍사스 주는 정신장애에 따른 무죄항변에 대해 매우 엄격히 판단하고 있어서 검사는 피고가 옳고 그름의 차이를 알고 있었는지의 여부만 규명하면 된다. 검사 측은 앤드리아 예이츠가 범행 후 직접 경찰에 연락했다는 점에서, 그녀가 자신의 행동이 법적으로 잘못되었다는 것을 알고 있었다고 주장할 수 있었다. 피고, 검사 양측 감정인으로 나온 정신의학자들은 심각한 정신병 사례라고 증언했지만 검사 측이 쓴 정신의학자는 앤드리아 예이츠는 그럼에도 옳고 그름의 차이를 안다고 주장했다. 그래서 앤드리아 예이츠는 유죄로 종신형을 선고받았다.

예이츠 사건은 어머니와 아이 관계에 관한 매우 특정한 유형의 불안이 나타난 사례이다. 불안에 관한 초기의 정신분석

논의는 아이가 부모 — 특히 처음에는 어머니 — 에 대해 갖는 외상적 관계에 집중했다. 이런 맥락에서 출생은 아이에게 불안을 유발하는 최초의 사건으로 여겨진다. 그러나 오늘날의 논의들은 어머니가 분만할 때 경험하는 외상에 집중한다. 따라서 정신의학에서는 외상 후 스트레스 장애를 분만이라는 사건과 연관 짓는다. 어머니에게 외상적인 것은 분만의 순간만이 아니라 어머니가 되는 바로 그 행위에 있다. 소위 "편집증적 양육"으로 불리는 오늘날의 문화에서 어머니는 특히 새로운 상징적 역할에 끊임없이 불안을 느끼고 양육을 "제대로" 못하고 있다는 죄책감을 느끼기 쉽다.

앤드리아 예이츠의 범죄는 법과 관련한 주체의 불안을 이해하는 데도 도움이 될 수 있다. 즉, 아이들을 죽인 것은 마땅히 해야 할 일이었다는 그녀의 고백을 통해 우리는 법적 금지에 대한 신경증적 주체의 관계와 정신병적 주체의 관계의 차이를 분석할 수 있을 것이다.

법이 옳고 그름에 대한 판단 능력을 기준으로 정신병 환자를 판단한다고 할 때, 정신병적 주체는 무엇이 옳고 그른지에 대해 한 치의 의심도 하지 않는다는 것을 알게 되면, 예컨대 자신이 저지른 범죄가 마땅히 해야 할 일이었다고 주장하는 경우를 접하게 되면 사람들은 분명 놀랄 것이다. 법은 주체가 법적 맥락에서 죄책감을 느끼고 또 법 준수 여부를 확신하지도 못한다는(즉 법이 무엇을 옳고 그른 것으로 규정하는지를 끊임없이 추측한다는) 사실에 의존하지만, 정신병 환자는 무엇이 옳은지에 대한 확신이 있다. 정신병 환자들은 법적 금지에 전혀 불안을 느끼지 않기 때문에 그들은 법의 지배 바깥에 있다. 정신병 환자 사례에서 법에 대한 무시는 흔히 범죄행위의 원인이 된다. 법에 대한 이런 무시를 이해하는 데 정신분석은 어떤 도움이 될까?

"보통의"normal 신경증적 주체와 정신병 환자는 현실 인식이 판이하다. 신경증적 주체는 결여(실재the real)를 덮는 환상 시나리오라는 형태로 자신의 세계를 구조화한다. 하지만 정신병에서 이 "실재"는 흔히 주체를 늘 따라다니며 괴롭히는 목소리나 응시로 나타나고, 그 결과 주체의 현실 인식은 근본적으로 달라지며 심지어는 산산조각 나기도 한다. 정신병 환자는 대부분이 괴롭히는 목소리나 응시를 없애려고 범죄를 저지르고, 그런 방식으로 현실 인식을 바꾸려 한다. 때때로 정신병 환자는 또 다른 주체를 위험의 원천으로 인식하기도 하고 이는 아주 잔혹한 범죄로 이어질 수 있다.

먼저 왜 주체에게 또 다른 인간이 위험한 존재로 인식될 수 있는지에 초점을 맞춰 보자. 정신분석에서 사용하는 대타자 개념은 타인이라는 대타자와 언어라는 대타자, 즉 사회의 상징적 질서로 나눌 수 있다. 프로이트는 왜 타인들과의 마주침, 특히 부모와의 마주침이 주체에게 외상적일 수 있는가를 중시한 반면, 라캉은 발생 가능한 외상의 구조적 원인들에 집중했다. 언어라는 대타자와의 마주침은 주체에게, 라캉이 "트로마티즘" troumatisme으로 명명하는 특정한 유형의 외상trauma을 야기한다. 불어 'trou'에는 틈, 결여, 구멍이라는 뜻이 있다. 따라서 대타자와 마주친 주체는 바로 대타자의 결여, 즉 대타자는 비전체적이고 비일관적이라는 사실과 관련한 문제를 갖게 된다.

대타자와의 마주침에는 두 가지 유형의 공포가 존재한다. 하나는 주체가 대타자의 비일관성에 대해 느끼는 공포로, 이는 특별한 방식으로 주체와 법의 관계에 영향을 미친다. (예컨대 신경증적 주체는 권위들이 무력하고 법들이 비일관적이라고 끊임없이 불평하고, 책임을 지는 사람이 하나도 없다고 느끼기에 안정을 찾지 못한다.)

다른 하나는 주체가 자신에게서 향락을 훔쳐 간 대타자가 있다고 생각해서 느끼는 공포이다. 즉, 어딘가에 유력한 권위가 있는데, 그것은 결여가 없고 그래서 타자들을 약탈하는 방식으로 향락을 느낄 수 있는 것으로 보이는 경우다.

주체는 언어라는 대타자와의 관계에서 무언가를 상실한다. 처음부터 정신분석은 출생을, 주체가 처음으로 이 상실과 마주치는 외상적 과정으로 여겨 왔다. 이 상실은 어머니 자궁 안에 있는 은신처의 상실, 그리고 자기 몸의 중대한 부분 — 태반 — 의 상실로도 인식될 수 있다. 초기 불안 이론은 불안은 출생의 물리적 순간에서 기원하는가라는 물음에 집중했다. 예컨대 오토 랑크Otto Rank[2]에 따르면 출생은 주체에게 불안을 야기하는 첫 외상적 경험이다. 프로이트는 이 이론을 반박하면서, 출생의 순간에 주체는 아직 대상 상실의 문제를 다루지 않는다고 — 이는 어머니나 다른 주요 보호자와의 관계에서 나중에야 일어난다고 — 지적했다.[3]

---

2 다음을 보라. Otto Rank, *The Trauma of Birth*(London: K. Paul, Trench, Trubner, 1929). 랑크는 나중에 엄습하는, 주체의 모든 불안을 출생의 외상을 다루려는 시도로 간주했다.

3 프로이트의 "억제, 증상, 불안"을 보라. 프로이트는 초기 저작들, 이를테면 『꿈의

라캉은 주체가 세상에 들어오면서 마주치는 상실을 구조적 상실로 여긴다. 언어가 주체를 특징지을 때 결여가 주체의 특징이 된다. 또한 이것은 순전히 상징적 상실이지만 주체는 흔히 그것을 한 토막 살점의 상실로 여긴다. 즉, 라캉의 말마따나 주체는 상징적 질서에 들어오면서 1파운드의 살점을 뜯기는 것처럼 보인다.[4]

앞에서 지적했듯이 우울증이 있는 주체는 결여와 상실을 혼동한다. 그리고 주체를 특징짓는 결여의 문제에 대한 특정한 "해결책"을 찾는데, 그 방법은 우울한 상태로 상실된 대상에 고집스레 애착하는 것이다. 한 예로 출산 후 깊은 우울에 빠져 있고 자신의 결여를 다룰 수 없는 어머니를 들 수 있다. 하지만

해석』*The Interpretation of Dreams*(프로이트 전집SE 4, 5) 『정신분석 입문』*Introductory Lectures on Psycho-Analysis*(SE 15, 16) 그리고 『자아와 이드』*The Ego and the Id*(SE 19)에서는 출생은 주체가 처음 겪는 아주 큰 불안 상태라고 간략히 언급했지만, "억제, 증상, 불안"에서는 랑크에 대한 근본적 비판을 전개한다.

4 주체는 흔히 이 살점을 되찾고자 타인의 그것을 가져간다. 예컨대 어떤 사건에서 가해자는 범죄 후 피해자의 신체에서 일부를 떼어 내고 때로는 그것을 간직하기도 한다. 피해자의 두피를 벗겨 내거나 심지어는 심장을 도려내는 것은 많은 문화에서 발견되던 폭력이다. 근래의 전쟁에서도 피해자들은 흔히 적의 기념물이 된다. 신체의 일부나 상징적 기념물(보석, 지갑, 일기)을 빼앗기는 것이다. 그런 제스처를 보건대 가해자는 자신에게 결여되었던 것을 되찾으려는 것 같다.

정신병 사례에서 주체는 결여를 특징으로 하지 않으며, 그래서 어머니의 위기는 여기서 또 다른 논리를 따른다. 즉, 정신병적 주체는 상실이 아니라 자신을 괴롭히는 끔찍한 대행자agency가 출현할 때 불안을 느낀다.

신경증자는 흔히 대상의 상실에 불안을 느끼거나 결여의 장소에서 심란한 대상이 출현할 때 불안을 느끼지만, 정신병 환자에게 불안은 이내 편집증으로 변한다 — 즉, 대상은 위협적이고 괴롭히는 대상이 된다. 앤드리아 예이츠에게 이 끔찍하고 괴롭히는 대행자는 사탄이었다. (사탄이 자신을 소유해 왔음을 입증하기 위해 예이츠는 자기 머리를 면도해서 두피에 666 — 적그리스도의 표시 — 이 있는지 보라고 의사들에게 이야기했다. 또한 그녀는 머리를 면류관 모양으로 짧게 쳐주길 원했는데, 이는 예수에게서 구원을 받으려는 시도로 이해될 수 있다.) 예전에 예이츠는 자살을 통해 사탄을 없애려 한 바 있지만 미수에 그쳤다. 이후 그녀는 지옥의 화염과 고통에서 자녀들을 구하는 유일한 방법은 청소년이 되기 전에 죽이는 것이라고 결론짓게 되었다.

불안을 부채질하는 이 끔찍한 대상과 주체가 맺는 특정한 관계를 살펴보면 유아 살해의 사례들이 얼마나 상이할 수 있는지 이해할 수 있을 것이다. 예컨대 앤드리아 예이츠는 자녀가 아니라 사탄을 없애려고 한 반면(그녀는 자녀들을 죽임으로써 그들을 지상보다 더 나은 곳, 즉 천국으로 보냈다고 굳게 믿었다), 자녀들이 자기 인식self-perception에 장애물이 되어서 죽이는 엄마들도 있다.

유아 살해, 모성 이면의 여성을 드러내는 방법

어머니가 자녀에게 가할 수 있는 유아 살해와 공포스러운 폭력에 직면해서 사람들은 메데아의 충격적인 이야기가 반복되고 있다고 느낄 것이다. 또 다른 신화 속 인물인 오이디푸스의 존속살해와 근친상간은 메데아의 범죄에 비할 바가 못 된다. 특히 오이디푸스는 전혀 모르는 상태에서 범죄를 저지른 반면, 메데아는 철저한 계산에 따라 행동했다는 점에서 그렇다 — 그녀는 자녀를 희생하면 이아손[메데아의 남편]이 가장 아파할 것을 알고 있었다. 오이디푸스는 자신이 무엇을 했는지 알게 되었을 때 공포를 느끼고 자기 눈을 뽑아 버린 반면, 메데아는 후회하지 않는 것으로 보인다. 오늘날에도 가장 충격적인 유아 살해 사례는 어머니가 그런 행동을 저지른 후에도 결코 죄책감을 느끼지 않는 경우다.

메데아와 유사하게 아이들을 희생시킨 사례로는 1994년,

들라크루아, 〈메데아〉, 1862년작.

두 아들을 차 안에 묶고 호수에 빠뜨린 수전 스미스Susan Smith의 경우를 들 수 있다. 스미스는 흑인 남성이 아이들을 유괴했다고 주장했고 열흘 동안 비탄에 잠긴 어머니 행세를 했다. 결국 자백을 하긴 했지만 그녀가 저지른 소름 끼치는 행위는 특히 이해하기 어려웠다. 그녀가 아이들에게서 벗어나려 한 이유는 자기 상사의 아들과의 사랑을 지키기 위해서였다. 마치 그녀는 어머니라는 신분을 버려서 남성들이 매력을 느낄 여성성의 일부를 되찾고 싶었던 것처럼 보인다.[5] 이런 행동은 어떻게 이해할 수 있을까?

프로이트에게 어머니 신분은 여성들이 결국 중요한 무언가 — 자신을 완벽하게 만들어 줄 아이 — 를 소유함으로써 자신의 결여를 극복하려는 하나의 방법이었다. 그러나 라캉은 어떤 대상도 주체의 특징인 결여를 채울 수 없고, 또한 어머니가 된다고 해서 분열된 주체로서 여성이 겪는 난제를 해결할 수 있는 것은 결코 아니라고 주장했다. 일부 여성들에게 어머니 신

---

5 남성이 자녀를 죽이는 경우는 대개 정신병이 있거나 알코올, 마약이 원인인 것으로 설명된다. 하지만 여성이 그런 행동을 저지른 경우에는 대체로 법에서는 그런 것을 원인으로 찾지 않는 것 같다. 여성들이 그런 범죄를 저지르는 경우에 가장 공포스러운 것은 자신의 행위를 정당화하려는 어떤 시도도 하지 않는 것 같다는 것이다. 남성들은 자녀를 죽일 때 흔히 아내도 죽인다.

분은 어떤 주이상스를 포기했다는 느낌이 들게 할 수도 있으며, 그 결과 "진짜 여성"의 지위를 되찾고자 어머니 신분을 멀리하게 될 수 있다. 요컨대 어떤 어머니는 소유의 지위를 고집하는 반면 "진짜 여성"은 자신의 결여를 노출하고 기꺼이 자신의 소유물을 희생하려 한다.[6]

메데아는 자신의 가장 귀중한 소유물을 포기한 비극적 사례이다. 그녀가 그런 행동을 한 목적은 이아손에게 가장 소중한 것을 앗아 감으로써 그에게 상처를 주려는 것일 뿐만 아니라 자기 남자의 눈에 어머니가 아니라 여성으로 비치길 원했기 때문이다. 그런데 자크 알랭 밀레가 지적하듯이 비소유의 지위를 소유하려는, 즉 자신의 결여를 받아들이고 그리하여 진짜 여성으로 보이려는 여성들의 이런 시도는 다른 형태를 띠기도 한다. "여성이 자신의 몸, 영혼, 소유물을 남성에게 넘겨주는 데에는 한계가 없어" 보인다. "여기서 '넘겨줌'은 포기를 의미한다. 즉, 모든 여성은 심지어 비소유의 지위로까지 나아갈 수 있고 또 비소유를 통해 여성이 될 수 있다."[7]

---

6 다음을 보라. Jacques-Alain Miller, "On Semblances in the Relation Between the Sexes" in Renata Salecl(ed), *Sexuation*(Durham: Duke University Press, 2000), p. 18.

자신의 결여(즉 비소유)를 받아들일 수 있는 여성들과 달리 남성들은 소유에 의해 훨씬 더 많은 부담을 떠안는다. 그래서 어떤 남성들은 무언가를 잃을까 끊임없어 두려워하고 그 결과 여성들보다 은밀하게 행동할 것이다. 4장에서 보았듯이 시라노는 바로 그런 남성이었다. 그는 누군가가 코를 놀리면 지위를 잃지 않을까 두려워했고 그래서 사랑하는 여성에게 가까이 가려 하지도 않았다.

수전 스미스는 "진짜 여성"으로 인식되고자 소유물을 희생할 준비가 된 것처럼 보인다. 메데아와 달리 수전 스미스는 전 남편에게서 가장 소중한 것을 앗아 감으로써 상처를 주려는 의도는 없어 보인다. 오히려 주된 관심은 남자 친구에게 매혹적으로 보이는 데 있는 듯하다. 그녀는 어머니 신분이라는 이미지에 부담을 느꼈던 것으로 보인다. 자신에게 있는 진짜 여성성을 드러내지 않으면 새 연인이 자신을 욕망하지 않을지도 모

---

7 밀레가 정확히 지적하듯이 교회는 정신분석이 등장하기도 전에 진짜 여성들을 발견했다. "교회는 그들에게서 위협을 보았고 해결책을 내놓았다. 하느님과 결혼시키는 것이었다." 이들은 평생 동안 순종과 청빈과 순결을 지키기로 서원한 여성들이다. 여기서 여성적 비소유는 여성적 주이상스를 틀짓는 것처럼 보이는 서원들을 받아들인다. "그것들은 어떤 남자도 이 수준의 주이상스에서는 있을 수 없고 또 하느님이 아닌 어느 누구도 여기에 필요하지 않다는 것을 드러낸다"(Ibid., p. 23).

른다고 생각할 정도로 말이다.[8]

앤드리아 예이츠의 범죄와 수전 스미스의 범죄는 어떻게 다를까? 수전 스미스가 겪은 그런 여성성에 관한 히스테리적 난제가 앤드리아 예이츠에게는 없었지만 그럼에도 예이츠의 정신병적 섬망은 어머니 신분에 부합한다. 예이츠는 넷째 아이를 낳은 뒤 심각한 정신적 문제들을 겪기 시작했다. 그즈음 그녀는 더욱더 세상으로부터 고립되었다. "하루 종일 침대를 떠나지 않으며 그녀는 탈모가 진행된 머리 네 곳을 가죽이 벗겨질 때까지 계속 긁어 대며 코에 있는 상처들을 뜯어냈다. 또 조용히 강박적으로 다리와 팔을 할퀴곤 했다"(『타임 매거진』 2002/01/28). 그녀는 환청과 환시를 겪기도 했다. "그녀에게는 명령이 들리곤 했다. '칼을 집어라! 칼을 집어라!'" 첫째를 낳은 뒤로 그녀는 칼과 그것에 찔리는 사람의 이미지를 처음 보았고, 넷째를 낳고는 또다시 유혈이 낭자한 이미지를 보았다. 그 뒤 정신과 의사에게서 간단한 치료를 받았다. 그녀는 항정신성 약품들

---

8 수전 스미스는 성적 학대뿐만 아니라 자신의 삶에서 권위자의 역할을 한 남성들과 다양한 성관계를 맺은 이력이 있다. 이는 분명 그녀의 섹슈얼리티에 대해 많은 궁금증을 자아낸다. 그녀는 희생자의 역할과 유혹자의 역할 사이를 오갔던 것처럼 보인다. 그녀는 징역형을 살기 시작했을 때 교도관들과도 성관계를 두 차례 가졌다.

을 처방 받았는데 그것을 "자백약"truth serum[9]으로 인식했고, 그런 식으로 자기 통제력을 잃는 것을 몹시 싫어했다. 그녀는 자신을 괴롭히는 목소리들을 없애려고 자살을 시도했지만 미수에 그쳤다.[10]

앤드리아 예이츠는 평생 두 인물에게 특히 애착을 가졌다. 첫째는 그녀의 병든 아버지이고 둘째는 순회 설교가 마이클 워로니어키이다. 워로니어키는 앤드리아에게 개인적으로 편지를 보내 극단적인 종교적 견해를 피력하곤 했다. 그중 한 편지에는 이렇게 쓰여 있었다. "'여자의 역할은 …… 이브의 죄로부터 유래합니다.' 그리고 나쁜 아이들은 나쁜 어머니들로부터 나옵니다." 아버지가 죽고 나자 앤드리아의 상태는 급격히 악화되었다. "그녀는 성경에 심취했다. …… 그녀는 갓 낳은 딸아이 메리를 계속 안고 있었지만 먹이지는 않았다. 그리고 말도 하지 않게 되었다. 물도 마시지 않고 며칠을 보내기도 했다. 그녀는

---

9 [옮긴이] 억눌리거나 숨기고 있는 감정이나 사실을 털어놓게 한다고 알려진 약으로 신경증자나 범죄 용의자에게 쓰인다.

10 정신과 의사에게 자살 시도를 설명하면서 앤드리아는 자신에게 자살은 환영과 목소리들이 자신을 이끄는 것을 차단하는 방법이라고 주장했다. "내가 누군가를 해칠까 두려웠어요. 내 삶을 끝내 버리고 그것을 막는 게 낫다고 생각했어요" (『타임 매거진』 2002/01/28).

다시 머리가 벗겨질 때까지 긁어 대기 시작했다"(『타임 매거진』 2002/01/28). 잠깐 입원해 항정신성 약품을 처방 받은 그녀에게 정신과 의사는 다음과 같은 낙관 어린 조언을 하며 퇴원시켰다. "긍정적으로 생각하세요." 정신과 의사들과의 만남에서 앤드리아의 남편 러스티는 혼자서만 이야기했고, 앤드리아는 침묵에서 나오고 싶다는 징후를 전혀 보이지 않는 말없는 여성이었다.

정신분석가가 예이츠 사례를 분석했다면 그녀의 행동의 원인으로 보이는 다양한 요인들을 검토했을 것이다. 주목할 만한 것은 아버지가 죽고 나서 그녀의 정신적 상태가 급격히 악화되었다는 것이다. 그녀의 아버지에 대해서는 우울증과 알츠하이머를 앓았다는 것 말고는 그다지 알려진 바가 없다. 예이츠의 남자 형제 중 한 명은 조울증이 있다고들 했고, 친인척을 포함한 가족 내력에서는 다른 정신 질환들도 발견되었다고 했다. 앤드리아의 행동과 관련해, 막내 아이의 성별이 앤드리아에게 특정한 의미가 있지 않았을까 생각하는 사람도 있었다. 남편에 따르면 그들은 나중에는 딸을 갖더라도 처음에는 농구팀을 꾸릴 다섯 사내아이를 갖기를 기대했다. 자신이 딸을 낳았다는 사실이 앤드리아에게 어떤 식으로든 영향을 미쳤을까? 왜냐하면 교도소 정신과 의사와 대화하면서 그녀는 예언을 실현하는 데는 메리만 희생하는 것으로도 충분했을지 모른다고 말했기 때문이다(『휴스턴 크로니클』 2002/03/06). 왜 그녀는 메리만 희생시키지 않고 다 희생시킨 것을 후회했을까? 우리는 또한 앤드리아와 그녀의 멘토 마이클 워로니어키 사이의 전이적 관계도 살펴볼 필요가 있다. 그는 전부터 공개적으로 이렇게 설교해왔다. "온 세상은 지옥에 떨어질 것입니다." "대다수 사람들은 지옥에 떨어질 것입니다." "하느님은 당신의 작고 이기적이며 물질적이고 자기중심적인 세상에는 털끝만큼도 관심이 없으십니다."[11] 정신분석에서 소위 "감응성 정신병"folie à deux — 한 사람이 또 다른 이의 행동을 모방하는 정신이상 — 이 존재할 수 있다는 것은 주지의 사실이다. 그런데 워로니어키는 예이츠가 모방한 그런 행동을 정작 본인이 직접 저지르지는 않았다. 또 워로니어키 자신도 망상적이라 할 수 있겠지만, 그가 예이츠와 구별되는 점은 망상들을 "사회화", 즉 특정한 종교로 만들어 낼 수 있었다는 것이다.

미국 여성 단체들과 여성 유명 인사들은 예이츠 사건을 어머니 신분의 고립, 스트레스, 고독에 대한 대중적 인식을 환기

---

11 ABC뉴스닷컴에서 보도한 "예이츠의 목사는 지옥 불을 경고했다"(http://www.beliefnet.com/story/103/story_10342.html).

하는 기회로 삼았고, 공공연히 수용되는 어머니 상, 즉 모든 생활이 자녀 중심으로 돌아가는 헌신적인 어머니 상의 이면을 드러내려 했다. 이처럼 명백한 정신병 사건은 공공연히 수용되는 어머니상의 병리적 이면을 노출했다(뿐만 아니라 "정상적인"normal 어머니들조차 자녀에 대해 모순적인 태도를 갖는다는 점을 드러냈다).

일부 페미니스트들은 공공연히 앤드리아 예이츠를 공포스러운 증상으로 간주했다. 즉, 보수 이데올로기의 어두운 면이 별안간 표면화된 것으로, 또 하느님을 두려워하는 근본주의가 자녀에 대한 헌신적 어머니의 보호적 사랑과 중첩되어 아주 공포스러운 폭력을 낳은 것으로 보았다. 그러나 여성에 관한 근본주의 종교의 관점을 비판하고 어머니 신분의 스트레스를 노출하는 접근 방식은 예이츠의 행동을 그 보수 이데올로기로 촉발된 무엇으로 본다는 점에서 오인이라 할 수 있다. 정신분석에서는, 아직 정신병이 완전히 진행되지는 않았다 하더라도, 정신병적 구조가 이미 자리를 잡고 작동할 상태가 되어 있지 않는 한 외부의 사건이나 이데올로기가 주체의 정신병을 야기할 수 없음을 분명히 지적한다.

앤드리아 예이츠 사건에서 기독교 근본주의 같은 이데올로기가 주체에게 정신병을 일으킬 수 없는 이유는 무엇일까? 무엇보다 정신병 환자는 법의 외부를 의미하기도 하는 정상적 사회관계의 외부에 있다는 것에 주목할 필요가 있다. 정신병 환자는 양육 과정에서 상징적 법이 작동하지 않았기에 결여를 특징으로 하지 않으며, 또 대타자가 결여적이라는 사실에도 신경을 쓰지 않는다. 그래서 정신병 환자는 법 바깥에 있다 — 끊임없이 법이 일관적인지 정의로운지 묻는 히스테리증자와는 반대로 정신병 환자는 그런 의문을 품지 않는다. 정신병적 주체는 분열되어 있지 않으며 그래서 어떤 의심도 품지 않는다 — 이 주체는 "알고 있다." 정신병 환자들은 신실한 종교인으로 보일지도 모르지만 사실은 비신자인데 자신들이 직접 응답을 만들어 내기 때문이다. 하느님이 원하는 것, 하느님께 심판을 받을지도 모른다는 것 등에 많은 의심을 품고 있는 히스테리증자와 달리 정신병 환자들은 확신을 갖고 있다 — 그들은 하느님의 메시지가 무엇인지 알고 있다. 정신병자들의 이런 위치에는 어떤 순진함innocence이 있다 — 즉 대타자는 늘 자신들을 괴롭히고 생각을 조종하는 자이다.

앤드리아 예이츠는 왜 자녀를 죽였는지 설명하면서 이런 종류의 정신병적 확신을 나타낸다. 그녀는 사탄의 위험에 대해 그 어떤 의심도 나타내지 않는다. 그녀는 단지 아이들을 이런 위험으로부터 보호하려 했던 것이다. 그녀는 자신의 행동에 대해 그 어떤 가책도 보이지 않으며, 자기 죄를 인정할 때조차 순진함의 발현으로 그려는 것이다 — 그녀는 자신을, 나쁜 어머니이긴 하지만 사탄이라는 실제 위험을 없애려고 애쓴 어머니로 인식한다.

언론은 여전히 예이츠가 왜 경찰에 연락했고 또 태연히 자백했는지 종잡지 못하고 있다. 정신병 환자가 법과 외부적 관계를 맺는 것을 고려하면 이런 제스처는 결코 놀랍지 않다. 정신병 환자는 분명 법을 알 테지만 신경증자와 동일한 방식으로 사회의 금지를 내면화하지 않는다. 신경증자는 법이 무엇을 허락하고 허락하지 않는지 끊임없이 묻고 자신이 결코 저지르지도 않은 "범죄들"에 극단적인 죄책감을 느낄 수도 있으며, 심지어는 법이 자신을 판결할 수 있는지 시험하고자 범죄를 저지를 수도 있다. 반면 정신병 환자는 법이 비일관적인지 그렇지 않은지 알아내려 하지 않으며, 법을 자신의 내적 자아를 건드리지 않는 외부의 기제로 취급한다.

이처럼 주체가 법과 맺는 관계와 관련해서 우리는 신경증, 도착증, 정신병 사례들의 명백한 차이를 식별할 수 있다. 결여가 그 특징인(즉 거세된) 신경증자는 법의 일관성에 의문을 품고, 초자아 앞에서 또 외부의 금지들 앞에서 죄책감을 느끼지만, 도착증자는 흔히 법을 제멋대로 이용해 충분히 이루어지지 않은 거세를 완수하려 한다. 좋은 예는 정부情婦에게 자신을 학대해 달라는 계약을 맺고 즐기는 마조히스트이다. 흔히 도착증자는 일종의 범죄를 저지르고는 스스로 법망에 걸려들도록 할 텐데, 이런 제스처는 흡사 법을 작동시키려는 시도로 보일 정도다.[12] 반대로 정신병 환자는 신경증자들이 그러듯이 죄책감을 덜고자, 혹은 도착증자들이 바라듯이 법을 작동시키고자 처벌을 구하는 행동을 하지 않는다. 정신병 환자는 법을 무시하는데, 이는 정신병 환자가 극도로 순진한 위치에서 행동하고 법의 처벌을 내리는 권력을 두려워하지 않음을 재차 보여 준다. 그는 분명 법을, 자신을 괴롭히는 다른 힘들과 싸우는 데 일조하는 권위로 인식할 것이다. 앤드리아 예이츠가 사탄의 영향력과 관련해 그렇게 인식하듯이 말이다. 예이츠가 교도소 정신과 의사에게 "난 처벌 받아 마땅합니다. 난 유죄입니다"(『뉴욕타임스』 2002/02/24)라고 말했다고 하지만, 그녀의 죄책감은 살인이라는 법적 금지가 아니라 하느님 앞에서의 죄책감과 관련되어 있는 것이다. 예이츠는 정부의 처벌을 구마식驅魔式으로 굳게 믿었고, 그래서 조지 부시를, 자신을 처벌함으로써 사탄의 마수에서 구해 줄 구세

---

12 이와 관련해 자세한 내용은 다음을 보라. Renata Salecl, *The Spoils of Freedom : Psychoanalysis and Feminism After the Fall of Socialism*(London: Routledge, 1994).

주로 인식했다. 성서에서는 통치자를 하느님의 대리인이라고 가르치기 때문에 국가의 처형은 예이츠를 그녀 내부에 존재하는 악으로부터 구출해 주는 꼴이 되는 것이다.

종교와 정신병

대중이 앤드리아 예이츠 사건에 대해 의견 일치를 보기란 특히 어려운 일이다. 자식을 사랑하는 어머니가 어떻게 자녀를 죽일 수 있는지 납득하기 힘들기 때문이다. 이 사건에서 혼란스러운 또 다른 요인은 종교의 역할이다. 재판 당시 많은 논평가들은 예이츠가 정신이상을 선고 받지 않으리라 예측했는데, 그 근거는 미국처럼 매우 종교적인 나라에서는 국민들이 종교적 견해를 망상으로 여기는 것이 쉽지 않으리라는 것이었다.[13]

---

13 재판에서 종교의 영향력은 꽤나 분명하게 나타난다. 검사 측은 예이츠가 옳고 그름을 구별한다는 것을 보여 주고자 정신의학자 파크 디아스Park Diaz 박사를 고용했는데, 그가 내린 판단은 다음 기사가 잘 보여 준다. "그는[디아스 박사], 만약 그녀가 자신이 아이들을 지옥에서 구원한다고 믿었다면 애정 깊은 어머니로서 행동을 보이리라 기대했다. 하지만 그녀는 그런 행동을 전혀 보이지 않았다. '그

이 점에서 예이츠의 심리 상태에 대한 법적 다툼에서 표준 맥노튼 테스트standard M'Naghten test[14]에 대한 오래된 비판이 제기되지 않은 것은 전혀 놀랍지 않다. 이 비판은 종교적 환영을 겪는 피고인이 옳고 그름을 분별할 수 있는지의 여부를 법이 어떻게 결정할 수 있는가의 문제를 다룬다. 요컨대 이 문제는 종교적 환영이 정신이상의 증거로 채택될 수 있는가 아닌가를 다룬다. 일찍이 1915년, 미국 법률가들은 피고인이 살인하라는 하느님의 음성을 들었다고 주장할 경우 법이 어떻게 대응해야 하는가를 두고 논쟁을 벌였다. 판사 벤저민 카도조Benjamin Cardozo는 하느님이 그렇게 하라고 해서 여성을 죽였다고 주장한 남성의 사건에서 소위 "신의 명령 [예외] 교의"deific decree doctrine[15]을

녀는 아이들이 예수나 하느님 곁에 있을 거라고 이야기하지 않습니다.' 그는 말했다. '그녀는 위안이 될 말을 하지 않습니다'"(『휴스턴 크로니클』 2002/03/08). 예이츠가 TV 프로그램 〈로 앤 오더〉 *Law and Order*[미국 범죄, 법률 드라마]에서 자녀를 익사시켰지만 정신이상으로 무죄 선고를 받은 여성을 보고 범죄를 구상했을 수도 있다고 디아스 박사가 증언했다고 변호인 측은 항소에서 지적했다. 그러나 예이츠가 유죄 선고를 받고 며칠 후 그런 내용의 에피소드는 방영된 적이 없는 것으로 밝혀졌다(『휴스턴 크로니클』 2002/04/04).

14 [옮긴이] 정신이상에 의한 면책 방어(insanity defense)라고도 한다. 피고가 자신의 행위가 나쁘다는 것을 몰랐거나 그 행위의 본질, 내용을 이해하지 못할 정도의 정신 질환 또는 결함이 있는 경우에 한해 책임능력이 없다고 인정하는 것이다.

공식화했다. 이 원칙이 맥노튼 테스트를 비판하는 이유는, 그것이 피고인이 법적인 옳고 그름의 차이를 아는가만을 물을 뿐 도덕적인 옳고 그름을 구별할 수 있는가는 묻지 않기 때문이다. 카도조는 다음과 같은 예를 들었다.

> 어머니가 헌신적으로 돌보고 애착을 느껴 온 자신의 갓난아이를 죽인다. 그녀는 그 행동의 본질과 특성을 안다. 또한 그것이 법적으로 유죄임도 알고 있다. 하지만 그녀는 정신이상에 따른 망상에 고무 받았다. 하느님이 나타나 아이를 희생하라고 명했다는 것이다.

카도조의 결론은 법적인 의미에서 이 어머니가 그 행동이 잘못임을 안다고 말하는 것은 말도 안 된다는 것이다.

카도조 판사는 미국의 법 역사에서 거의 성인과도 같은 지위에 있는 인물이다. 그는 미덕과 박애의 화신으로 간주되어 왔고 곧잘 성 바울St Paul, 성 프랜시스St Francis of Assis, 토머스 모어Thomas More와 견주어진다. 그가 위 사례에서 도출한 결론은,

---

15 [옮긴이] 자기 행위의 성격을 알고, 또 그 행위가 법에 위배된다는 것은 안다 해도, 피고가 그게 신의 명령에 의한 행위라고 생각한다면, 이 역시 심신상실에 따른 행동으로 봐야 한다는 주장.

그런 유아 살해 사례는 피고를 정신이상으로 볼 수 있는 아주 강력한 사례이고, 또한 그런 피고에게 형법상의 책임이 있다고 보는 것은 혐오스럽다는 것이었다. 그러니까 카도조의 논리에 따르면 피고는 자신의 행동이 법적으로 잘못임을 분명 알 테지만 만약 종교적 망상 때문에 피고가 그 행위를 도덕적으로 옳다고 생각한다면 법은 피고를 정신이상으로 추정해야 한다는 것이다. 하지만 카도조가 든 자식을 사랑하는 부모의 예 덕분에 인정받은 이 신의 명령 교의는 좀처럼 옹호된 바가 없으며, 그것을 내세우는 경우에도 거의 성공한 적이 없었다. 어떤 이들은 이를, "자녀를 희생하라는 하느님의 명령을 듣는 헌신적인 어머니와 다정한 아버지는 거의 없고, 또한 그런 명령을 들었다 하더라도 그것에 순종하는 부모는 거의 없다"는 명백한 증거로 본다.[16] 그러나 앤드리아 예이츠의 사건은 맥노튼 테스트에 대한 카도조의 비판을 그렇게 빨리 잊어서는 안 된다는 것을 보여 준다.

---

16 다음을 보라. Grant H. Morris and Ansar Haroun, MD, "'God Told Me to Kill': Religion or Delusion", *San Diego Law Review*, 38: 973(1999), p.1008

정신병적 사랑

어머니가 아이와 맺는 관계는 흔히 특정한 환상 시나리오를 포함하며, 그녀의 욕망을 매개하는 것은 바로 이 시나리오이다. 어머니는 이 환상의 도움으로 아이를 사랑한다 — 그녀는 아이에게 있는 아이 이상의 것 — 대상 a, 주체를 특징짓는 결여의 대역인 대상 — 을 중심으로 이야기, 시나리오를 만든다. 정신병에는 이 환상 시나리오가 존재하지 않는다. 즉, 여기서 대상 a는 상징계에서 제거되지 않았기에 그것의 결여를 덮는 어떤 환상도 형성되지 않았다. 그래서 대타자의 결여의 대역이고 그런 의미에서 접근 불가능한 대상이 정신병에서는 현실로 나타난다. 이 대상이 갑자기 아이의 몸으로 체현될 때 어머니는 그것과 직접적인 관계를 맺고 있다고 느낄지도 모른다.

아이를 그렇게 파괴하는 것은 사랑과 어떤 관련이 있을까? 사랑에 관한 라캉의 유명한 말은 다음과 같다. "나는 당신을 사랑한다. 하지만 설명할 수 없는 일이지만 난 당신에게 있는 당신 이상의 무언가 — 대상 a objet petit a — 를 사랑하기 때문에 당신을 절단해 훼손한다."[17] 모든 사랑은 이렇게 주체가 "타자에게 있는 타자 이상의 무언가를" 중심으로 만들어 내는 환상 구조와 관련한다. 그런데 신경증적 주체는 대타자에게 있는 숭고한 대상의 본질, 대타자가 원하는 것, 그리고 대타자의 시선에서 주체 자신이 어떻게 보이는지에 대해 물으면서 자신을 히스테리화하지만, 정신병 환자에게는 그런 난제들이 없다. 신경증적 어머니는 아이가 무엇을 원하는지, 자신이 제대로 하고 있는지, 자신이 좋은 어머니인지, 사회가 자신을 어떻게 보는지 등을 끊임없이 자문할 것이다. 반면 정신병이 있는 어머니는 이런 의문들이 없다 — 그녀에게는 확신이 있다. 앤드리아 예이츠는 자신이 나쁜 어머니이고 그래서 자신으로부터 아이들을 보호할 필요가 있다는 것을 알고 있는 것이다.

정신병 환자의 사랑은 어떠할까? 정신병 환자는 사랑을 할 수 있을까? 어떤 면에서 사랑에 빠지는 모든 행동에는 약간의 망상이 있다. 사랑의 열병에 빠지는 첫 순간은 흔히 일종의 섬망으로 경험된다. 주체는 대타자를 과장하고 그 혹은 그녀를 대상 a를 소유한 누군가로 인식한다. 그런데 신경증자에게 이 섬망 상태는 이런 질문들과 중첩된다. "타자는 날 어떻게 생각하고 있지?" 혹은 "그에게 나는 어떤 존재지?" — 하지만 정신

---

17 Jacques Lacan, *The Four Fundamental Concepts of Psycho-Analysis*(New York: W. W. Norton and Co., 1981), p. 263[『자크 라캉 세미나 11: 정신분석의 네 가지 근본 개념』(맹정현·이수련 옮김, 새물결, 2008)].

병 환자는 바로 대타자 안에 있는 대상 a와 계속해서 특별한 관계를 갖는다. 정신병에서는 이 대상 a가 되돌아오는데 그것은 상징계에서 배제된 적이 없기 때문이고 그래서 이 대상a는 정신병 환자의 파트너가 된다. 정신병 환자의 섬망에서, 상징적 질서 혹은 또 다른 인간이라는 의미의 대타자는 그 정체성을 상실하고, 괴롭히는 목소리 혹은 응시라는 유령 같은 이미지로 나타난다. 따라서 그 괴롭히는 자는 정신병 환자가 상징계의 매개 없이 오직 공격성이나 성애eroticism로만 관계를 맺을 수 있는 이미지 같은 것이다. 그런 성애 관계는 유명한 판사 슈레버Daniel Paul Schreber의 사례에서 찾아볼 수 있는데, 그는 섬망 속에서 자신이 신과 특별한 관계를 맺는 여성이 되어 가고 있다고 느꼈다.[18]

정신병 환자에게는 향락하는 혹은 욕망하는 대타자와의 마주침이 아주 외상적일 수 있고 또 분명한 동기가 전혀 없어 보이는 범죄를 저지르도록 부추기기 쉽다. 그런데 정신병 환자가 대타자의 이미지로 자신을 드러내려는 사례는 흔하다. 또한 정

---

18 다음을 보라. Sigmund Freud's case history of Schreber in "Psychoanalytic notes upon an autobiographical account of a case of paranoia(dementia paranoids)"(*SE* 12)

신병 환자의 폭력에서 증상 전가transitivism[19]가 분명히 작동하고 있는 경우도 다반사다. 앤드리아 예이츠 사례에서 분명 향락을 느끼는 대타자는 사탄이었다. 그녀는 자신을 그에게 소유된 존재로 여겼다 — 아니 더 정확히 말하면 자신의 몸 안에 그가 일부분으로 들어와 통합되었다고 여겼다. 그녀가 머리를 긁어서 666을 보이려 한 행동은 분명 그녀가 자신 안에 있는 위험한 대타자를 노출하고, 또한 제거하고 싶어 했음을 보여 준다.[20]

---

19 [옮긴이] 자신에게 병이 있는데 다른 사람에게 있다고 확신하는 체험.

20 정신병 환자가 자신의 몸과 맺는 관계는 신경증자의 그것과 다르다. 신경증자의 몸은 언어에 의해 변화된다. 즉, 주이상스가 몸으로부터 제거된 후 그것이 주머니처럼 구석진 곳에서 부분 충동으로만 나타나는 그런 방식으로 변화되었다. 반면 정신병 환자의 몸은 주이상스에 의해 엄습 당한다. 앤드리아 예이츠가 악마에게 소유된 것 또한 그런 주이상스의 엄습으로 생각할 수 있다. 신경증과 정신병의 차이에 대해 더 자세한 내용은 다음을 보라. Bruce Fink, *A Clinical Introduction to Lacanian Psychoanalysis: Theory and Technique*(Cambridge Mass: Harvard University Press, 1997)[『라캉과 정신의학: 라캉 이론과 임상 분석』(맹정현 옮김, 민음사, 2002)]. 핑크는 또한 신경증자에게는 직접적으로 또 실질적으로 행동하는 것이 일반적으로 아주 어려운 반면, 정신병 환자는 최소의 도발에도 즉각 반응할 수 있다고 지적한다.

편집증적 양육

자녀에 대한 어머니의 폭력은 여러 불안들을 반영할 수 있다. 앤드리아 예이츠 사례는 괴롭히는 대상(예컨대 사탄)이 나타났을 때 정신병이 있는 어머니가 불안을 느끼는 방식을 잘 보여 준다. 수전 스미스의 사례는 어떻게 어머니의 불안이 폭력으로 바뀔 수 있는지 보여 준다. 다시 말해 그녀는 자신의 결여를 유지하려는 시도에서, 즉 어머니가 아닌 여성으로 인식되고 싶어서 그랬다. "대리인에 의한 뮌하우젠 증후군"Munchausen syndrome by proxy(이하 MSBP) 사례들에는 판이한 유형의 어머니의 폭력과 불안이 발견된다. 거의 익사할 뻔했다가 스스로 자신의 머리카락을 끌어올려 살아났다고 허풍을 떤 뮌하우젠 남작Baron Munchausen의 유명한 이야기를 상기시키는 MSBP는[21] 자신이 타인을 구할 수 있도록 그 사람에게 질병 혹은 신체적 증상을 유발하는

---

21 [옮긴이] 실제로는 앓고 있는 병이 없는데도 아프다고 거짓말을 일삼거나 자해를 하여 타인의 관심을 끌려는 정신 질환으로 가장성 장애라고도 불린다. 평소 거짓말 하기를 좋아했던 뮌하우젠 남작은 자신의 거짓 이야기를 각색한 소설『뮌하우젠 남작의 모험』(국내에는『허풍선이 남작의 모험』으로 소개되어 있다)을 출간하는데, 미국의 정신과 의사인 아셔가 여기서 이름을 따와 정식으로 사용하기 시작했다.

행위를 가리킨다. 이 증후군은 아이가 아프다고 주장하면서 치료법을 찾고자 이 의사 저 의사를 찾아 다니는, 과보호적인 어머니 사례를 묘사하는 데 주로 사용된다. 흔히 아이들은 어머니와 함께 있을 때는 특정 증상들을 보이다가 홀로 있을 때는 그런 증상들이 이내 사라진다. 이런 사례에서 어머니는 아이의 안녕에 관해 겉보기에는 명백히 불안해하는 것처럼 보인다. 하지만 염려라는 허울의 이면은 다르다. 남들이 보지 않고 있다고 생각할 때는 아이에 대한 잔혹성과 무시를 곧잘 드러내 보이고, 남들이 있을 때는 가장 헌신적이고 애정 깊은 부모 역할을 한다.

어떤 MSBP 학자들의 견해에 따르면 그런 어머니들에게는 자신이 의사들과 형성하는 특별한 전이적 관계가 중요한데, 그들은 권위 있는 인물들과 가까워지려고 애쓰기 때문이다. 이런 권위를 좇는 행동은 그런 어머니가 히스테리증자임을 분명히 시사하지만 더 복잡한 사례들은 작동 중인 정신병적 구조와 어떤 도착적 향락까지 보여 준다. 이런 어머니는 특정한 주이상스에 의해 추동되는 것처럼 보이며, 자신이나 아이의 안녕에는 신경을 쓰지 않는다. 그 결과 아이에 대한 그녀의 염려 이면에는 자신 안에 있는, 자신보다 더 강력한 무언가로 느껴지는 공격성이 있다 — 그녀는 분명 아이를 아프게 하거나 아이의 시신을 훼손할 수 있는 힘에 의해 압력을 받는 것처럼 보인다.

흥미로운 MSBP 사례는 엘리자베스 H이다. 화목하고 독실한 가족 출신인 그녀는 스물한 살에 결혼 후 딸 아멜리를 낳고는 이혼했다. 아멜리는 발육 부진과 만성적인 설사로 두 돌까지 열 차례나 입원을 했다. 어머니는 자기 애가 모유 외에는 어떤 음식도 먹지 못한다고 주장했다. 아이는 무수한 건강 검진을 받았지만 그 어떤 질병도 발견되지 않았다. 아멜리가 피를 반 파운드나 흘리고 머리카락과 치아가 빠지기 시작하자 치과의사는 수은중독 검사를 해야 한다고 제안했다(그러나 이 검사는 이루어지지 못했다). 두 돌 때 아멜리는 사망했고, 엘리자베스는 부검을 거부했다.

엘리자베스는 처음에는 깊은 우울증에 빠졌지만 이내 또 다른 아이 대니를 가졌다. 이 아이도 모유를 제외한 다른 모든 음식에 과민증을 보였던 것으로 추정된다. 그래서 엘리자베스는 다섯 살까지 대니에게 직접 젖을 물리든 하드 모양으로 냉동해서 먹이든 모유만 먹였다.[22] 대니의 어린 시절은 우여곡절이

22 Herbert A. Schreier and Judith A. Libow, *Hurting for love: Munchausen by Proxy Syndrome*(New York and London: The Guilford Press, 1993), p. 45.

많았다. 의사들이 쉴 새 없이 드나들었고 끝도 없는 임상 검사를 받았다. 검사에서는 아이가 아프다는 어떤 결과도 나오지 않았지만 조작된 병력 때문에 아이는 여러 의사에게서 약을 처방을 받았다.[23]

지역신문에는 중병을 앓고 있는 대니의 딱한 사정을 알리는 기사가 실렸다. 어머니에 따르면 대니는 혹독한 불치병들을 누구보다도 오랫동안 겪어 왔다. 보도 후 의사, 경찰, 사회복지기관들은 새로운 방식으로 개입하기 시작했다. 입원 조치 후 대니에게서는 천식 외에 다른 어떤 질병도 확인되지 않았다. 의사들은 또한 대니가 모유만 섭취하고도 꽤나 양호한 발육 상태를 보인다는 것을 알게 되었는데, 그 이유는 수년간 집에 있는 다양한 음식들을 "몰래 먹어" 왔기 때문이었다. 대니 사례는 법정으로 갔다. 법정에서 아동보호기관은 대니가 계속 어머니의 돌봄을 받되 둘 다 심리 치료를 받아야 한다고 주장한 반면, 의사들은 아이가 어머니에게서 격리되기를 희망했다. 결국 대

23 "보고된 바에 따르면 아이의 식단은 전부 어머니와 이웃의 모유, 사워도우 빵, 유동식 보충제로 이루어졌다. 아이는 열한 가지 약물 치료를 받았다. 그리고 치명적인 양의 코르티코스테로이드를 장기간 복용한 것과 연관된 합병증들을 보였다. 이는 천식을 명목 삼아 처방 받은 것이었다"(Ibid.).

니는 어머니의 보호 아래 남게 되었고 그의 상태는 급속도로 악화되었다. 대니는 천식 발작으로 수차례 병원 신세를 졌고, 어머니가 천식약의 적정 복용량을 지키지 않았다는 의혹이 제기되었다. 이런 천식성 쇼크들은 결국 호흡 정지를 일으켰고 영구적인 신경 인지적 결함을 유발했다. 호흡 정지가 있었던 그날 엘리자베스는 대니를 공원에 데려갔는데, 여기서 대니는 천식을 유발하는 조건으로 잘 알려진 것들, 즉 꽃가루, 풀, 개와 접하며 뛰어놀았던 것이다. 대니가 응급실에 있을 때 간호사는 어머니가 대니에게 여러 차례 이렇게 말하는 것을 우연히 듣게 되었다. "숨 쉬면 안 돼." 그리고 얼마 지나지 않아 아이에게 호흡 정지가 나타났다. 의사는 호흡관을 삽입하는 데 애를 먹었다. 폐로 이어지는 통로를 감싸는 성대가 조여져 있었다. 대니의 어머니 엘리자베스는 대니의 호흡 정지가 뇌 손상과 심각한 기억상실을 낳았음에도 내내 완벽할 정도로 차분했다. 이후 법원은 대니가 정신과 의사의 진단을 받도록 지시했는데, 대니를 진단한 의사는 엘리자베스가 대니와 분리되어 있는 동안 불안해하는 모습을 보였고, 대니의 경우 병약하고 무기력한 자신의 위치를 받아들이고 있었다고 지적하며, 이는 때때로 자해로 이어지기도 했다고 언급했다.[24]

분리 불안은 보통 아이에게서 나타나지만 위 사례에서 볼 수 있듯이 정신병이 있는 어머니도 지독한 불안을 느낄 수 있다. 엘리자베스는 아이의 병을 거듭 날조해 아이와 분리되지 않으려 애썼다. 이 사례에서 모유는 어머니와 아이를 영원히 연결해 줄 궁극의 대상으로 인식되었다. 여기서, 처음에는 아이의 안녕에 대한 염려처럼 보이는 어머니의 불안은 어머니가 아이와 떨어지지 못하는 데서 발생하는 것이다. 아이가 어머니에게서 분리된다는 것은 어머니가 대타자의 결여뿐만 아니라 자신의 결여도 다루어야 한다는 의미다. 어머니는 더는 아이를, 자신을 완벽하게 해주는 대상으로 이용해서는 안 되며, 아이도 어머니의 사랑이 결코 없애 주지 못하는 자신의 결여를 겪어 봐야 한다. 그러나 정신병이 있는 어머니는 결여에 의해 빗금 쳐지지 않았던 것이고, 이런 이유로 아이와 분리될 수 없는 것이다.

---

24 Ibid., p. 48.

전부 이야기하기

오늘날에는 외상과 그것을 막는 방법에 관한 논의들이 홍수를 이루고 있다. 그래서 흔히 부모들은 외상을 일으킬 수 있는 사건들을 모두 말로 표현하는 방식으로 자녀를 키우면 아이의 외상 형성을 막을 수 있을지도 모른다고 생각한다. 이전 장들에서 보았듯이 오늘날에는 또한 불안의 잠재적 원천들을 정확히 집어내 서술하면 그것의 영향이 줄어들 수 있다고 믿는 경향이 있다. 이런 경향들은 자기계발 산업의 출현과 밀접한 관련이 있다. 이 산업은 불안과 외상을 관리할 수 있는 방법을 지도하려 한다. 하지만 "전부 이야기하기"라는 접근 방식이 과연 원하던 결과, 즉 아이들의 외상적 행위를 예방하는 결과를 가져올 수 있을까?

정신분석가 카트린 마틀랭Catherine Mathelin이 보고한 아서의 사례를 살펴보자. 아서는 학교에서 폭력적이고 제멋대로 행동해서 부모가 그녀에게 데려온 일곱 살 소년이었다. 분석 시간에 아서는 거대한 해마류의 바닷물고기와 무시무시한 문어가 모든 것을 먹어 치우고, 바다코끼리가 알 위에 있는 그림을 그리기 시작했다. 아서는 이 알들이 모두 죽게 될 거라고 설명했다 — 바다코끼리가 깨뜨리고 짓눌러 버릴 거라는 것이었다. 아서의 부모는 이 그림들을 보고는 몹시 고통스러워하면서도 아이의 강박을 고치고자 안 해본 일이 없다고 방어하듯 이야기했다. 아버지는 이렇게 말했다. "아내는 심리학에 대해 모르는 게 없어요. 무엇을 해야 할지도 알고 있고요. 이를테면 우리는 아이에게 비밀로 한 게 없어요. 아시다시피 비밀은 나쁘잖아요."[25]

부모는 아서의 동생이 출생할 때 뇌 손상을 입은 외상적 사건에 대해 아서에게 이야기하면서 특히 조심스러웠다고 설명했다. 아기가 태어난 후에 어머니는 아기가 살아남더라도 비정상적인, 손상된broken 아이가 될 것이라는 통보를 받았다. 이 외상적 이야기를 묘사하면서 어머니는 이렇게 말했다. "뇌가 손상됐어요broken. 그들[의사들] 표현이 정확히 그랬어요. 그런데 아서 좀 봐요. 깨진broken 달걀을 그리고 있잖아요!" 아버지가 어머니의 말을 끊었다. "그것 봐요, 이 얘기는 더는 하지 맙시다. 당신도 알다시피 매번 당신만 힘들어지잖아요. 아서는 그것에 관해 전부 알고 있어요. 그리고 그건 아서하고는 아무런 상관이 없어요."[26] 그러나 어머니는 이야기를 멈추지 않으면서 그 당시 자

---

25 Catherine Mathelin, *Lacanian Psychotherapy with Children*(New York: The Other Press, 1999), p. 30[『라깡과 아동 정신분석』(박선영 옮김, 아난케, 2010), 114쪽].

신이 의사들에게 어떻게 이야기했는지 미주알고주알 늘어놓았다. 그녀는 아이가 정말로 손상되었다면 "뭐라도 해야" 하지 않겠느냐고 말했고, 의사들은 그런 요구에 응할 수 없다고 했다. 어쨌든 얼마 지나지 않아 아이는 병세가 악화되더니 죽었다. 이런 외상적 사건 뒤에 어머니는 아이가 자연적으로 죽은 것인지, 그러니까 의사들이 생명 유지 장치를 떼어 버린 것은 아닌지 의심하기 시작했는데, 그 이유는 그녀가 장애가 있는 아이는 돌볼 수 없을 것 같다고 말한 적이 있었기 때문이다.

카트린 마틀랭은 아서의 폭력성, 모든 사람을 "살육"하고 싶은 바람은, 나는 살인자인가 라는 어머니의 물음에 대한 메아리라고 결론지었다. "마치 엄마를 안심시키려는 듯 아서는 엄마의 비밀은 그렇게 끔찍하지 않다고 이야기하는 것처럼 보였다. '난 사람들을 죽이고 싶어요. 하지만 그건 아무런 잘못도 아니에요'라고 말이다."[27] 부모는 갓난아이 동생의 죽음과 관련한 외상이 아서에게 생기지 않도록 애써 그것을 전부 말했음에도 불구하고 자신들의 무의식, 환상, 죄책감은 통제할 수 없었

---

26 Ibid., p. 31.

27 Ibid., p. 32.

다. 아서의 그림들은 초자아의 죄책감과 연관된 어머니의 불안을 반영했다. 따라서 알들을 짓누르는 바다코끼리는 아서의 공격성이 아니라 오히려 어머니의 불안과 죄책감을 덜어 주려는 필사적인 시도를 보여 준다.

이 사례는 아이의 외상을 예방하려면 아이 앞에 비밀이 없어야 한다는 생각에 또 다른 관점을 제시해 준다. 비밀과 관련해서 정신분석가들은 이런 격언에 의지한다. "모든 것을 말하는 것이 전부를 이야기하는 것은 아니다."To say everything is not to tell all. 사건, 극적인 사건, 외상들을 아무리 말로 표현하려 애쓴다 하더라도 우리는 말로 나타내려 했던 것들의 행간에서 말하는 무의식을 통제할 수 없다. 아서 사례로 돌아가면 아무리 부모가 아서 앞에서 비밀이 없게 하려 했더라도 모든 것을 이야기해 줄 수는 없었다고 말할 수 있다. 그리고 아서는 바로, 말할 수 없는 것 — 어머니의 무의식적 욕망과 환상들 — 을 다루고자 자신의 행동을 이용했던 것으로 보인다.[28]

---

28 아동 정신분석에서는 아이가 매우 공격적이고 제멋대로 군다면 아이가 자신의 행동으로 어머니의 주의를 우울에서 다른 것으로 돌리려는 경우가 흔하다고 말한다. 즉, 아이가 계속 어머니를 분주하게 만들어 우울증에 빠질 시간이 없도록 하는 것과 같다.

비밀은 없어야 하고 부모는 자녀에게 "전부 이야기해" 줘야 하며 외상은 말로 나타낼 수 있다는 생각은 전부 이야기해 주는 것이 실제로 가능하다는 환영에서 기인한다.[29] 이런 인식은 앤드리아 예이츠의 사례에서도 작동했다. 즉, 한편으로 우리는 예이츠에게 범죄를 저지른 이유에 대한 "진실"을 이야기할 기회를 줬어야 한다고 생각했고, 다른 한편으로는 그녀의 사생활을 낱낱이 대중에게 드러내고자 그 어떤 짓도 마다하지 않았다. 재판 당시, 인터넷에서는 관련 웹사이트들이 만들어졌다. 죽은 아이들을 추모하는 웹사이트들이 무수히 생겨났고 거기에는 아이들의 일상생활이 담긴 사진과 장례식 사진들이 올라왔다. 또한 앤드리아에 관한, 그리고 그녀를 만난 적이 있는 사람들의 증언을 담은 책들도 나왔다. 충격적이게도 대중은 그녀의 모든 정신 질환 이력도 찾아볼 수 있었다.[30]

---

29 대중 심리학에서 사람들은 한편으로 자신을 온전히 표현하는 법, 내면의 감정, 욕망 등을 말로 표현하는 법에 관한 조언을 얻을 수 있다. 하지만 다른 한편으로는 서로 "속여서" 원하는 것을 얻을 수 있다고 가르치는 조언들도 얻는다. (여기서는 사랑, 일 등에서 성공하는 비법에 관한 다양한 자기계발서들을 염두에 두고 있다.)

30 놀랍게도 언론은 캘리포니아의 어데어 가르시아Adair Garcia 사건에는 그다지 관심을 보이지 않았다. 예이츠 재판 당시 그는 여섯 자녀 중 다섯을 바비큐 그릴

만약 앤드리아가 끊임없이 타인들(처음에는 남편, 나중에는 담당 정신과 의사들)에 의해 대변되는 이런 목소리 없는 여성이기를 기적적으로 거부하고 자기 목소리를 낼 수 있었다면, 우리는 그녀의 범죄를 더 잘 이해할 수 있었을까? 미셸 푸코는 재판에서 자신의 범죄에 대해 유죄라고 답변한 남성의 사례를 언급한다. "왜 그랬습니까?"라는 판사의 질문에 그 남성은 동기를 설명하고 싶지 않지만 처벌은 받겠다고 했다. 그 순간 맥이 빠진 판사는 말했다. "하지만 당신이 왜 그랬는지 이야기하지 않는 한 법적으로 처벌할 수 없습니다." 푸코가 끌어낸 결론에 따르면 만약 주체가 깊은 감정을 표현하고 싶지 않거나 내면의 갈등과 동기들을 자백하고 싶지 않다면 오늘날 법은 더는 기능할 수 없다.

자백에 대한 이런 연구를 고려할 때 법은 정신병 환자를 판단할 수 있을까? 흔히 법정은 처벌을 요구하는 대중을 만족시키고자 정신병 환자를 분별 있는 사람이라고 선언한다. 정신병

에 넣어 죽이고는 자살을 시도했다. 언론의 추측에 따르면 그는 아내가 자신을 떠난 뒤로 우울증에 빠져 있었다고 한다. 하지만 언론이 간과한 사실은 그가 병원에서 깨어난 후 "무표정한 얼굴에 창백한 상태"로 어떤 감정도 보이지 않았다는 것이다. 오늘날 우울증은 범죄의 원인을 이해하기 위해 쉽게 갖다 붙이는 조건으로 보인다.

환자는 사실 이런 결과에 일종의 만족을 느낄지도 모른다. 분명 앤드리아 예이츠는 형 선고에서, 사탄이 참으로 자기 안에 존재하고 또 국가가 그것을 내쫓아 줄지도 모른다는 또 다른 증거를 얻었을 것이다. 그런 처벌은 정신병 환자에게는 문제가 되지 않을 테지만 법적으로는 훨씬 더 문제적이다. 정신병적 주체는 법과 전적으로 외부적 관계를 맺고, 옳고 그름에 대한 법의 정의에 의해 조금도 히스테리화되지 않음을 법은 받아들일 필요가 있을 것이다.

자녀에 대한 어머니들의 모순적인 관계는 대중의 의견으로는 포착하기 힘든 무엇이다. 프로이트도 자녀에 대한 어머니의 사랑은 다른 사랑들에서 보이는 보통의 애증이 발견되지 않는 사랑일지 모른다고 추측했다. 그러나 프로이트 이후의 정신분석가들은 이런 견해를 바꿨고, 어머니의 사랑이 가진 양가적인 본성을 강조하기 시작했다.[31] 하지만 이 양가성은 우리가 공포를 느껴야 하는 무엇이 아니다. 즉, 아이들에게 문제는 보통 자신이 어머니의 사랑 혹은 증오의 순전한 대상일 때 나타나는

31 다음을 보라. Darian Leader, "Sur l'ambivalence maternelle" in *Savoirs et clinique*, 1(March 2002).

데, 역설적으로 어머니의 양가적인 태도는 아이들에게, 어머니로부터 거리를 두고 그래서 어떤 "자유"를 획득할 수 있는 공간을 열어 준다.

6

증언은 불안을 치유할 수 있을까?

최근 몇 년간 대중 심리학은 본질적으로 주체를 다양한 외상적 경험들의 희생자로 개념화해 왔지만, 좀 더 최근에 주체는 생존자라는 개념으로 변화했다. 희생자에서 생존자로 변화해 온 주체에게는 고통을 증언하는 것이 중요하다. 9·11 이후 이는 더 분명해졌다. 즉, 이 사건에 대한 이야기와 설명이 홍수를 이루었을 뿐만 아니라, 그것으로 심하게 외상을 입은 사람들을 "돕는" 산업도 급성장했다. 치료사들은 누가 더 효과적으로 치료할 수 있는지 앞다퉈 나서기 시작했다 — 미국과 같이 사업 지향적이고 빠른 해결책을 추구하는 사회에서는 그리 놀랄 일도 아니다. 고인의 가족들은 다양한 유형의 슬픔 상담grief counselling을 받았는데, 이 가운데 가장 널리 보급된 기법은 디브리핑de-briefing[1]으로 알려져 있다. 이 용어는 과거에 CIA 같은 정보기관이 주로 사용해 왔다. 예컨대 정보기관 요원들이 붙잡힌 테러리스트의 비밀 동기를 즉시 밝혀낼 요량으로 디브리핑을 실시하는 것이다. 테러리스트가 경계를 풀고 있다가 기습 질문을 받으면, 숨기려 했던 무언가를 드러내리라는 생각에서다. 테러 공격으로 외상을 입은 사람들을 대상으로 한 디브리핑 방법은 조금 다르다. 여기서 목적은 현재의 우울증이나 다른 유형의 절망 이면에 있을지도 모르는 "비밀"을 알아내는 것보다는 빠른 해결책을 제공하고 외상적 기억이 있는 희생자들을 일시적으로 진정시키는 데 있다.

어떤 사건으로 외상을 입은 주체는 흔히 그것이 반복될까 불안해한다. 9·11 이후 1년이 넘도록 미국 언론은 매일 사람들의 고통에 관해 보도하면서 다음과 같은 표제를 뽑았다. "불안은 지하철을 타고 온다", "나의 비상시 생존 장비", "걱정하지 말고 준비하세요. 불안한 영혼을 위한 치킨 스프"(『뉴욕타임스』

---

1 [옮긴이] 사전적으로는 '임무 완료 후의 결과 보고'를 의미한다. 이를 들어 주는 사람을 디브리퍼(Debriefer)라 하며, 대상자(Debriefee)가 경험한 여러 사건과 위기, 이로 인한 감정적인 외상들을 감정적인 반응과 함께 표현할 수 있는 기회를 갖게 하는 것이다.

2003/02/23). 이 기사들은 사람들이 불안을 가라앉히고자 온갖 방법으로 애를 썼음을 보여 준다. "한 브루클린 여성은 지갑에 젖은 수건을 휴대하고 다녀야 하는 것은 아닌가 하는 생각이 불현듯 들었다. 출퇴근길 지하철에서 신경가스 테러가 발생할 경우를 대비해서 말이다"(『뉴욕타임스』 2003/02/23). 어떤 이들은 틈새를 막는 데 쓰는 덕트 테이프와 생수를 구매하기 시작했고, 또 어떤 이들은 응급처치, 화생방 대비 훈련 강좌를 듣기 시작했다. "[재난] 대비용품 판매업자들은" "무엇이 당신을 아프게 하든 이거면 될 것이다"라고 외치며 마치 [미국인들이 아플 때 흔히 먹는] 치킨 스프 팔듯 그것들을 팔아 치웠지만 이는 외려 사람들을 더 불안하게 했다 — 많은 사람들은 불안에 대한 해독제를 찾고 있었으나 어떤 이들은 그런 모든 대비 조치들이 사실 역효과를 낼 뿐이라는 것을 알고 있었다.

정신분석은 초창기부터 불안과 외상의 연관성을 인식하고 있었다. 외상은 속수무책의 상황과 관련되어 있고, 불안은 흔히 그런 외상적 상황이 반복될 수 있음을 주체에게 상기시키는 신호로 나타난다. 불안한 주체는 이렇게 생각한다. "현재 상황은 전에 겪었던 외상적 경험 중 하나를 상기시킨다. 따라서 나는 미리 그 외상적 경험을 예감하고 마치 그것이 이미 찾아온 것처럼 행동할 것이다. 비록 그것을 피할 시간이 아직 남아 있긴 하지만 말이다."[2] 프로이트의 결론에 따르면 불안은 한편으로 외상적 경험에 대한 예기이고, 다른 한편으로는 그것이 완화된 형태로 반복되는 것이다. 2장에서 보았듯이 불안은 위험 상황에서 찾아올 속수무책에 대한 예감인데, 주체는 알고 있는 **현실적** 위험을, 알지 못하는 **본능적** 위험과 연관 짓는 것이다.[3] 즉, 현실적 위험이 주체에 대한 외부 대상의 위협으로 보인다면, 신경증적 위험은 본능적 요구로부터 오는 주체에 대한 위협이다. 하지만 프로이트가 지적하듯이 본능적 요구가 현실적인 무엇인 한 주체의 신경증적 불안도 현실적인 기반이 있는 것으로 볼 수 있다.[4]

그러므로 불안은 주체를 외상으로부터 보호하려는 신호로 간주할 수 있다. 그런데 어떤 상황에서는 이것이 뒤바뀌어서 외상적 기억이 불안 상태에 대한 특정한 해결책이 된다. 3장에서 지적했듯이 오늘날 사회에서 불안은 한편으로는 책임을 지고 결정을 내리는 사람이 한 사람도 없는 것 같다는 사실과 연

2 "Inhibitions, symptoms and anxiety", p. 326.

3 Ibid.

4 Ibid., p. 327.

관되어 있고, 다른 한편으로는 누군가가 숨겨진 방식으로 결정을 내리고 있는 것 같다는 사실(이는 온갖 음모론들을 가능하게 한다)과 연관되어 있다. 이 권위와 연관된 불안들은 특히 오늘날의 문화에서 변화된 아버지 역할과 연관되어 있다. 프로이트 이론에서 불안은 주로 거세와 연관되어 있고 오이디푸스 단계에서 주체는 아버지와의 관계에서 특정한 불안에 시달린다고 가르친다. 하지만 이 장에서 살펴보겠지만 불안과 관련한 일부 사례에서는 외상적 기억이, 주체가 불안에 따른 고통에 대한 대응책을 찾도록 돕는 누빔점quilting point[5]이 된다.

나는 주체가 권위의 무능과 관련한 불안을 어떻게 다루는지에 관한 두 가지 사례를 살펴볼 것이다. 두 가지 사례 모두 홀로코스트의 공포와 관련된 논쟁적 사례이다. 우선, 나는 벤야민 윌커머스키Binjamin Wilkomirski의 『편린들』*Fragments*에서 불안과 외상을 어떻게 다루는지 분석해 보고, 로베르토 베니니Roberto Benigni의 〈인생은 아름다워〉*Life is beautiful*를 분석해 볼 것이다. 둘의 주된 차이는 『편린들』은 저자가 서너 살 때 강제수용소에

---

5 [옮긴이] 본디 소파 방석을 고정하는 단추를 뜻하는 말로, 기표가 기의와 확고하게 결합되지 못하고 미끄러지는데 이를 고정해 의미를 만들어 내는 지점을 누빔점 혹은 고정점이라 한다.

서 보낸 경험을 담은 믿을 만한 회고록이라고 주장하는 반면, 〈인생은 아름다워〉는 홀로코스트를 사실이라고 주장하지 않고 코미디 형식으로 제시한다는 것이다. 홀로코스트 외상에 관한 두 가지 이야기 모두 공포의 한가운데 있는 아이의 내적 분투, 특히 불안을 유발하는 사건이 아이의 외상적 기억에 각인되는 과정에 권위가 미치는 영향을 보여 준다.

아버지, 제 목소리가 들리지 않나요?

『편린들』은 폴란드 죽음의 나치 수용소에서 보낸 어린 시절 기억의 "편린들"을 드러낸다. 현재 스위스에서 음악인으로 살고 있는 저자는 자신이 1939년쯤 라트비아의 수도 리가에서 태어났다고 믿고 있다. 그가 서너 살 때 가족은 고향을 떠나 피난길에 올랐고 그 여정에서 그는 아버지가 처형당하는 것을 목격하기도 했다. 벤야민은 어머니, 형제들과 헤어지고 마이다네크 수용소로 가게 되었다. 그 이후 그는 여러 수용소를 전전하며 4년을 보내게 되는데 여기가 첫 번째 수용소였다.

윌커머스키는 혼란스럽고 겁먹은 아이의 관점에서 회고록

윌커머스키의 『편린들』.

을 들려주고, 분절적인 회상을 통해 수용소 생활을 생생히 그린다. 예컨대 수감자들에게 부과된 노역, 경비병들의 잔인함, 목숨을 부지하기 위해 감당해야 하는 구역질나는 현실, 두려움과 죄책감 등이 그것이다. 책에는 강렬한 이야기들이 담겨 있다. 쥐들이 피범벅이 된 채로 시신들에서 기어 나온 일, 아마도 그의 어머니로 추정되는 여성이 자신의 마지막 마른 빵 한 조각을 건네준 기억, 아기들이 죽기 전에 자기 손가락을 뼈가 드러날 때까지 깨물던 일, 그리고 추위를 견디기 위해 발목까지 오는 배변더미 속에 맨발로 서있던 기억. 벤야민은 어째서 자신이 살아남았는지 알지 못한다. 그가 유일하게 설명할 수 있는 한 가지는 쟁클[6]이라는 형이 베풀

6 쟁클은 가장 선한 아버지 같은 인물로 나온다.

어 준 친절이다. 쟁클은 매트리스를 같이 쓰며 그와 함께 잤고, 살아남는 방법도 알려 주었다.

이 책은 죽음의 수용소 시절과 스위스 시절을 오가지만 두 경험을 구별하지 않는다. 처음에는 나치가 준 고통의 희생자였던 벤야민은 전후戰後에는 그가 홀로코스트를 경험하지 않았다고 확신시키려는 선의의 어른들의 희생자가 된다. 예컨대 양부모는 그가 나치 수용소 시절 갖게 되었던 자기 보호 전략들을 이제는 버려야 한다고 강조한다. 하지만 벤야민은 [그런 전략들 덕분에] 수용소의 공포에서 살아남을 수 있었던 것이었고, 오히려 나중에 자유로운 상태에서 견뎌야만 했던, 선한 의도에서 나온 진부한 말들 앞에서는 완벽한 무력감을 느꼈다. 그래서 그는 이렇게 결론짓는다. "우호적인 어른들이 가장 위험하다. 그들은 사람들을 속이는 데 가장 능숙하다."[7] 비록 사람들이 강제수용소는 한낱 꿈이었다고 확신시키려 했지만 그는 수용소는 여전히 어딘가에 숨겨져 있고 무해한 사람들로 변장한 경비병들은 어느 때고 살인을 저지를 수 있다고 믿었다.

윌커머스키는 책에서 많은 부분을 할애해 평생을 따라다니

7 Binjamin Wilkomirski, *Fragments*(New York: Schocken Books, 1996).

며 외상으로 남은 공포스러운 사건들을 받아들이기 어려웠다고 이야기한다. 예컨대 책 앞부분에서 그는 언어가 도움이 되지 않았다고 지적한다. 그에게는 "모국어도 부父국어도 없기 때문이다."[8] 책 말미에서 그는 그저 자기 이야기를 쓸 필요성을 느꼈을 뿐이라고 설명한다.

> 나는 모든 것을 알고 싶었다. 모든 것을 낱낱이 알고 싶었고, 모든 연관성을 이해하고 싶었다. 잠 못 들게 하거나 악몽을 꾸게 한, 부서진 어린 시절 밤의 기억에 대한 답을 찾고 싶었다. 나는 남들은 그 당시 무엇을 겪었는지 알고 싶었다. 그것을, 내 안을 휘젓고 간 어린 시절의 기억들과 견주어 보고 싶었다. 그리고 그것들을 이성과 지성으로 정리해 보고 싶었다. 하지만 시간을 들일수록 나는 경험에 의거해 더 깨닫고 알게 되었고, 대답은 — 실제로 일어났던 것은 무엇인가 라는 측면에서 — 더 포착하기 힘들어졌다.[9]

『편린들』은 세계적인 베스트셀러가 되었고 저자는 무수한

---

8 Ibid., p. 3.

9 Ibid., p. 125.

상을 받았다. 하지만 이 모든 성공이 있고 나서 책이 사기라는 게 밝혀졌다. 스위스 작가이자 홀로코스트 생존자의 아들이었던 다니엘 간츠프리트Daniel Ganzfried는 처음으로, 윌커머스키가 라트비아가 아니라 스위스에서 1941년에 태어났다고 주장했다. 그에 따르면 윌커머스키는 개신교 비혼 여성의 아들이었고 어느 스위스 부부에게 입양되어 브루노 두세커Bruno Doessekker라는 이름을 얻었다. 갠츠프리트가 찾아 낸 출생증명서와 기타 문서에 따르면 두세커는 전시에 스위스에 있었고, 1947년에 학교에 들어갔다. 반면 윌커머스키는 1946년에 스위스에 왔다고 말한다. 윌커머스키는 유대인임을 입증하고자 갠츠프리트에게 자신은 할례를 받았다고 이야기했지만 윌커머스키의 전처와 옛 여자 친구는 이를 부인한다. 이런 폭로 후 다른 많은 홀로코스트 학자들도 그 책은 허구라고 선언했다. 하지만 이런 스캔들 후에도 윌커머스키는 자신이 진실을 이야기하고 있다고 주장했고, 오랫동안 거짓이라고 의심 받았던 안네 프랑크의 일기를 거론하면서 자신을 안네 프랑크와 견주기도 했다.

큰 논란을 야기한 이 회고록은 소위 기억 회복 치료recovered memory therapy의 산물이다. 저자 자신도 자신의 "기원"을 발견할 수 있었던 것은 치료사와 홀로코스트 희생자들에 관한 상세한 연구 조사 덕분이었음을 인정한다. 기억 회복 치료가 고도로 암시적인 기법임은 잘 알려져 있다. 즉, 치료사는 환자의 자유 연상을 듣는 것이 아니라 환자가 일시적으로 잊은 어떤 외상적 경험을 기억해 내도록 유도한다. 따라서 이는 보통 치료사 스스로가 환자가 가진 문제의 원인이라고 암시하는 학대와 관련된다. 환자가 자신이 과거 폭력에 희생된 사람임을 불현듯 "기억할" 때 생기는 주요 문제 가운데 하나는 환자의 회복된 기억이 진실임을 남들에게 어떻게 납득시킬 것인가와 과거의 외상적 경험들에 대한 보상을 어떻게 받을 것인가이다. 예컨대 어린 시절에 성적 학대를 받은 기억이 회복된 사례의 경우 환자는 주로 부모 혹은 다른 권위자가 죄를 인정하고, 자신이 제기하고 있는 혐의들을 받아들이며, 본인의 "범죄들"에 대한 후회와 가책을 보여 주기를 원한다.

기억 회복 치료를 받는 환자들은 보통 권위자와 관련해 심각한 문제를 가진 이들이다. 한편으로 그들은 어린 시절 권위자들이 보인 폭력성이나, 폭력으로부터 자신들을 보호해 주지 못한 그들의 수동성에 불만을 호소한다. 다른 한편으로는 성급하게 치료사를 궁극의 권위자로 받아들여 버린다. 치료사가 자신이 받은 외상의 원인에 관한 가장 "폭력적인" 이론들을 만들어 낼 수 있음에도 말이다.

이처럼 기억 회복 치료에서 발견되는 권위와 관련된 문제들은 현 사회의 폭넓은 변화라는 맥락에서 분석할 필요가 있다. 현대사회에서 권위의 지위와 관련한 무수한 난제들이 나타난 바로 그 시기에 기억 회복 치료가 등장했음을 생각해 보라. 지난 10년간의 특징은 아버지, 대통령, 교회 지도자 같은 전통적인 권위자들의 권력이 쇠락하고 광신 집단의 지도자와 성적 학대자 등 — 전통적인 권위자들의 외설적 이면으로 나타나는 인물들 — 이 출현했다는 것이다. 정신분석 이론에서 곧잘 언급되어 왔듯이 법의 상징적 담지자인 아버지는 대중의 상상계에서 원시 부족의 아버지, 즉 다른 남성들은 접근할 수 없는 주이상스에 접근할 수 있는 남성으로 대체되었다.

프로이트는 불안에 관한 두 번째 이론에서 아들에게 아버지와의 관계는 불안의 주된 원천임을 보여 주었고, 꼬마 한스의 말horses 공포증 분석에서는 공포증의 대상은 흔히 더 공포스러운 또 다른 불안, 즉 아들이 아버지와 맺는 특정한 관계와 연관된 불안을 덮도록 돕는다고 지적했다. 하지만 아버지는 분명 아들에게 불안을 야기하는 인물일 수 있지만 그렇다고 아버지의 부재 혹은 그의 무력이 불안을 덜어 주지는 못한다. 반대로 이는 아버지를 대체하는 어떤 "적절한" 인물(예컨대 광신 집단의 지도자)과 강력한 동일시를 가능케 하는 여지를 마련해 주고, 또한 실패한 실제 아버지를 노출하려는 욕망을 가능케 한다.

기억 회복 치료의 출현은 오늘날 가족에서 권위의 종말과 그로 인해 주체의 불안들이 근본적으로 변화한 것과 관련된다. 그런데 기억 회복 치료의 역설은, (아버지와 교사 같은) 학대하는 권위자들에 맞서 싸우는 과정에서 흔히 치료사들 자신이 지도자 역할을 떠맡고, 학대 받은 이야기를 고무하면서 엄청난 향락을 얻는다는 것이다.

『편린들』에서 명백한 것은 저자가 아버지의 권위와 관련해 크게 힘들어 한다는 것이다. 책에서 가장 충격적인 부분 하나는 민병대가 아버지를 살해하는 모습을 어린 벤야민이 지켜보는 부분이다. 윌커머스키는 이렇게 쓴다. "돌연 아버지는 이를 악물고 고개를 돌렸다. 머리를 들고는 입을 벌렸다. 뭔가 외치려는 듯이 …… 아버지의 입에서는 어떤 소리도 나오지 않았다. 다만 목에서 뭔가 검은 게 뿜어져 나왔다. 트럭이 돌진해 집 앞에 있던 아버지를 뭉개 버렸다."[10] 눈에 띄는 점은 사실 아버지를 알지 못했던 윌커머스키가 아버지의 처형에 관한 그런 생생한 기억을 풀어낸다는 것이다. 아버지는 말 한마디도 입 밖에 내지 못한 것으로, 즉 상징적 법을 재현하지 못한 것으로 보

10 Ibid., pp. 6-7.

인다 — 그의 입에서는 권위의 목소리가 아니라 침묵의 절규와 피가 흘러나온다. 아들의 기억에서 아버지가 뭉개진 대상인 것은 상징적 영역에서 아버지의 역할이 실패했기 때문으로 추측해 볼 수 있다. 권위자들이 자신의 상징적 지위에서 실패해 생긴 이런 외상은 윌커머스키의 회고록에서 계속된다 — 따라서 그 책의 진정한 요지이자 동기는 어른들에 대한 불신과 그들의 "연민"에 대한 두려움이다. 이런 외상들을 드러내면서 그는 독자들로부터 엄청난 동일시를 얻어 냈다. 엘레나 래핀Elena Lappin은 윌커머스키가 이야기를 꾸며낸 이유를 찾으려다가 그가 자신의 이야기를 굳게 믿어 왔다는 것을 깨닫게 되었다. "그가 수용소에 관해 이야기할 때마다 나는 믿었다. 그의 비통은 진짜였다. 단순히 책의 주장을 정당화하고자 그런 고통을 꾸며내기란 불가능했다."[11]

조너선 코젤Jonathan Kozel은 열정적인 평론에서, "『편린들』에는 마음에 큰 상처를 입은 아이들을 위해 일하는 이들이 제기하는 질문들이 등장한다"라고 지적한다. "인간의 존엄에 대한

11 다음을 보라. Elena Lappin, "The man with two heads", *Granta*, 66(1999). 다음도 보라. Philip Gourevitch, "The memory thief", *The New Yorker*(1999/06/14).

아이의 믿음은 어떻게 파괴되는가? 일단 파괴되면 어떻게 회복될 수 있는가? 아니, 불가능한가? 어른이 만들어 낸 악에도 불구하고 망각에 저항하기 위해서 아이들은 어떤 전략을 배우는가?"[12] 코젤은 『편린들』을 엘리 비젤Elie Wiesel의 홀로코스트 회고록 『나이트』*Night*와 견주기도 한다.

> 한 동료 수감자가 비젤에게 자신은 그 누구보다도 "히틀러를 신뢰한다"라고 털어놓는다. 그는 히틀러가 "유대인에게 …… 약속을 지켰던 유일한 사람"이라고 말한다. 윌커머스키는 마이다네크의 잔혹한 "군인들"을 신뢰했다고는 결코 이야기하지 않는다. 하지만 그가 군인들의 행동을 예측할 수 있게 된 뒤로는 스위스에서 그에게 호의를 베푼 이른바 친절한 사람들보다 그 군인들을 더 신뢰했음은 분명하다. 사실 오랫동안 그는 수용소 바깥에 "정상 세계"로 불리는 것이 실재한다는 것을 신뢰하지 않은 것으로 보인다.[13]

---

12 http://www.writing.upenn.edu/~afilreis/Holocaust/children-camps-bk-review.html

13 이런 현실과 허구의 차이를 9·11과 견주어 보면 전도가 발견된다. 윌커머스키에게 외상적 사건이 실재적인 무엇이고 외부 세계는 그렇지 않은 것인 반면, 9·11에서는 바로 그 사건이 정말로 허구처럼 보였다.

이와 같이 윌커머스키는 외부 세계의 실재성reality을 의심하고 사람들을 불신하는 반면 자신의 기억의 실재성에는 추호의 의심도 보이지 않는다. 그가 경험의 실재성에 관한 난제에 대해 유일하게 양보할 수 있는 것은 "법적으로 인정되는 진실과 한 삶의 진실은 별개"라는 것이다.[14]

윌커머스키의 회고록에서 제기되는 가장 혼란스러운 질문은 이런 것이다. 누가 어째서 자신이 홀로코스트 생존자라는 이야기를 꾸며내겠는가? 이 질문은, 오늘날 사회의 지배적인 특징인 증언과 외상에 관한 더 폭넓은 담론을 살펴봄으로써만 답할 수 있다. 최근 수년간 기억과 외상에 대한 강박이 늘어나면서 사람들은 끊임없이 자신의 이야기를 할 필요가 있다고 생각하게 되었다. 하지만 자신이 드러내는 이야기를 들어 줄 수 있는 사람은 없다. 기억 회복 치료뿐만 아니라 증언 산업의 성장을 촉발한 것은 바로 그런 이야기를 들어 줄 어떤 대리인도 없기 때문이라고 추측할 수 있다. 윌커머스키는 책 후기에서 무엇보다 자기 이야기를 들어 줄 누군가를 찾으려 했다고 말한다.

14 Binjamin Wilkomirski, *Fragments*(New York: Schocken Books, 1996), p. 154.

나는 나 자신과 내 어린 시절을 탐험하고자 이런 기억의 편린들을 썼다. 이는 또한 나 자신을 해방하려는 시도였을 것이다. 그리고 어쩌면 나 같은 처지에 있는 사람들이 자신의 외상적 기억들을 토해 내는 데 필요한 힘을 발견하고 그래서 그들도 자신의 이야기를 진지하게 받아들이고 또 귀 기울이고 이해해 주려는 사람들이 정말로 존재함을 알게 되기를 바라는 희망도 있었다. 그들은 자신이 혼자가 아님을 알아야 한다.[15]

라캉 정신분석에서는 현대사회에서 일어난 대타자에 대한 인식 변화를 폭넓게 논의해 왔다. 오늘날 우리는 사회가 직면하고 있는 불안정들에 대해 해답을 제시한다고 하는 새로운 권위들(예컨대 각종 위원회들)을 끊임없이 만들어 냄으로써 임시변통으로 대타자를 수정하고 보완하기를patch up 희망하고 있는 듯하다. 라캉을 통해 잘 알려져 있듯이 일관적인 상징적 질서로서의 대타자는 존재하지 않는다. 하지만 그것은 그럼에도 제 기능을 하는데, 그것에 대한 주체의 믿음이 주체의 삶에 현저한 영향을 끼친다는 점에서 그렇다.[16]

15 Ibid., p. 155.

오늘날의 사회에는 새로운 개인주의가 출현했다. 주체는 점점 더 자기 정체성을 스스로 창조하는 존재로 인식되고 있고, 가족, 지역사회, 국가의 가치에 대한 동일시는 점점 약화되고 있다. 이런 주체의 자기 창조 이데올로기는 주체에게는 진실truth, 즉 주체가 진짜 자기 자신이 되기 위해 재발견하기만 하면 되는 진실이 있다는 인식과 연관되어 있다. 하지만 어린 시절의 어떤 경험이 주체의 정체성의 중핵을 산산조각 냈다면 그 진실을 추구하는 과정에서 그 경험들은 제거될 것이다. 따라서 우리는 기억 회복이라는 문제에 부딪힌다. 즉, 다시 균형을 이루고 평정을 되찾으려면 주체는 자기 정체성을 침식했던 외상적 경험을 기억해 내야 한다. 이런 사례에서 치료의 목적은 무엇보다 근원적인 외상 경험을 찾아내고 그것이 발생했던 상황을 재창조해 주체의 고통을 더는 것이다. 이런 방식으로 접근하는 치료법의 예는 각종 TV 토크쇼에서 흔히 볼 수 있다. 오프라 윈프리는 유명한 존 그레이John Gray(『화성에서 온 남자 금성에서 온 여자』의 저자)를 초청한 바 있다. 그레이는 한 젊은 여성에게 눈

---

16 대타자에 대한 주체의 변화된 믿음에 대한 상세한 분석은 다음을 보라. Renata Salecl, *(Per)versions of Love and Hate*(London: Verso, 1998)[『사랑과 증오의 도착들』(이성민 옮김, 도서출판b, 2003)].

을 감고 어린 시절에서 특히 외상적이었던 장면을 기억해 보라고 했다. 여성은 어린 시절에 아버지가 자신에게 멍청하다는 이야기를 곧잘 했음을 상기했다. 현재 그녀는 낮은 자존감으로 인해 계속해서 고통받고 있었다. 그레이는 그녀에게 다시 어린 시절의 장면을 떠올리고 죽은 아버지가 지금 옆에 있다고 상상해 보라고 했다. 눈을 감은 채로 그녀는 자신의 "아버지"에게 이야기한다. 아버지가 나를 멍청이라고 부른 것은 잘못이고 사실 아버지의 그런 말을 믿지 않으며 내가 똑똑하다는 것을 알고 있다고. 잠시 울고는 카타르시스가 일어난다 — 그녀는 눈을 뜨고 그레이는 좋은 아버지라면 그러하듯 그녀를 안아 주고 그때부터 그녀의 외상은 사라진다. 이 치료사의 도움으로 그녀는 과거로 돌아갈 수 있었을 뿐만 아니라 이 과거를 재창조할 수 있었고 그 결과 외상의 중핵은 사라졌다. 여기에는 주체의 외상은 특정한 사건으로 정확히 집어낼 수 있고 주체의 상상으로 외상이 소멸될 수 있다는 믿음이 있다. 이 사례에서도 주체의 외상은 자신의 상징적 기능을 다하지 못한 아버지이고 또한 실제 아버지가 입힌 상처는 새로운 아버지 — 치료사 — 의 도움으로 소급적으로, 즉 과거로 거슬러 올라가 소멸된다. 동일하게 중대한 사실은 실제 아버지는 딸의 말을 "듣지" 못했고 또 자신의 실수를 깨닫지 못했다는 것이다. 그런데 그 여성은 치료사에게서 궁극적으로 자신을 믿어 줄 수 있는 인물 — 자신의 호소를 진지하게 받아들여 줄 뿐만 아니라 치료법으로 과거를 바로잡아 줄 수 있고, 그래서 새로운 신과 같은 존재로 보이는 인물 — 인정 많고 전능하며 잘못된 것을 바로잡아 줄 수 있는 사람 — 을 찾는다.

잘 알려져 있듯이 프로이트는 외상과 사건 사이에는 직접적인 연관성이 없다고 주장했다. 많은 주체들이 사건을 경험할 수 있지만 일부에게만 그와 연관된 트라우마가 생길 것이다. 하지만 "사건"이 실제로 일어나지 않더라도 외상이 형성될 수 있다. 외상과 사건의 연관을 분석하면서 프로이트는 또한 주체에게 가장 외상적인 것은 사건이 실제로 일어났다는 사실이 아니라 주체가 그것을 예기하지 못했고 준비도 안 된 상태였다는 사실이라고 지적한다. 프로이트는 기차 충돌 사고를 예로 든다. 생존자는 시간이 흐른 뒤에야 외상이 생길지도 모르는데, 이를테면 그 사고가 계속 꿈에 나타나 그를 괴롭힐 수도 있다. 이 꿈들은 불안을 만들어 냄으로써 사건 당시 준비 상태의 결여를 벌충하려 애쓰는데, 왜냐하면 프로이트에 따르면 그 충격으로부터 보호해 주는 최후의 보호막은 바로 불안이 고무한 준비 상태이고 바로 이 준비 상태가 결여되어 있을 때 사건이 외상을 낳기 때문이다. 그래서 프로이트는 이렇게 말한다. "만약 속수무책의 외상적 상황을 단지 기다리기만 하는 것이 아니라 예견 및 예기할 수 있다면 자기 보호 능력은 크게 향상되어 있을 것이다."[17]

라캉은 『세미나 I』 *Seminar I*에서 외상을 다루면서 이렇게 지적한다.

> 외상은, 그것이 억압적 기능을 하는 한, 사후事後에 개입한다. 이 특정한 순간에, 주체가 통합하려 하는 주체의 무언가가 상징계에서 분리된다. 그 이후부터 그것은 더는 주체에게 속하는 무엇이 아닐 것이다. 주체는 더는 그것에 대해 말하지도, 통합하지도 않을 것이다. 그럼에도 그것은 거기에 남아 있을 것이고, 만약 이런 식으로 말하는 것이 가능하다면, 주체가 통제하지 못하는 무언가에 의해 어딘가에서 말해질 것이다.[18]

---

17 Freud, "Inhibitions, symptoms and anxiety", p. 326. 마르틴 하이데거도 불안에 대한 준비 상태를, 주체가 자신의 유한성과 다른 방식으로 관계 맺을 수 있도록 해주는 무엇으로 간주했다. 다음을 보라. Martin Heidegger, *Being and Time*, trans. J. Macquarrie and E. Robinson(Oxford: Basil Blackwell, 1962).

18 다음을 참조하라. Jacques Lacan, *The Seminar of Jacques Lacan, Book 1* (New York: Norton, 1993), p. 191.

물론 여기서 라캉의 외상에 대한 견해는 기억 회복 치료에서 묘사하는 외상과는 다르다. 기억 회복 치료 사례에서 외상은 치료사의 도움으로 발견해야 하고 그래서 학대자와 대면해 혹은 외상을 유발한 기원적 상황을 재구성해 소멸해야 하는 무엇이다. 그러나 라캉에게 외상은 상징계에 통합되지 않은 단단한 중핵이다. 그래서 주체는 그것에 관해 이야기할 수 없고 혹은 그것을 자기 외부에 있는 무엇으로 부른다.

홀로코스트 연구들은 생존자들이 강제수용소 경험을 이야기하는 것을 많이 힘들어 한다는 점을 자주 언급해 왔다. 그들은 흔히 자신에게 두 가지 정체성이 있는 것처럼 느낀다. 하나는 현재의 삶과 관련한 것이고 또 하나는 과거의 외상적 경험에서 기인한 것이다. 그들은 아무리 삶을 바로잡아 통일하려 해도 이 분열을 없앨 수 없다. 그래서 생존자들은 이유는 잘 모르지만 홀로코스트의 경험 "옆에서" 살고 있다고 곧잘 이야기한다. 예컨대 한 생존자는 이렇게 말한다. "이런 느낌이 들어요. …… 수용소에 있던 '자아'는 내가 아니라는, 그러니까 지금 여기 있는 내가 아니라는 느낌이요."[19]

---

19 다음을 참조하라. Lawrence L. Langer, *Holocaust Testimonies: The Ruins of*

윌커머스키는 유아기의 기억이 다양한 시간과 장소에서 일어난 사건들이 혼재되어 있는 편린과 같음을 잘 알지만 그럼에도 자신의 기억이 진짜라는 것에는 추호의 의심도 없다. 그런데 그는 분열된 정체성으로 고통받지도 않을 뿐더러 과거의 외상적 '자아'로부터 생기는 소외감들도 전혀 보이지 않는다. 다른 홀로코스트 생존자들에게서 흔히 보이는 것과는 다르게 말이다. 하지만 윌커머스키와 홀로코스트 생존자들 사이에 보이는 훨씬 더 큰 차이는 그들이 자신의 증언을 들어 준다고 하는 이들과 맺고 있는 관계에서 발견된다.

도리 라웁Dori Laub은 생존자들은 자신이 믿을 만한 증언을 할 수 있는 인물이 아니라고 생각하며, 따라서 자신의 이야기를 상세히 하지 못한다고 지적한다. 왜냐하면 홀로코스트는 사실 증인이 없는 사건이기 때문이다.

> 그 사건 안에 있다는 바로 그 상황이 …… 증인이 존재할 수 있다는 생각 자체를 못하게 만들었다. 다시 말해 그 사건이 일어나고 있는 곳의 준거 틀은 강압적이고 전체주의적이며 인간성을 말살하는 틀이었

Memory(New Haven: Yale University Press, 1991), p. 5.

는데, 이는 그 틀 밖으로 나가서 그 사건을 관찰할 수 있는 독립적인 준거 틀을 제공할 수 있는 누군가가 존재할 수 있다는 생각 자체를 하지 못하게 만들었다.[20]

또한 라웁은 이 증인의 결여를 설명하면서 이렇게 지적한다.

홀로코스트의 세계는 대타자에 관한 상상 자체가 더는 가능하지 않았던 세계로 이해해야 한다. 들어 주고, 주체로 인정해 주고, 대답을 해주리라는 희망에서 "그대"Thou라고 말할 수 있는 타자가 더는 없었다. 그래서 홀로코스트라는 역사적 현실은 철학적인 의미에서 호칭의 가능성 자체, 다른 이에게 호소하는, 혹은 의지하는 가능성을 절멸해 버린 현실이 되었다. 그런데 "너"you에게 의지할 수 없을 때에는 자기 자신에게도 "그대"thou라고 말할 수 없다. 홀로코스트는 이런 방식으로, **자기 자신에 대한 증언을 견딜 수 없는** 세계를 만들어 냈다.[21]

홀로코스트 생존자들은 흔히 자신의 이야기를 정확히 진술

---

20 Shoshanna Felman and Dori Laub, M.D., *Testimony Crises of Witnessing in Literature, Psychoanalysis, and History*(New York: Routledge), 1992. p. 81.

21 Ibid., pp. 81, 82.

하는 데 큰 문제가 있는데, 그 이유는 자신의 호칭이 기입될 수 있는 일관적인 상징적 공간으로서의 대타자에 대한 인식이 홀로코스트에서 붕괴했기 때문이다. 그래서 오늘날에도 생존자들은 자신의 증언을 입증해 줄 수 있는 대타자의 결여를 느낀다. 그러나 윌커머스키에게 문제는 대타자의 붕괴가 아니다. — 그의 주요 문제는 개개의 타자들(자신의 인생에서 권위를 대표했던 다양한 어른들)에게 어떻게 대갚음할 것인가이다.

어린 시절 자신을 저버렸던 권위자들에 대항하는 것에 대한 이런 강박을 볼 때 윌커머스키는, 호소할 대상이 수용소에서 붕괴해 버린 홀로코스트 생존자들보다는 우리의 호소 문화culture of complain[22]를 대표하는 전형적 인물에 훨씬 가까워 보인다. 왜냐하면 호소는 대답할 수 있는 대타자의 존재를 전제로 하는데, 홀로코스트에서는 그런 대타자의 존재에 대한 추정조차도 사라졌기 때문이다.[23]

---

22 이 경향에 대한 분석은 다음을 보라. Robert Hughes, *Culture of Complaint: A Passionate Look into the Ailing Heart of America*(New York: Warner Books, 1994).

23 슈테판 매힐러Stefan Maechler는 *The Wilkomirski Affair: A Study in Biographical Truth*, trans. John F. Woods(New York: Schocken Books, 2001)에서 윌커머스키의 책에 대한 흥미로운 반응이 우리의 호소 문화와 밀접한 관련이 있다고 지적

이전 장들에서도 보았듯이 프로이트 정신분석에서는 불안을, 주체가 외상적 기억을 다루는 방법 중 하나로 간주한다. 불안은 외상을 입은 주체에게 일정한 거리를 부여하고 이로써 주체는 사건을 두 번째에는 다르게, 예컨대 꿈과 악몽을 통해서 경험하게 된다. 그러나 윌커머스키 사례에서 외상적 기억은 실패한 아버지와 관련한 불안에 대한 대답으로 생긴 것처럼 보인다. 권위자에 대한 윌커머스키의 공포는 나중에, 부재하는 아버지와 관련한 자신의 외상을 다루는 또 다른 방법이 될 뿐이다. 윌커머스키의 회고록의 성공은 그가 우리 시대의 가장 고통스러운 주제 중 하나 — 홀로코스트 — 를 건드렸다는 사실뿐만 아니라 권위자들이 가할 수 있는 학대에 대한 우리의 두려움을 문제 삼았다는 사실과도 연관된다.[24]

윌커머스키 사례에서, 그의 유년 기억이 사실이 아님을 설득하려 했던 선의의 어른들은 가장 위험한 박해자가 되었고,

---

한다. 예컨대 스위스의 한 변호사는 그 책이 가짜임을 알게 되었을 때 윌커머스키를 고소했는데, 변호사는 단순히 책값을 보상 받으려 한 것이 아니라 악의적인 속임에 넘어가 그 주제에 공감을 느낀 것에 대해 보상 받으려 했다.

24 여기서 우리는 아버지에 대한 슈레버의 외상을 견주어 볼 수 있다. 아주 권위주의적이었던 그의 아버지도 아들의 정신병 발병의 한 원인이었다.

아버지의 부재는 아버지가 끔찍하게 죽은 “기억”으로 변했다. 역설적으로 윌커머스키의 책이 세계적인 베스트셀러가 되었을 때 사람들은 아버지의 권위와 홀로코스트에 관한 기존과는 다른 이야기에 크게 공감하는 모습을 보였다. 여기서 내가 염두에 두고 있는 것은 로베르토 베니니의 유명한 영화 〈인생은 아름다워〉이다. 영화에서 아버지의 권위는 근본적인 수준에서 개입해 외상적 경험에 대한 아들의 인식을 변화시키려 한다. 『편린들』에서 독자는 학대 당한 아이의 조각난 기억에서 의미를 찾아내려 하지만 아이가 견뎌야 하는 폭력으로부터 아이를 구해 주지 못하는 속수무책인 부모의 위치에 있게 된다. 반면 〈인생은 아름다워〉에서 독자는 동일한 외상적 상황에서 아들을 보호할 수 있는 아버지와 성공적으로 동일시하게 된다. 그런데 이 아버지는 폭력의 의미를 추구하지 않고 그 대신 그 공포를 코미디로 바꾼다.

아버지의 희생을 통한 아들의 해방

〈인생은 아름다워〉는 제2차 세계대전 중 유럽의 냉혹한 현실을 상상의 힘으로 이겨낸 여정을 채플린식으로 그린 우화이다. 이야기 중심에는 구이도가 있다. 그는 아이 같이 천진난만하고 매혹적인 인물로 자신의 서점을 갖는 원대한 꿈을 품고 있다. 구이도는 미모의 교사 도라와 사랑에 빠지고, 몇몇 재밌는 에피소드와 함께 동화 같은 연애가 이어진다. 구이도와 도라는 결혼에 골인하고 사내아이도 갖게 되는데, 이후 전쟁이 시작되면서 가족은 강제수용소로 가게 된다. 아들이 수용소에서 맘 편히 지낼 수 있도록 구이도는 궁핍한 생활을 해야 하는 게임이 막 시작되었다고 이야기한다. 게임을 잘해서 가장 많이 득점하면 일등상 — 진짜 탱크 — 을 차지할 수 있다고 한 것이다. 소년은 게임의 구상에 크게 동일시한다. 탱크를 차지한다는 기대 속에서 아이는 공포스럽고 궁핍한 수용소 생활을 견뎌낼 수 있다. 전쟁이 끝나기 직전, 아버지는 죽지만 연합군이 수용소를 해방할 때 미군 병사가 소년을 탱크에 태워 주면서 소년은 결국 게임에서 이긴다. 마침내 상을 따낸 것이다.

이 영화의 논리는 『편린들』이나 다른 홀로코스트 회고록들과는 반대다. 여기서 문제는 아버지나 다른 유형의 권위에게 자신의 고통을 어떻게 납득시킬 것인가가 아니라 아버지가 아들에게 고통은 단지 게임의 일부라고 설득하는 것이다. 게임이라는 아이디어를 이용해 아버지는 환상 시나리오를 만들어 내고 이로써 아들은 수용소의 경험을 견뎌 내게 된다.

〈인생은 아름다워〉에서는 아버지의 역할은 직접적으로 아들에게 순종을 요구하는 권위자가 아니라는 것이 중요하다. 아들에게 게임을 제안할 때 그는 말로써 자신의 이야기를 믿어 달라고 하지 않는다. 아들이 게임을 의심하고, 사람들 모두 비누와 단추가 되거나 소각장에서 타 죽을 거라는 다른 아이들의 경고를 들려주자 아버지는 먼저 놀란 반응을 보인다. "그런 얘기에 속아 넘어갔어? 사람들로 단추와 비누를 만들다니. 설마, 그럴 리가." 그러고 나서 아버지는 [집에 가고 싶다는 아들의 투정에] 당장 이곳을 떠나자고 응수하며 그렇게 되면 다른 아이들이 상을 받게 될 것이라고 말한다. 결국 아들이 [아버지가 위험으로부터 보호하기 위해 마련한] 상자에서 나오지 못하도록 설득한 것은 대타자의 욕망이다. 아버지가 아들에게 선택권을 주고, 다른 아이들이 게임에서 앞서 나갈지도 모른다는 생각을 흘리자 아들에게는 계속 숨어 있으려는 욕망이 생긴다. 아버지의 진짜 힘은 단순히 아들이 살아남을 수 있도록 환상 게임을 만들었다는 사실에 있지 않다. 그의 궁극적 성공은 아들이 대타자의 욕망과 동일시하도록 설득할 수 있다는 사실에 있다. 아버지의 참 권위는 바로 자신의 욕망을 대타자의 욕망으로 가릴 수 있는 능력에 있는 것이다.

영화 〈인생은 아름다워〉 중에서. 아들 조수아가 사람으로 단추와 비누를 만든다는 이야기를 듣고 불안해하자 아버지 구이도는 "그럼 아침엔 바르톨로메오로 손을 씻고 프란체스코로 단추를 채우니? 아이고 프란체스코 떨어졌네! 이걸 믿었어?"라고 너스레를 떨며 조수아가 다시 '게임'에 집중하도록 한다.

이 과보호적인 아버지는 참 좋은 권위자이고, 영화 말미에서 아버지의 죽음은 필연적인 희생으로 나타난다. 아버지는 처음에는 아들을 살리기 위해 환상을 만들어 냈다면 나중에는 죽음으로써 자신과 분리될 수 있는 자유를 아들에게 준다. 그래

영화 〈인생은 아름다워〉 중에서 조수아가 어머니 도라와 재회하는 마지막 장면.

서 마지막 장면들에서 아들은 침략자들뿐만 아니라 좋은 아버지로부터도 해방된다. 영화에서는 내내 아버지와 아들의 특별한 유대가 나타나지만 끝에서 아들은 어머니와 재회한다. 하지만 아버지의 유산은 그가 죽은 후에도 여전히 살아 있고, 탱크를 차지하리라는 아버지의 예측이 실현될 때 아들은 아버지의 권위를 최종적으로 확인하게 된다.

웰커머스키의 『편린들』에서는 "좋은" 권위자들이 총체적으로 결여되어 있고 그 결과 아들은 대타자를 철저히 불신하고 숨겨진 진실을 필사적으로 추구한다면, 〈인생은 아름다워〉에는 대타자에 대한 믿음에 따라 좌우되는, 아버지에 대한 믿음이 존재한다. 그래서 아버지가 만들어 낸 환상은 최종 심급에서 상징적 질서에 대한 아들의 믿음이 산산조각 나는 것을 막아 준다.

어떤 이들은 아버지의 보호에 관한 이 허구적 이야기의 흥행은 자기 아버지를 구할 수 없었음을 알고 자란 전후 세대 아이들의 죄책감과 연관되어 있다고 주장한다.[25] 그런데 우리는

---

25 영화 비평을 통해 J. 호버먼J. Hoberman은 세르비아 집단 수용소나 르완다의 대량학살 현장은, 아버지의 자기희생에 관한 그런 "단순한 우화"의 배경으로 삼지 못할 것이라고 주장한다. 하지만 보스니아 전쟁을 다룬 영화 대부분이 정확히 좋은 아버지 같은 인물에 관한 생각을 담고 있음을 기억할 필요가 있다. 〈웰컴 투 사라예보〉 *Welcome to Sarajevo* 에서 이는 보스니아 소녀를 구조하는 영국 저널리스트이다. 〈피스메이커〉 *The Peacemaker*에서는 [미 육군 특수 정보국 소속 대령으로 나오는] 조지 클루니이다. …… 권위자들의 무능은 〈노 맨스 랜드〉 *No Man's Land* 에서 다만 표면화될 뿐이다. 영화에서는 지뢰 위에서 민족주의적 싸움에 빠져 있는 이들을 구조해 줄 사람이 한 사람도 없어 보인다. 다음을 보라. J. Hoberman, "Dreaming the unthinkable", *Sight and Sound 2*(Feb. 1999), p. 23. 〈인생은 아름다워〉에 관한 또 다른 견해로는 다음도 보라. Slavoj Zizek, *The Fragile Absolute* (London: Verso, 2000)[『무너지기 쉬운 절대성』(김재영 옮김, 인간사랑, 2004)].

베니니의 과보호적인 아버지 같은 인물이 겉보기에 전후 시대의 무능하지만 너그러운 아버지의 원형으로 보인다는 점을 잊어서는 안 된다. 이는 아들보다도 장난기 많고 행색은 초라하지만 권위주의적이지 않은 아버지이다. 그럼에도 〈인생은 아름다워〉는 이상적 아버지에 관한 오늘날의 환상을 표면화한다는 결론을 내릴 수 있다. 그는 자애롭고 익살스러운 법의 대표[자]이다. 또 여전히 희생을 가치 있게 여기고 오늘날의 아버지와는 다르게 선행을 위해 기꺼이 목숨까지 바칠 수 있는 영웅이기도 하다. 또한 아들에게 유익하다고 생각된다면 기꺼이 거짓말도 마다하지 않는다. 그리하여 이 아버지는 우리 문화에서는 사라져 가는 책임을 떠맡는다.

〈인생은 아름다워〉에서 아버지는 죽을 때 빈 장소 — 본래 의미의 권위(존재하지 않으면서도 유력한) — 가 된다. 그러나 윌커머스키 사례에서 아버지 같은 인물은 빈 장소가 되지 않는다 — 오히려 그의 권력은, 그가 아들에게는 전혀 공간을 주지 않는 위협적이고 괴롭히는 대행자agency가 됨에 따라 압도적인 것이 된다.

수많은 증거들이 그의 주장을 반박하고 있음에도 불구하고, 어떤 사람이 외상적 기억을 만들어 내고 자신을 홀로코스트 생존자라고 내세운다는 것은 상상하기 어려운 일일 수 있다. 그럼에도 이런 종류의 회복된 기억을 가진 사람은 자신의 이야기에서 특별한 주이상스를 찾는다는 것을 지적할 필요가 있다. 기억 회복 치료는 보통 권위의 외설적 이면을 노출함으로써 숨겨진 진실을 드러내 주체를 해방하는 것으로 여겨진다. 그런데 이렇게 권위들의 주이상스를 찾는 과정에서 특별한 주이상스를 발견하는 이는 다름 아닌 주체 자신이다. 기억 회복 치료에서는 주이상스를 해방적 진실로 간주하는데, 이는 도덕성의 토대 역할을 할 수 있다. 그러나 이런 노력을 기울여도 결과는 단지 폭력의 조장일 뿐이다.

주체는 대타자의 주이상스에 관해 환상을 갖는데, 이는 주체가 사실 대타자의 기능 결핍을 대리 보충하려 하기 때문이다. 마찬가지로 주체는 흔히 대타자를 일관적 질서로 유지하고자 죄책감이라는 짐을 떠맡고, 저지르지도 않은 범죄에 대한 책임을 주장한다. 그래야 권위자들(예컨대 아버지, 지도자 등)의 무능이 노출되지 않기 때문이다. 따라서 군인이 결코 한 적도 없는 총검 살인에 죄책감을 느끼는 것(2장을 보라) 또한 대타자가 일관적이라는 인식을 유지하려는 그런 시도로 읽을 수 있다.

대타자와 관련한 윌커머스크의 문제는 어떤가? 그 책의 최종 수수께끼는 다음과 같다. 보통 우리는 환상들을, 견딜 수 없는 외상이나 불안으로부터 자신을 지키는 일종의 보호막으로 만들어 낸다. 그러나 여기서는 바로 그 궁극의 외상적 경험, 홀로코스트 경험이 보호막으로서 환상에 의해 만들어진다. 그런데 무엇으로부터의 보호막인가? 아마도 예상치 못한 비교 대상일 수도 있지만 〈X파일〉과 비교해 보면 도움이 될 것이다. 대리언 리더가 지적했듯이[26] 〈X파일〉에서, "**저 바깥**"**에서**(진실, 즉 우리를 위협하는 외계인이 사는 곳에서) **너무도 많은 일들이 일어난다는** 사실은 "**저 아래쪽**"**에서**(두 영웅, 질리언 앤더슨과 데이비드 듀코브니 사이에서) **어떤 일도**(어떤 섹스도) **일어나지 않는다는** 사실과 분명한 상관관계가 있다. 즉, 중단된 (두 영웅 사이의 섹스를 가능케 할) 아버지의 법이 "실재적인 것the real으로 되돌아오고" 그 겉모습은 우리의 일상에 개입하는 무수한 "죽지 않은" 유령 같은 환영으로 나타난다. 월커머스키에게도 마찬가지다. 그에게도 아버지의 기능의 실패는 가장 폭력적이고 공포스러운 사건 — 홀로코스트 — 에 관한 환상을 낳는다.

따라서 상징적 질서의 필연적인 비일관성, 그리고 특히 권위들의 타고난 무력함 때문에 주체는 외상적 기억을 만들어 낸

---

26 Darian Leader, *Promises Lovers Make When It Gets Late*(London: Faber and Faber, 1998).

다고 결론지을 수 있다. 2장에서 분석한, 총검 살인을 지어낸 병사의 사례는 이 무력함의 노출은 불안을 유발하고 그래서 주체는 흔히 이를 막고자 스스로 유죄라고 여기고 죄책감을 느낀다는 것을 입증한다. 반면 월커머스키의 예와 회복된 기억과 관련한 다른 사례들은, 오늘날 권위 구조들이 해체되면서 주체는 희생자라는 생각이 생겨났음을 보여 준다. 여기서 주체의 시도는 더 이상 권위자들의 무능을 덮으려는 것이 아니라 오히려 그것을 노출하려는 것이다. 그런데 그런 노력의 결과로 흔히 우리에게 남는 것은 오로지 폭력과 외설일 뿐이고, 이는 광신적 집단의 지도자들 같은 새로운 권위자 — 또한 일부 기억 회복 치료사들 — 로 나타난다.

영화는 공포스러운 권위들을 다루는 데 아주 중요한 것 같은데, 영화가 외상적 사건을 허구의 형태로 그리기 때문만은 아니다. 오늘날 우리는 우리 인생을 이야기하는 데 영화의 일부분을 이용한다. 월커머스키의 책은 가짜로 밝혀진 후, 논란이 된 저지 코진스키Jerzy Kosinski의 소설 『잃어버린 나』*The Painted Bird*뿐만 아니라 다양한 홀로코스트 영화, 특히 다큐멘터리 『쇼아』*Shoah*에서 그 내용을 가져온 것으로 드러난다.[27] 9·11이 일어난 후 며칠 안 되어 베이징 거리에는 〈세계 최대의 파국〉, 〈제2차 진주만〉 같은 제목을 단 영화들이 나왔다. 이것들은 〈인디펜던스 데이〉, 〈아마겟돈〉, 〈월 스트리트〉 같은 영화에서 따온 일부 장면들을, CNN이 보도한 쌍둥이빌딩의 실제 붕괴 장면과 함께 편집한 것이었다. 9·11이라는 외상적 경험에 대한 그런 반응들은 홀로코스트에 대한 윌커머스키의 반응과 흡사하다. 즉, 둘 다 실제 외상적 사건을 취해 허구의 작품에 짜 넣는 방식으로, 불안에 대한 해독제 역할을 할 만한 특정한 시나리오를 만들어 낸 것이다. 다만 차이는 윌커머스키는 권위자들에 대한 자신의 불안과 화해하려 애쓴 반면, 중국 '영화 제작자'들은 알카에다 공격으로 출현한 새로운 불안정에 대한 해답을 알아내고 싶어 했다는 것이다.

27 다음을 보라. Maechler, *The Wilkomirski Affair*.

7
결론

이 '새로운' 불안의 시대에 대한 거듭되는 이야기들을 듣다 보면 불안은 없애거나 적어도 통제해야 하는 무엇이라는 생각이 든다. 대중매체는 불안이 주체의 안녕에 궁극적인 장애물이라는 인상을 심어 주며, 따라서 누구든 불안은 주체가 세상에서 제대로 기능하는 것을 심각하게 저해하는, 특히 타인과의 제대로 된 관계 맺음을 심각하게 저해하는 조건임을 당연시하게 된다. 그래서 최근 몇 년 동안 대중매체는 주체가 공적 영역에서 경험하는 소위 사회불안에 특히 초점을 맞춰 왔다. 예컨대 항우울제 팍실의 제조사들은 사회불안이 일과 사생활에서의 성공을 저해하는 요인이라는 아이디어에 초점을 맞춘 대대적인 미디어 캠페인을 시작했다. 팍실의 첫 TV 및 신문 광고는 사람들에 둘러싸여 테이블에 앉아 있는 한 남성을 두 가지 버전의 이미지로 보여 준다. 첫 번째 이미지에서는 심문용 조명 아래 남성이 구속복[1]을 입은 채 앉아 있고 주위 사람들은 험악하고 위협적인 얼굴을 하고 있다. 반면 두 번째 이미지에서는 같은 광경인데 분위기가 다르다 — 사람들은 친절해 보이고 심문용 조명도 없으며 남성은 정말 차분하게 앉아 있다. 첫 번째 이미지 위에는 "이것이 당신이 느끼는 바입니다"This is how it seems라고 쓰여 있고, 두 번째 이미지 위에는 "이것이 실제 모습입니다"This is how it is라고 쓰여 있다. 이미지들 위의 글귀는 오늘날 얼마나 많은 사람들이 사회불안 장애를 겪고 있는지, 그리고 이것이 실생활과 직장에서 얼마나 성공의 걸림돌이 되고 있는지를 설명해 준다. 그러나 팍실 같은 항우울제를 복용하면 이런 장애는 극복하기 어렵지 않다는 것이다. (물론 작은 글자로 쓰인 부분에는 무수한 부작용들이 열거되어 있다. 하지만 사람들은 설사 부작용이 생긴다 하더라도 그 위험을 감수하는 게 낫다는 인상을 받는다. 사회불안이 훨씬 더 심각한 장애이기 때문이다.) 이 광고의 메시지는 불안은 주체의 현실 인식을 근본적으로 바꾸고 그 영향 아래 주

1 [옮긴이] 정신병 환자, 죄수 등의 행동을 제압하기 위한 옷.

체는 환상을 만들어 내 그 현실을 위험한 무언가로 변화시킨다는 것이다.

9·11 테러 이후 광고 회사들은, 불안의 영향으로 개인이 현실을 근본적으로 왜곡하고 그것을 실제보다 더 위협적인 것으로 인식하리라는 생각을 더는 이용하지 않았다.[2] 팍실 제약사는 다큐멘터리 영화감독 바버라 코펠Barbara Koppel를 고용해 새로운 TV 광고를 개시했다. 거기에는 팍실을 실제로 복용하는 사람들이 출연해 '범 불안 장애'generalized anxiety disorder와의 싸움에 대해, 또 그 약이 어떤 도움이 되는가에 대해 이야기한다. 불안을 겪는 주체가 왜곡된 현실 감각을 갖고 있다고 제시하는 대신에 이 광고는 현실이 냉혹하고 우울하다고 보는 인식이 사

---

2 9·11 공격 이후, 현실을 상상적으로 묘사하는 것에 대한 불편함이 생겨났다. 예컨대 쌍둥이 빌딩이 무너지는 영상이 TV에서 거듭 나왔는데 그것이 현실적인 무엇임을 보여 주기 위해서였다. 왜냐하면 시청자들은 그것이 그저 또 하나의 영화가 아님을 깨닫기가 어려웠기 때문이다. 『엔터테인먼트 위클리』는 사람들이 세계무역센터의 붕괴를 어떻게 보았는지를 정확하게 묘사했다. "우리는 그것을 보고, 또 보았지만 그럼에도 여전히 현실로 받아들일 수 없었다. 우린 잠시 멍했고, TV 화면에서 쏟아져 나오는 모든 데이터를 받아들이기 힘들었다. 그 영상을 열네 번, 서른일곱 번, 아니 백열두 번을 보았고 그러자 그것이 우리 가슴을 찔렀다. 그러니까 그때 그게 진짜라는 것을 알게 되었고, 그리고 이제는 그것을 보는 것을 과연 멈출 수 있을까 하는 의문이 들기 시작했다"(『엔터테인먼트 위클리』 2001/09/28).

실 정확하다고 단언한다. 하지만 이 우울한 그림은 팍실의 도움으로 기운차고 행복한 그림으로 바뀐다. 따라서 이 광고의 메시지는, 문제는 주체가 현실을 거짓으로 구성하는 것이 아니라(왜냐하면 우리의 현실은 사실, 우리가 느끼는 심각한 두려움들에서 알 수 있듯이 우울하고 고되며 무섭기 때문이다) 팍실의 도움으로 이 가혹한 현실을 새로운 눈으로 경험할 수 있다는 것이다 — 암울한 흑백의 그림은 어느새 채색되고, 거리에서 들리는 성가신 웅성거림은 마음을 달래 주는 음악으로 변하며, 고통스러워하던 주체는 어느새 차분하고 편안한 사람이 된다. 또한 흥미로운 점은 '사회불안'이 '범 불안 장애'로 대체되었다는 것이다.

이 항불안제 광고는 오늘날 문화에서 불안에 관한 인식이 어떻게 변화했는가에 대한 실마리가 될 수 있다. 이 책에서 지금껏 나는 이런 변화의 두 요인에 주목해 왔다. 첫째는 테러 위험을 묘사하는 미디어의 역할이다. 테러리스트는 바이러스로 묘사되고, 언제 어디서든 누구든 공격할지 모른다는 생각이 정기적으로 언급되며, 그런 방식으로 테러에 관한 담론이 구성된다. 테러 공격은 본질상 통제할 수 없고 임의적으로 발생하기에 어느 누구도 안전하다고 느끼지 못하게 된다. (이는 서구 세계 사람들을 불편하게 하는 생각이다.) 둘째는 주체가 사생활 및 사회생활에서 느끼는 압도적인 불안이다. 여기서 실제로 변화한 것은 대타자에 대한 주체의 관계다. 이 또한 분명 불안에 대한 대중매체의 논의에서 기인한다. 예컨대 라이프타임 TV에 나온 한 자기계발 조언가는 사람들이 충실한 삶을 살지 못하게 하는 다섯 가지 불안을 강조한다.[3]

① (돈, 사랑 등이) 충분하지 않다.
② 사람들이 더는 나를 좋아하지 않을 것이다(즉 거부에 대한 두려움).
③ 좋은 것은 금방 사라질 것 같다.
④ 사람들이 나의 실체를 알아챌 것 같다(즉 내가 그저 허세를 부리고 있음을 알아챌 것이다).
⑤ 내 삶이 덧없다(즉 나는 세상에 무엇을 남길 것인가).

그런 불안들을 치료하기 위한 조언들은 다음과 같다. 너그러워지고 재산에는 관심을 덜 두라. 진정한 자아를 드러내고 심지어는 결점도 드러내라. "나는 행복을 누릴 자격이 있다"라는 글귀를 책이나 거울에 붙이라. 긍정 강조 폴더를 만들어 지금까지 받은 모든 칭찬을 적어 놓고 기분이 처질 때 사용하라. 친구

---

3 http://womencetral.msn.com/relationships/articles/LTV2.asp

와 가족과의 유대를 강화하라. 이런 관계들이 사람들이 세상에 남기는 유산이기 때문이다.

불안 목록과 그것들을 극복하기 위해 제시된 충고를 보면, 주체의 주된 염려가 세상에서의 자기 자리와 타인과의 상호작용에 있음을 알 수 있다. 다음은 라캉의 정신분석 이론에 기반을 둔 것인데, 이에 근거해 나는 주체에게 가장 불안을 유발하는 것은 여전히 주체와 대타자(타인과 사회의 상징적 관계망)의 관계라고 말하고자 한다. 대타자는 주체에게 늘 "불안을 유발하는데"[4] 그것은 주체가 "나는 누구인가", 그리고 특히 "대타자에게 나는 누구인가"라는 질문을 끊임없이 하도록 만들기 때문이다. 그런데 앞서 보았듯이 후기 산업사회에서 주체는 자기 창조자, 그리고 타인의 제약과 관련해 선조보다 사실 더 자유로운 사람으로 인식된다. 따라서 한편으로 주체는 여전히 대타자의 욕망에 대해 질문(즉 남들이 자신을 어떻게 생각하고, 사회에서 자신이 어떻게 생각되는지에 대한 질문)을 제기하며 끊임없이 신경을 곤두세우면서도, 다른 한편으로는 사회적 제약들과 관계없이 자기 삶에 관한 선택을 내려야 한다는 압박을 받고 있는 것이

4 Paul-Laurent Assoun, *L'Angoisse*(Paris, Economica, 2002), p. 95.

다. 그래서 정신분석가에게 분석을 받으러 오는 환자들 중에는 "나를 재창조해야 한다"고 요구하는 이들이 곧잘 있다.[5] 이제 사람들은 인생에서 무언가를 하는 것을 막는 부모와 싸우는 게 아니라 스스로를 호감 가는 페르소나로 만들어 내야 한다는 부담과 싸운다. 윌커머스키 사례에서 보았듯이 이렇게 자신을 재창조하는 일은 때때로 가장 극적인 변화를 의미하기도 한다.

윌커머스키는 (자신이 누구인지 모르겠다는 느낌과 연관된) 강력한 불안감을 극복하고자 책을 썼다. 또한 "새로운 기표"를 찾음으로써 기억의 편린들을 가지고 새로운 자아를 만들어 내고 싶어 했다. 그런 활동은 상상으로 자신을 재구성하는 방법이다. 불안한 주체가 자신에 대한 새로운 이미지를 구성하려는 충동은 스스로와 주변 사람들에게 더 잘 받아들여질 만한 정체성을 만들어 내는 흔한 방법이다.

---

5 재창조라는 주제는 우리 삶의 많은 영역에서 찾아볼 수 있다. 『뉴욕타임스』는 최근 실직한 기업 임원들이 자신을 재창조하는 각종 방법을 따르는 사례가 늘고 있다고 보도했다. 한 구직자는 무수한 인맥 형성 모임, 구직 상담, 자기계발 모임, 자기 이미지 개발 상담에 참여해 왔는데, 한편으로는 이런 방법들에 넌더리가 난다면서도 이렇게 말한다. "여기서 결론을 찾고 있습니다. …… 이것을 해결하고 싶어요. 그러면 제 정체성을 다시 세우고 제 삶을 잘 꾸려 나갈 수 있으니까요"(『뉴욕타임스 매거진』 2003/04/13).

라캉은 상징계에 있는 자아 이상과 상상계에 있는 이상적 자아를 구별한다.[6] 주체는 흔히 어떤 자아 이상(즉 자신의 문화에서 존경받는 권위 혹은 이상들)과 동일시한다. 이는 자신을 사회에 바람직한 방식으로 기입해 줄 상징적 정체성을 획득하기 위해서이다. 자아 이상과의 동일시는 늘, 어떤 이상적 자아(즉 주체가 그 안에 있으면 스스로에게 호감 가는 존재로 보이는 어떤 이미지)와의 상상적 동일시 전에 일어나는 일차적 동일시이다. 이 이미지는 (주체가 거울에서 자신을 볼 때처럼) 늘 상징계에 의해 지탱되는데, 언어와 문화가 우리의 자기 인식을 결정하기 때문이다. 주체가 상징계가 작동하지 않는 상상적 영역에서 살고 있다고 하는 것은 부정확하지만, 그럼에도 오늘날 상징계(예컨대 미디어)는 주체가 상상적 동일시를 하도록 강권하고 있고 그 결과 주체는 완벽한 이미지를 창조하라는 강권에 어쩔 줄 몰라 한다는 결론을 내릴 수 있다.

주체의 자기 인식, 그리고 사회에서 차지하는 주체의 위치와 관련해 어떤 종류의 불안이 출현한 것일까? 이전 장들에서 살펴보았듯이 불안은 욕망과 특정한 관계를 맺고 있다. 우리가

---

6 이와 관련해 더 자세한 것은 다음을 보라. Renata Salecl, *The Spoils of Freedom*.

늘 자신의 욕망에 확신이 없을 뿐만 아니라 대타자의 욕망에 비추어 자신이 어떤 대상인지 불안해하는 것이 참일지라도 역설적으로 환상에서 공식화된 우리의 욕망은 불안에 대한 보호막이 되기도 한다. 우리가 자신과 주변 세계에 대한 인식을 구조화하는 수단이 되는 환상은 욕망을 매개하는 시나리오가 된다. 이같이 주체가 욕망의 대상과 특정한 관계를 맺도록 돕는 것이 바로 환상이다. 물론 욕망은 늘 불만족과 연관되지만 이 불만족은 또한 주체에게 어떤 추동력이 된다. 오늘날 사회 변화를 살펴보면 주체는 이 욕망의 변증법에는 점점 덜 사로잡히면서 주이상스의 압력은 더욱더 받고 있는 듯하다. 대중매체는 사람들에게 향락을 누리라는 요구를 퍼붓고 과잉의 주이상스를 찾을 수 있는 방법을 조언한다. 『코스모폴리탄』 같은 잡지의 표지를 보기만 해도, 더 크고, 더 황홀한 오르가슴, 몸, 직장, 모성 감각, 관계 등등을 가지는 것이 얼마나 필수적인 일이 되었는지를 알 수 있다. 과잉된 주이상스를 추구하라는 압력은 선택이라는 관념과 결부될 뿐만 아니라 어떤 종류의 주이상스가 사회적으로 용인될 수 있는가와 관련한 사회적 금지의 결여와도 연결되어 있다. 역설적으로 이런 너무 자유로운 상황은 선택을 하지 않겠다는 선택도 가능하게 한다. 오늘날 아주 값비싼 레스토랑에서 요리사는 흔히 손님 대신 메뉴를 결정하거나 영국의 유명한 요리사 고든 램지처럼 최고급 식사를 주방 한가운데서 제공한다. 마찬가지로 고가의 텔레비전은 시청자들이 어떤 프로그램을 보고 싶어 하는지를 저장해 놓고 있다. 어떤 고속도로에서는 광고판이 사람들이 듣는 라디오 프로그램 종류에 따라 맞춤형 광고를 제공한다. 이 모든 것은 선택의 "부담"을 덜고자 고안된 것들이다.

또 다른 수준에서 너무 많은 선택을 둘러싼 불안은 오늘날 사회에서 길을 잃어버린 사람들이 강력하게 동일시할 수 있는 새로운 구루들과 여타의 지도자들에게 기회가 된다. 새천년 초에 이런 소위 '새로운' 불안의 시대에 대한 이야기들이 넘쳐 나고, 분명한 적의 이미지, 그리고 우리의 불안에 대해 해답을 제공해 주는 것처럼 보이는 지도자에게 사람들이 강한 동일시를 느끼는 것도 우연이 아니다. 그런 동일시는 불안으로부터 우리를 지켜 주는 방패막이 된다. 한편으로 사람들은 자신의 개성을 간절히 지키고 싶은 것처럼 보이고, 다른 한편으로 책임을 맡아 줄, 즉 선택의 가능성을 사실상 박탈해 가져가 버릴 누군가를 찾고 있는 듯하다. 선택이 넘쳐 나고 향락이 필수인 시대에 주체는 사실 자신의 주이상스를 규제해 줄 주인을 찾고 있는 것처럼 보이기도 한다. 그러나 이런 주이상스 규제에 대한 요구는 주인이 사실 자신을 위한 주이상스를 훔쳐 가고 있다는

— 즉 주인이 타자를 대신해 향락하고 있다는 — 공포로 쉽게 변할 수 있다.

지난 수십 년간 대타자는 더욱더 분열되고, 주체는 더욱더 소비 지상주의의 압력을 받고 있으며, 자신의 안녕에 대해 끊임없이 불만을 호소하고 있는 것처럼 보인다. 정신분석에서는 이런 시기에 주체에게 어떤 변화가 일어났는지 알아내고자 애써 왔다. 소위 '호소 문화'의 출현은 오늘날 문화의 부정적 전환으로 간주되는 것처럼 보이지만 오히려 주체가 여전히 대타자의 권력을 굳건히 믿고 있다는 징후로 간주해야 한다. 주체가 대타자의 존재 유무와 대타자가 무엇을 원하는지에 여전히 불안해한다는 사실은 사회가 정신병화되지 않았다는 징후이다. 그리고 주체가 불안을 경험한다는 것은 주체의 안녕을 막는 무엇이기보다는, 오히려 주체가 개인의 특징인 결여 및 사회의 특징인 적대와 특정한 방식으로 씨름하는 징후로 간주해야 한다. 폭력 및 근본적 사회 변화의 시대들이 도래한 후, 사회적 수준에서 불안이 출현할 때 이는 우리가 이런 변화들을 의미화하지 못하게 되었다는 신호가 된다. 하지만 그런 신호는 또한 우리가 앞날을 더 주의하고 예방하게 하기도 한다. 『계몽의 변증법』[7]에서 테오도르 아도르노와 막스 호르크하이머는 이렇게 경고했다. 계몽주의는 인간을 두려움에서 해방하고 인간의 주권을 세우는 일을 늘 목표로 해왔다. 하지만 완전히 계몽된 세계는 기세등등한 재난을 쏟아 낸다. 동시에 계몽주의는 두려움에 대한 해결책을 찾는 대신 사실 그것을 근본적으로 변화시켰다. 병사들이 전투를 앞두고 느끼는 불안을 어떻게 다루는가라는 질문에 한 미군 지휘관은 이렇게 답했다. "불안이 전혀 없는 병사를 볼 때 저는 정말로 조심하고 경계합니다. 살인이 전혀 두렵지 않다는 그 특별한 빛이 병사의 눈에서 번득이면 공포스럽습니다." 마찬가지로 불안이 없는 사회도 사람들이 살아가기에 위험한 곳이리라.

7 다음을 보라. Theodor W. Adorno and Max Horkheimer, *Dialectic of Enlightenment*, trans. Edmund Jephcott(Stanford: Stanford University Press, 2002)[『계몽의 변증법: 철학적 단상』, 김유동 옮김, 문학과 지성사, 2001].

옮긴이 후기[1]

1

이 책은 슬로베니아 출신의 마르크스주의적 라캉주의 철학자인 레나타 살레츨의 2004년작 *On Anxiety*를 우리말로 옮긴 것이다. 원래 불안을 뜻하는 'angoisse', 'anxiety'는 '(목을) 조이다'라는 뜻의 동사 angere에서 유래한다. 어원으로만 보면 불안이란 무언가에 쫓기거나 수세에 몰리는 듯한 압박감을 의미한다. 즉, 그것을 느끼는 주체로 하여금 벗어나고픈 욕구를

---

1 불안에 대한 정신분석 이론과 관련한 부분은 이 책 외에도 홍준기, "라깡과 프로이트·키에르케고르: 불안의 정신분석 1," 『라깡의 재탄생』(창작과비평사, 2002)을 참고했다.

느끼도록 만드는 심리 상태가 불안의 일차적 의미다. 통상적인 정의에서는 불안과 공포를 구별하기도 하는데, 공포나 두려움은 특정한 대상에 대해 느끼는 정서이고, 불안은 불분명한 대상에 대해 느끼는 보다 막연한 정서라 할 수 있다. 근대 이후로 불안의 의미는 특히 근대적 주체가 대면하게 된 '자유'와 밀접한 관련을 가지고 논의되어 왔는데, 대표적으로 키르케고르, 하이데거, 사르트르 등은 불안 대상의 막연함에 주체의 자유, 무규정성이 상응한다는 점을 강조한 바 있다.[2]

이 책의 저자인 살레츨은 프로이트와 라캉의 정신분석학적 개념을 경유해 불안을 분석한다. 독자의 편의를 위해 우선 프로이트를 기점으로 정신분석학에서 불안을 어떻게 개념화해 왔는지 살펴보자.

프로이트는 불안에 관한 초기 이론에서 성행위 중단, 금욕 등으로 성적 에너지인 리비도가 배출되지 못할 때 불안이 발생한다고 지적했다. 하지만 그러면서도 외부의 위험을 예견했을 때 나타나는 합리적 반응인 현실적 불안과 내부의 위험(통제할 수 없는 리비도)에 대한 일종의 투사적 반응인 신경증적 불안을

2 맹정현, "제3장 불안의 리비돌로지,"『리비돌로지』(문학과지성사, 2009), 60쪽.

구별했다.[3] 하지만 이후 "억제, 증상, 불안"에서는 초기 이론을 수정하면서 불안을 위험 발생을 예고해 이를 효과적으로 피하거나 방어할 수 있도록 자아가 보내는 신호로 정의하며. 억압이 불안을 낳는 것이 아니라 불안이 억압을 낳는다고, 다시 말해 불안이 결과가 아닌 원인이라고 지적했다.[4] 이에 따르면 불안은 주체가 처리하기 곤란한 불편한 정서여서 이에 대한 방어작용으로 주체는 다양한 억압이나 증상들을 만들어 낸다. 다시 말해 불안에 직면해서 겪어야 하는 심리적 수고를 덜고자 증상들을 발전시키는 것이다. 이를테면 신경증자는 환상을 만들어 내 불안을 피하려 할 수 있고, 공포증은 아버지로부터 오는 거세에 대한 불안을 억누르려는 증상이다.

이와 같은 프로이트의 후기 불안 이론은 오토 랑크의 출생외상 이론을 논박하면서 발전된 것이다. 랑크는 불안의 원형이 출생에 따른 외상이라고 주장했는데, 프로이트는 랑크의 출생외상에 대한 신생아의 반응은 육체적·생리적 반작용이지 위험

---

3 프로이트, "스물다섯 번째 강의 : 불안," 『정신분석 강의』(임홍빈·홍혜경 옮김, 열린책들, 2003), 530쪽.

4 프로이트, "불안과 본능적 삶," 『새로운 정신분석 강의』(임홍빈·홍혜경 옮김, 열린책들, 2003), 117쪽.

신호로서의 불안이 아니라고 반박했다. 또한 불안의 대상이 불분명한 신경증적 불안과 관련해, 문제는 대상의 결여가 아니라 대상의 상실과 관련한다고 말하면서 불안은 늘 거세 위협과 관련한다고 결론지었다. 여기서 그는 거세 불안에 단지 생물학적 기관의 상실에 대한 불안이 아니라 사랑의 상실에 대한 불안이라는 실존적 의미를 부여한다. 즉, 음경을, 어린아이가 가장 귀중한 사랑의 대상인 어머니와의 결합을 가능하게 해주는 기관으로 볼 때 거세 불안은 사랑하는 어머니와 재결합할 수 있도록 해주는 중요한 기관의 상실을 의미하며, 궁극적으로는 사랑의 상실, 사랑하는 대상의 상실에 대한 불안이 된다.

라캉은 이런 프로이트의 견해를 확대해서 불안의 대상은 타자와 사회의 상징적 관계망을 의미하는 대타자의 욕망이라고 말한다. 그에 따르면 불안의 본원적 모습은 사랑의 대상의 상실에 대한 불안이 아니라 주체가 가늠할 수 없는 대타자의 욕망 앞에서 느끼는 정서이다. 인간은 타자의 욕망을 욕망하고 자신이 타자에게 어떤 대상인지를 묻지만 그에 대한 대답은 있을 수 없기에 주체는 불안해진다는 것이다.

라캉은 『세미나 10권: 불안』에서 사마귀의 예를 들어 이를 설명한다. 거대한 암사마귀가 어떤 사람에게 다가오고 있다고 가정해 보자. 이 사람은 사마귀 가면을 쓰고 있으며 자신도 그것을 알고 있다. 하지만 그는 자기가 쓰고 있는 가면이 수사마귀(먹잇감)의 가면인지 아니면 암사마귀의 가면인지 확실히 알지 못한다. 라캉은 이 예를 통해 불안은 주체가 다자에 대해 자신이 어떤 대상인지를 확실히 알 수 없다는 사실 때문에 생겨난다는 것을 보여 준다.

또 대타자의 욕망 앞에서 불안해하는 주체는 대타자 역시 분열되었다는 것, 즉 대타자도 비일관적·비전체적이라는 것에도 곤혹스러워 한다. 대타자에게 의미를 보장해 줄 수 있는 유일한 것은 기표인데, 그런 기표는 결여되어 있기에 그 빈자리에서 주체 자신의 거세 기호가 생긴다. 주체는 대타자의 결여와 자신의 결여를 다루면서 불안과 마주치는 것이다. 또 주체는 완벽한 향락을 누리는 듯 보이는 대타자 앞에서도 불안을 느낀다. 즉, 전능하고 분열되지 않았으며 빗금 쳐지지 않은 대타자는 주체의 향락을 훔쳐 갔고 주체에게 빈 공간, 결여, 자유를 허용하지 않는 향락을 누린다는 상상 속에서 불안해하는 것이다.

라캉은 불안의 대상은 궁극적으로 상징화가 불가능한 실재라고도 말한다. 달리 말해 불안은 언어와 환상을 통해 매개되지 못한 충동, 육체적 향락에 대한 반응으로 발생한다. 예컨대 정신병적 불안은 실재, 충동, 향락이 환각 속에서 주체를 위협할 때 발생한다. 달리 말해 상징화의 실패란 결여와 차이의 소멸에 다름 아니기에 불안은 결여가 아니라 결여의 사라짐에서 온다. 주체에게 결여는 실체적으로 붙잡을 수 없는 것이므로 빈 곳으로 남아 있어야 하는데 그 빈 공간에서 무언가, 곧 실재(대상 a)가 등장할 때 불안이 발생한다. 불안은 결여의 결여이다.

요컨대 정신분석학에서 불안은 욕망하는 주체에 필연적으로 내재하는, 피할 수 없는 근원적 정서이다. 프로이트나 라캉에게 불안은 병리적 현상인 동시에 완전히 제거할 수 없는 본래적 현상이기도 하다.

2

이런 이론을 토대로 살레츨은 현대사회의 각종 불안 현상들을 조명한다. 서론에서 저자는 새천년과 함께 시작된 새로운 불안을 살펴보기에 앞서 20세기의 불안을 되돌아보면서 20세기 불안의 주된 원인은 핵무기를 비롯한 대량 살상 무기가 사용된 양차 세계대전, 이로 인한 사회경제적 위기와 정신의 위기였다고 분석한다. 그러다 풍요의 시대에 접어들면서 불안이 수그러드는 듯했으나 테러와 바이러스라는 21세기의 악들이 출연하면서 새로운 불안의 시대로 접어든 것이다. 저자는 이와 같이 불안의 모습은 달라졌지만 여전히 불안은 주체가 사회에서 차지하는 위치와 자기 인식의 변화와 밀접한 관련이 있다고 역설한다. 21세기의 주체는 스스로를 완벽히 통제해야 하는 자기 창조자이며, 이런 주체에게 방해가 되는 특성은 어떤 것이라도 장애로 분류되고 주체가 사회적 기대와 관련해 겪는 내면의 동요는 불안으로 명명되는 것이다. 그 사이 미디어는 끊임없는 위험들을 경고하고 정부는 외려 불안을 고조해 정치적으로 이용하며 제약 회사들은 온갖 항불안제들을 팔며 번창하고 기업들은 쇼핑 치료로 두려움을 가라앉히라고 권유한다.

2장에서는 전시의 불안을 다룬다. 전시에 병사는 전쟁 불안을 견디기 위해 신경증자가 흔히 사용하는 대응책인 환상을 만들지만 주체에게 일관성을 제공해 주던 환상의 틀이 깨지는 사건이 발생할 경우 주체는 붕괴할 수 있다. 전후에는 우울해 하며 침잠해 있거나 술에 취해 있는 방식으로 고통스러운 형태의 주이상스를 추구하기도 하는데 외상을 견디지 못한 경우, 곧 환상 구조가 산산조각 난 경우에는 스스로 목숨을 끊어 실재로 도주(행위로의 이행)하기도 하고, 아니면 대타자에게 메시지를 보내려고 자살하기도(행동화) 한다. 지금껏 군은 환상 혹은 대타자의 욕망, 이를테면 국가가 수여하는 각종 휘장, 전우에게 나는 어떤 존재인가라는 생각, 적은 죽어 마땅한 존재라는 선전, 그리고 전쟁은 국가와 가족의 평화를 지키기 위한 것이라는 관념 등을 이용해 병사들이 전시에 겪는 불안을 줄이고자 했으며, 오늘날에는 환상약을 계발해 불안을 아예 제거하려는 시도까지 하고 있다. 살레츨은 이렇게 불안에 대한 빠른 해결책을 찾으려는 시도는 불안 없는 사회를 만들려는 사회상과 관련되어 있음을 지적한다. 이런 사회상은 예술계에서는 사물 이면의 것, 불안의 대상을 노출해 불안을 덜려는 작품으로 나타나고 있고, 과학계에서는 유전자 암호 해독, 세포 연구 혹은 새로운 테크놀로지를 통해 불멸의 신체를 만들어 내려는 시도로 나타난다. 그러나 저자는 이렇게 불안을 정복하려는 시도들이 불안을 줄이기보다는 외려 더 조장하고 있다고 지적하면서 키르케고르의 말처럼 불사의 가능성이 더 공포스러울 수 있다고 말한다.

3장에서는 하이퍼-자본주의가 어떻게 사람들의 부족감과 불안에 기대고 있는지, 또한 미디어가 불안을 어떻게 재현하는지 살펴본다. 후기 자본주의는 자유로운 선택으로 진정한 자신이 되라는 이념을 설파하지만 역설적으로 사람들은 그런 자유에서 더 큰 불안을 느끼고 있다. 과거의 가족, 종교, 국가 같은 권위들이 주었던 안정감이 사라져 버린 상황에서 사회에 책임을 지는 사람이 더는 없어 보이고 소비자가 아닌 기업이 은밀한 권력으로 등장해 사회를 배후 조종하는 것 같기 때문이다. 또 미디어 역시 불안이 주체의 안녕에 궁극의 장애물인 것처럼 묘사한다. 그것이 주체가 인생에서 완전한 만족을 누리지 못하게 막기 때문에 최소화하거나 일소해야 하는 무언가로 그리는 것이다. 또한 리얼리티 프로그램 등을 통해 있는 그대로의 현실을 포착하려는 시도들도 사실 현실 사회의 특징인 결여, 우연성, 비일관성을 부인하는 것이고 외려 불안을 야기한다고 살레츨은 지적한다.

4장은 사랑과 관련한 불안을 다룬다. 사랑을 할 때 느끼는 불안은 연인에게 있다고 생각하지만 사실 연인에게 없는 것, 곧 대상 a를 사랑하고 또한 상대방에게 오직 자신의 결여만을 준다는 사실과 주로 관련한다. 그런데 자신의 결여와 대타자의 결여를 다루는 방식에서 남성과 여성, 그리고 히스테리증자, 강박증자, 도착증자는 분명한 차이를 보인다. 라캉의 성차화 공식에 따르면 남성과 여성 모두 대타자가 사실 소유하고 있지 않은 것에 끌리는데, 남성은 여성에게서 숭고한 대상을 찾고 여성은 남성에게서 상징적 권력을 찾는다. 하지만 남성은 특징이 거세이고 상징적 권력과 관련된 남근을 통제할 수 없기에 불안은 불가피하다. 반면 여성은 남성이 자신에게서 보는 대상을 소유하지 않고 있음을 염려하고, 그래서 자신 안에 있는 자신 이상의 것이 무엇인지 끊임없이 궁금해 한다. 또 이런 불확실성 때문에 여성은 끊임없이 대타자의 욕망에 대해 질문한다. 요컨대 남성은 자신의 상징적 역할을 맡을 수 없어 외상을 입고, 여성은 대타자의 욕망의 대상을 소유할 수 없어 외상을 입는다.

한편, 히스테리증자는 욕망에 관한 질문들에 끊임없이 관심을 갖는다. 따라서 먼저 대타자의 욕망의 대상이라고 생각하는 것에 끌리고, 대타자에게 자신은 어떤 대상인지 추측한다. 하지만 주체는 대타자의 욕망에 관한 질문에 결코 만족스런 답은 얻을 수 없기에 자신이 만들어 낸 환상에서 그 답을 찾는다. 강박증자는 욕망의 대상에 너무 가까이 가면 그 대상이 자신을 집어삼켜 소멸시킬까 두려워 그런 불안을 낳는 대상에서 자신을 지키고자 온갖 규칙, 금지, 장애물을 만들어 연애 생활의 초석으로 삼는다. 그런 의미에서 연애편지는 대타자의 욕망과의 공포스러운 마주침을 피하려는 시도일 수 있다. 반면 도착증자는 대타자의 욕망이 무엇인지, 대타자에게 자신이 어떤 대상인지에 대한 확신이 있다.

라캉은 사랑은 늘 얼마간의 불확실성을 수반한다고 지적한다. 사랑은 결국 우리는 대타자 안에 있는, 우리를 매혹하는 대상에 대해 아무것도 알지 못하고, 또 동시에 대타자도 자신 안에 있는 자신 이상의 대상, 즉 누군가를 자신에게 매혹시키는 것에 대해 아무것도 모른다는 사실과 연관한다. 그러나 오늘날 우리는 사랑의 필수 요소인 이 불안을 덜고자 애쓰고 있다고 살레츨은 지적한다. 사람들은 불확실성을 다루고 싶어 하지 않기에 더욱더 폐쇄적으로 되어 사이버상의 관계만을 추구하거나 대타자의 욕망을 알아내는 데 도움을 줄 것 같은 자기계발서들을 탐독하는 것이다.

5장에서 살레츨은 어머니 신분의 불안을 검토하는데, 먼저 신경증적 어머니와 정신병적 어머니가 양육에 대해 느끼는 불안의 차이를 살펴본다. 자신이 아이를 잘 키우고 있는지 끊임없이 의심하면서 온갖 양육 조언서들을 탐독하는 것, 즉 대타자에 신경 쓰는 게 전자라면, 후자는 불안을 느끼면서도 대타자에 무지하고 사회적 금지에 신경을 쓰지 않는다. 즉, 신경증적 주체는 결여, 실재를 덮는 환상 시나리오를 통해 자신의 세계를 구조화하는 반면, 정신병적 주체에게 실재는 자신을 따라다니며 괴롭히는 목소리나 응시로 나타나서 그 결과 현실 인식이 판이하고 심지어는 산산조각 나기도 한다. 일부 여성들은 진짜 여성의 지위를 되찾고자 자신의 결여를 노출하기 위해 자녀를 희생하기도 한다. 프로이트 이후 정신분석가들은 아이에 대한 어머니의 애증이라는 양가적 감정을 강조하면서 아이가 애증이 아닌 순전한 사랑 혹은 증오의 대상이 될 때 오히려 문제가 나타나고, 역설적으로 어머니의 양가적 태도는 아이가 어머니로부터 거리를 두어 어떤 자유를 획득할 수 있는 공간을 열어 준다고 말한다.

6장에서는 오늘날 문화에서 변화된 아버지 역할과 관련한 불안들을 검토한다. 기억 회복 치료의 산물인 『편린들』에 나타난 외상적 기억은 실패한 아버지와 관련한 불안에 대답이다. 권위자에 대한 그의 공포는 나중에, 부재하는 아버지에 대한 외상을 다루는 또 하나의 방법, 달리 말해 주체가 불안에 따른 고통에 대한 대응책을 찾도록 돕는 누빔점이 된다는 점에서 특징적이다. 아버지 같은 권위자들에게 자신의 고통을 어떻게 납득시킬 것이라는 문제를 다루는 『편린들』과는 달리 영화 〈인생은 아름다워〉는 자신의 욕망을 대타자의 욕망으로 가린 환상을 심어 주어 아들을 구하고는 마지막에서 스스로 희생함으로써 아들에게 자신과의 분리를 허락하는 아버지의 권위를 보여 준다.

결론에서 살레츨은 주체가 대타자의 존재 유무와 대타자가 무엇을 원하는지에 여전히 불안해 한다는 사실은 사회가 정신병화되지 않았다는 징후라고 말한다. 그녀에 따르면 주체가 불안을 경험한다는 바로 그 사실은 주체의 안녕을 막는 무엇이 아니라 오히려 주체가 개인의 특징인 결여와 사회의 특징인 적대와 특정한 방식으로 씨름하는 징후이다. 근본적 사회 변화의 시대들이 도래한 후, 사회적 수준에서 불안이 출연할 때 우리는 이런 변화들을 의미화하지 못하게 되었다는 신호로 보면 된다. 그리고 그런 신호는 우리가 앞날을 더 주의하고 예방하게 하기도 한다고 저자는 말한다.

3

한국 사회도 이 책에 등장하는 현상을 비슷하게 겪고 있는 것으로 보인다. 취업난과 실직 같은 사회경제적 불안부터, 방사능 위험과 재난 사고 같은 안전 불안, 힐링이라는 이름을 달고 소비되는 문화 상품들, 건강과 행복에 대한 강박적 집착, 그리고 증가하는 항우울제 사용과 심리 상담에 이르기까지 다양한 불안 현상을 겪고 있는 것이다. 이 책은 이런 한국 사회를 불안이라는 렌즈로 들여다볼 수 있는 정신분석적 틀과 흥미로운 사례들을 제공한다.

라캉에 따르면 신경증적 주체는 불안을 덮기 위해 자신을 둘러싼 세계가 일관적이라는 환상을 품는다. 하지만 이스라엘 병사 아미 사례에서 봤듯이, 결여의 자리에서 공포스러운 대상 혹은 상징화되지 않은 실재와 조우할 때 주체의 환상은 붕괴한다. 아미의 경우 심신이 무너지고 말았는데, 만약 그러지 않았다면 또 다른 환상으로 그 실재를 덮으려 했을 수도 있고, 아니면 의미화되지 않은 날 것 그대로의 전쟁을 공포스럽지만 있는 그대로 받아들이는 계기로 삼았을 수도 있다. 그리고 이는 사회와 자기 자신에 대한 인식이 근본적으로 변화하는 계기가 되었을 수도 있을 것이다.

한국 사회의 환상은 무엇일까? 또 이런 환상의 구멍, 틈에서 출현하는 실재는 무엇일까? 이주 노동자의 잘린 손, 반도체 공장에서 백혈병에 걸려 죽은 노동자, 원전에서 피폭된 노동자…… 이런 것들이 우리에겐 환상을 붕괴시키는 실재가 아닐까? 이것을 자본주의 발전의 불가피한 현실이라는 환상으로 다시 덮지 않고 직시하는 것이야말로, 사회경제적 불안 속에서도 여전히 정부와 미디어가 주입하는 환상에서 벗어나지 못하고 있는 우리에게 필요한 일일 것이다. 레나타 살레츨의 이 책이 한국 사회의 불안들을 조명하는 수단이 되는 동시에 한국 사회를 덮는 환상과 그 환상의 틈, 구멍에서 출현하는 실재를 드러내는 도구로 쓰이기 바란다.

마지막으로 이 책이 국내에 소개되기까지 많은 분들이 도움을 주었다. 우선 한국어판 서문을 써주신 살레츨 교수님께 감사한다. 저작권, 편집, 디자인, 제작, 영업 등 책이 나오기까지 힘써 주신 후마니타스 모든 분들께 진심으로 감사 인사를 드린다. 편집을 담당해 주신 이진실 님과 안중철 편집장님께 특별히 고맙다. 책을 완성하는 데 옮긴이보다 더 큰 노력과 애정을 기울여 주셨다. 감사함과 미안함을 거듭 전한다. 이메일로 보낸 질문들에 언제나 친절하게 설명해 준 친구 현웅에게 고맙다. 많을 분들이 도움을 주셨지만 부족한 부분과 있을 수 있는 오역은 물론 옮긴이의 탓이다. 큰 버팀목과 기쁨이 되어 주시는 성남, 연희동 가족들에게 감사한다. 컴퓨터로 교정지를 보는 동안, 7개월 된 딸 이음도 조용히 아빠 무릎에 앉아 있었으니 함께 교정한 셈이다. 늘 믿고 격려해 주는 좋은 벗, 사랑스러운 아내 민정에게 고마움을 전한다.

찾아보기